Ulan-Ude – S. 42, 45
Babushkin – S. 40, 41
Karakorum
S. 43
Khustain Nuru – S. 36
Erlian – S. 57
Datong – S .57, 58
Peking – S. 45, 51, 53, 58, 59
Chungking – S.53, 60
Yichang
S. 52
Yibin
S. 53-55,
61, 237
Lao Cai – S. 56, 61
Cat Ba – S. 63
Cuc Phuong N.P.
S. 64, 72
Bangkok
S. 67, 231
Siem Reap – S. 66
Kratie – S. 65, 71
Saigon – S. 63
Taman
Negara N.P.
S. 69, 71, 72
Singapur – S. 69
Gunung
Palung N.P.
S. 73
Tanjung Puting N.P.
S. 70, 73, 74
Makassar
S. 29, 77, 86, 98
Manado – S. 81, 82, 84, 91-94
Bitung – S. 79-82, 91, 92, 94
Sorong – S. 87, 96
Jayapura
S. 85, 87,
96, 98
Ataúro – S. 89, 90, 99
Dili – S. 89, 98, 99
Kupang
S. 86, 88, 97

unartproduktion

Adrian Vonwiller — Ligia Fonseca

Superman im Vogelkäfig

Die politisch unkorrekte Weltreise

unartproduktion

2. Auflage, November 2014

A-6850 Dornbirn, Wallenmahd 23/C1/2.OG
Telefon +43 (0) 5572 23019
Fax +43 (0) 5572 394719
office@unartproduktion.at
www.unartproduktion.at

Druck: Druckerei Theiss GmbH
Gedruckt in Österreich
Grafisches Konzept und Gestaltung: Ligia Fonseca
Lektorat: Wolfram Bayer
Textkorrektur: Gerold Heckle
Coverfoto: Havanna, Kuba
Foto Seite 8: Salvador, Brasilien

Die S-Schreibung erfolgte nach schweizerischen Rechtschreibregeln, d.h. ohne ß.

ISBN 978-3-901325-87-8

„Stolpern fördert“

(Goethe)

"Our son won't perish when our doomed world explodes, Lara.
This rocket will take baby Kal-El to a safe world – Earth!"
(Superman, 1st series. Vol. 146, July 1961)

Aufbruch zu einer Weltreise

Es war ein warmer Sommerabend Anfang August. Wir nahmen unsere Rucksäcke und fuhren zum Bahnhof. Unser Gepäck wog je ca. 8 Kilogramm, und jedes Gramm davon war durchdacht und abgewogen. Wir planten ein Jahr um die Welt zu fahren, möglichst wenig zu fliegen, offen zu bleiben und auf alle Herausforderungen flexibel zu reagieren, und wir hatten an alles gedacht. Na ja, an fast alles, nur nicht daran, dass der Schalterbeamte am Bahnhof sagte: „Sorry, der Zug nach Venedig ist ausverkauft! Versuchen Sie es morgen wieder!"

„Wie doof sind die!" dachte ich mir leicht genervt, „das war ja immer der grosse Vorteil der Bahn gegenüber dem Fliegen, dass man da eben spontan entscheiden konnte zu reisen, nämlich dann, wenn es einem passt und nicht drei Wochen im Voraus buchen muss. Und jetzt geben die diesen wertvollsten Trumpf, den sie haben, leichtfertig aus der Hand. Wie dumm!" Was sollten wir machen, meine Freundin Ligia und ich? Wir hatten unsere bisherige Existenz aufgegeben, unsere Wohnung in Wien gekündigt, alles abgemeldet, alle unsere Bücher und unser Vinyl in eine Lagerbox verfrachtet, die Post abbestellt und Visa für alle erdenklichen -stans Zentralasiens besorgt, und jetzt das!

Es mag altmodisch klingen, aber mir altem Interrailer kommt man nicht so! Ich will keine Zugfahrt im Voraus buchen müssen, und ich will auch keinen Sitzplatz im Voraus reservieren müssen. Ich will mir aussuchen können, wann ich reisen will, und ich will mir auch die Menschen aussuchen können, neben denen ich sitzen will. Ich gehe ja schon nicht mal in ein „Wait to be seated"-Lokal. Da bin ich dann doch lieber plötzlich ein Feng-shui-Esoteriker: „Nein, ich will nicht den kleinen Tisch an der Wand beim Klo." Und: „Nein, ich will auch nicht zehn Stunden neben der feisten Dame im Abteil sitzen, deren Parfum nach altägyptischem Bordell riecht." Ich will die Freiheit der Platzwahl.

Also was tut ein alter Interrailer? Ohne Ticket zum Zug gehen und einsteigen! Wollen doch mal sehen, was die dann tun, wenn der Nachtzug nach Venedig erst mal durch die stillen Voralpen Österreichs braust.

Der Schaffner war nett, er habe für solche Fälle ein freies Abteil, sagte er, aber er könne uns leider nur eine Fahrkarte bis Salzburg verkaufen, nachher käme dann ein anderer Kontrolleur, und der würde uns dann die Weiterfahrt bis Venedig verrechnen.

In und nach Salzburg war natürlich Regen, wie immer, der Zug war schon eine geraume Zeit durch nasse Nacht gefahren, und wir hatten es uns bereits bequem zum Schlafen gemacht, als im Dunkeln plötzlich ein Typ mit Baseballmütze leise ins Abteil trat und sich unter uns auf die Bank setzte. Es dauerte ungefähr fünf Minuten, dann kam ein Zweiter, der dem Ersten wie aus dem Gesicht geschnitten ähnlich war, nur jünger, ich nenne ihn mal Neffe, und setzte sich diagonal gegenüber dem anderen hin. Beide schwiegen.

Ich stellte mich schlafend, war aber hellwach und beobachtete liegend die beiden Typen. Schliesslich entschied ich nach langem Zögern, dass ich nicht die ganze Nacht so wachen wollte, sprang hinunter und suchte den Schaffner des Zuges. Er befand sich drei Waggons weiter. Ich erzählte ihm, dass ich ein unbestimmtes, aber durchaus ungutes Gefühl bei den beiden Gästen in unserem Abteil habe, und er bedankte sich bei mir und sagte, dass genau auf diesem Nachtzug dauernd Überfälle vorkämen und sie deswegen schon Sicherheitspersonal mit hätten; er komme gleich. Drei Minuten später kamen er und sein Compagnon und schalteten brutal das Licht in unserem Abteil ein und verlangten die Fahrausweise von den beiden. Einer hatte ein Ticket nach Schwarzach-St.Veit und der andere eines nach Villach, und sie taten so, als würden sie einander nicht kennen. Der Zugbeamte war ziemlich rüde zu ihnen und meinte mit grimmigem Gesichtsausdruck, er habe sie im Blick.

Eine endlose und peinlich schweigsame Viertelstunde später langten wir im mitternachtsleeren Bahnhof von Schwarzach-St.Veit ein, und beide Gestalten stiegen aus, nicht zusammen, sondern etwa im Zwei-Minuten-Abstand, und verschwanden im nächtlichen Regen. Wir hatten das Abteil wieder für uns. Es wäre doch klassisch gewesen, in der ersten Nacht der Weltreise ausgeraubt zu werden.

Noch einen anderen Effekt hatte der Zwischenfall: In der Hektik vergass der Schaffner uns nach den Zugtickets zu fragen, und so fuhren wir von Salzburg bis Venedig gratis, denn auch in Italien kam keiner mehr. Wer ist da der Räuber?

Edessa, Nordgriechenland

Das ist also die antike Hauptstadt Makedoniens. Angeblich, so behaupten die heutigen Einwohner und der Tourismusprospekt, stammte Alexander der Grosse oder zumindest sein Vater Philipp der Zweite von hier.

Viel ist von der antiken Herrlichkeit nicht mehr geblieben: Es ist ein hübsches griechisches Kleinstädtchen mit Fussgängerzone und vielen Geschäften. Es gibt eine Ober- und eine Unterstadt und dazwischen Wasserfälle, viel Grün, alte Bäume und Wasserläufe und die dicksten Menschen Europas. Junge Mädchen, Burschen, Erwachsene, völlig übergewichtig und unförmig, so dass sie kaum mehr gehen können. Sie quälen sich lethargisch schwitzend durch die Fussgängerzone. Das müssen die Nachfahren von denen sein, die Alexander zurückliess, weil sie beim Transport über die Dardanellen nicht in seine Schiffe passten.

Karpousi

Als ich in einem nordgriechischen Dorf in der Nähe von Florina die alten Männer am Nebentisch fragte, was Wassermelone auf Griechisch heisse, verstanden sie, dass ich welche wolle, und drängten mir ihre Melonenstücke auf. Fast jedes Problem ist auf ein Missverständnis zurückzuführen. Das Internet lehrt mich: Wassermelone heisst Karpousi.

Die griechische Krise

Früher waren Maler und Komponisten kreativ, heute sind es die Finanzexperten. Man spricht von kreativer Finanzbuchhaltung!

Griechische Männer reden gerne. Stilecht reden sie in einem Kafeneion unter alten Bäumen sitzend. Dabei ist einer meistens der Wortführer und hält einen Monolog. Das kann eine viertel-, eine halbe- oder eine ganze Stunde lang so gehen. Einer redet und die anderen hören zu. Sind es antike Dramen oder einfach nur dummes Gefasel, Theorien oder Welterklärungen? Ich weiss es nicht. Manchmal wechselt es, und ein anderer redet, genauso lang. Ich glaube, sie lieben es einfach, sich selber reden zu hören. Man hat das Gefühl, dass sie dabei auch kreativ sind, denn die anderen erfreuen sich an den Geschichten, und das funktioniert nur so, wenn man sie immer wieder neu aus sich selbst heraus erfindet. Dabei spielt der effektive Wahrheitsgehalt eine nicht so wichtige Rolle wie das „wahre Erzählen". Die Fakten sind Fakten und als solche uninteressant und tot.

Waren die Zahlen, die die Griechen beim Eurobeitritt lieferten, falsch oder einfach kreativ erzählt? Für uns Nordeuropäer haben die Griechen gelogen und ihre Zahlen frisiert, damals. Aber was ist Lüge, wenn es um Zahlen geht? Lügen unsere Medien und Politiker nicht mehr, wenn sie ihren nicht so griechisch geschulten Zuhörern erklären, dass wir die Griechen mit Milliardenzahlungen retteten und wir selber so gut und fleissig und rechtschaffen seien? Und in Wirklichkeit retten sie ihre eigenen Banken, und die Milliarden fliessen nach Norden, und in der Realität verdient Deutschland (und übrigens auch Österreich und die Schweiz) ganz prächtig an der Misere Europas? Südeuropa wird finanziell ausgeblutet, aber dem Steuerzahler wird erzählt, er müsse für die faulen Griechen und Spanier bluten. Die deutsche Bundeskanzlerin sagt dauernd, sie sei gegen eine Vergemeinschaftung der Schulden, dabei hat das gar niemand gefordert. Das einzige, was zur Diskussion stand, war die Ausgabe von Eurobonds, und das heisst ja nun wirklich nicht eine Vergemeinschaftung von Schulden, sondern nur, dass alle die gleich niedrigen oder hohen Zinsen zahlen müssten, dass also die Angst vor dem Auseinanderbrechen des Euros nicht mehr nur dem Norden zugute käme. Und deshalb beantwortet Frau Merkel dauernd eine Frage, die niemand gestellt hat, und unterstellt damit, dass die anderen von Deutschland eine Übernahme der Schulden forderten, was so einfach nicht stimmt. Wer lügt da?

Der Vorteil dabei: Man schädigt die EU und steht in den Augen der Unwissenden als Retter da und verdient noch sehr, sehr viel Geld dabei. Denn die Zahlen sind ja klar und unverrückbar. Oder etwa nicht?

„Wollt ihr das totale Sparen?“

Alles, was die Griechen Europa und der westlichen Welt gebracht haben, war immer in Geschichten verpackt. Wahrscheinlich schon damals von einem Typen unter einem Baum ersonnen und als „wahr“ erfunden. Wahr oder unwahr war völlig unwesentlich. Es waren gut erzählte Geschichten, kreativ erzählte Geschichten mit neuen Ideen.

Auch Geschichte an sich ist ja eine Sammlung von Geschichten, weil sie immer von jemandem erzählt wird. Manchmal von den Siegern, manchmal von den Verlierern (besonders wenn die Verlierer die Amerikaner sind). Aber fast immer setzt sich die bessere und interessanter erzählbare Geschichte langfristig durch. Die Mehrheit der Ägypter glaubt bereits, dass die Amis selber ihre zwei Türme in die Luft gesprengt hätten. Und in Europa ist die Zahl derer, die das auch glauben, am Wachsen.

Die Griechen sind faul, sehr faul, sensationell faul, wie die Schweizer. Sie reden lieber. Arbeit ist eine persönliche Beleidigung. Der Traumberuf eines Schweizers ist: Schäfer ohne Schafe. Der Traumberuf eines Griechen: Investmentbanker bei der UBS.

In dem kleinen Zug von Edessa nach Thessaloniki fährt eine Putzfrau mit; wahrscheinlich ist die Idee, dass sie den Zug und seine WCs putzen soll. Sie schaut auch einmal pro Stunde hinein, um sich dann angeekelt abzuwenden. Dann geht sie mit einem schwarzen Müllsack und einem Plastikhandschuh an der linken Hand langsam durch die drei Waggons des Zuges und leert jeden dritten bis vierten Abfallbehälter in den Sack. Das dauert zwei Minuten, denn der Zug ist klein, und die restlichen 58 Minuten sitzt sie im Abteil und hört iPod oder schreibt SMS oder schaut ihre lackierten Fingernägel an. Sicherlich ist sie nicht gut bezahlt, umgerechnet auf ihre zwei Arbeitsminuten aber sicher auch nicht schlecht, und verglichen mit all den Männern, die unter Bäumen im Kafeneion sitzen und reden, ist ihre Produktivität geradezu atemberaubend. Und wer weiss, vielleicht ist das literarisch wertvoll, was sie auf ihrem Handy schreibt; ich zweifle aber ein wenig.

Aber arbeitet ein Devisenhändler oder ein Finanzinvestor mehr? Wird Produktivität in umgesetzter Geldmenge bzw. Gewinn, geteilt durch Zeit, gemessen? Macht das Sinn? Output durch Input? Und wo bleibt die Bewertung im allgemeinen und die Bewertung nach Nachhaltigkeit? Und alle die Jurastudenten und Beamten und Journalisten und

Künstler und Versicherungs- und Immobilienmakler Nordeuropas, wo stehen die auf einer Produktivitätsskala?

Es ist müssig! Wir befinden uns eben nicht in einer Produktionskrise, sondern in einer Nachfragekrise. Es müsste mehr ausgegeben werden und nicht mehr gespart werden. So gesehen, ist es völlig wurst, ob die Griechen und Süditaliener faul sind oder nicht. Geld muss fliessen, es stellt eine Idee dar und nicht einen Wert. Die Deutschen nennen das Währung, aber es ist weder wahr noch währt es noch stellt es einen Gegenwert zu einer Ware dar. Es hat nur dann einen volkswirtschaftlichen Wert, wenn es die Hand wechselt und wieder investiert wird, es muss fliessen, deshalb heisst es auf Englisch auch folgerichtig: Currency.

Wir Deutschsprachigen „verdienen" Geld. „Wieviel Geld verdienst du?" Die Amis „machen" Geld; es heisst: „How much money do you make?" To make money: Ich finde, die Fed berücksichtigt das ganz gut! Die Franzosen „gewinnen" es; es heisst dort: „gagner". Das heisst aber auch, dass die Franzosen auch möglicherweise mal auf der Verliererseite sein können. Die Ungarn, hab ich mir sagen lassen, „suchen" Geld (hmm..., das ist wohl ein Sonderfall!), die Griechen „holen es heraus" oder „gewinnen" es. (Beides klingt, als ob man dabei kreativ oder zumindest schlau sein müsse). Aber wir armen Deutschsprachigen, wir müssen es uns „ver-dienen". Das klingt nach dienen, verleugnen, sklavisch rackern, nach Unfreiheit und Mühsal und nicht nach Erfindungsgabe und Tricksen. Nein, es heisst ver-dienen.

Was für eine Katastrophe, wenn man dann das Geld durch eine Inflation, wie in den 20er Jahren, verliert! Dann ist ja all der Lohn für die Erniedrigung, der Lohn für alles Leid verloren.

Das sitzt den deutschen Verantwortlichen wohl noch immer in den Knochen. Und dann kamen auch noch der Nationalsozialismus und der Krieg und neuerliche Erniedrigung dazu, und alles konnte nur durch hartes Arbeiten und die starke D-Mark (Schilling, Schweizer Franken) wieder gutgemacht werden. Dann glaubt man natürlich an das durch Generationen gepredigte Dogma: „Wer Schulden macht, muss sparen!"

Es ist nur leider nicht richtig: Wir brauchen neu gedrucktes Geld, das fliesst und ausgegeben wird, wir brauchen einen schwächeren Euro, damit unsere Exportprodukte billiger werden. Die zwingend folgende Entwertung soll am besten diejenigen treffen, die zu viel davon haben, die Einkommens- und Vermögensschere ist eh in den letzten Jahren auseinandergegangen. Eine Verteilung von oben nach unten ist das Beste, was einer Wirtschaft passieren kann, denn die Armen geben das Geld wieder aus und horten es nicht als Ware auf den Cayman-Islands oder in Delaware.

Diese Verteilung gälte natürlich auch innerhalb Europas von Norden nach Süden. Das Umgekehrte ist aber im Moment der Fall: Das Geld fliesst von Südeuropa nach Norden.

Ich schätze ungefähr eine Milliarde Euro pro Tag! Denn Griechenland und Spanien und Co. zahlen Zinsen für ihre Staatsanleihen und nicht zu wenig! Und nehmen neue Schulden auf, um die Zinsen für alte Schulden zu zahlen.

Und an wen zahlen sie die Zinsen? Richtig: An die Zocker, die die griechischen und spanischen Staatsanleihen wegen der zu erwartenden hohen Zinsen gekauft haben: Die Deutsche Bank und die Société Générale etc., und deshalb werden in Wirklichkeit die Banken gerettet. Man „rettet Griechenland und Spanien", damit sie weiterhin die hohen Zinsen zahlen und sich dafür neu verschulden können. Man garantiert in Wirklichkeit den Zockern ihr Hochrisikospiel. Da können dann wieder schöne Boni ausgezahlt werden: Ein effizientes Umlageverfahren vom Steuerzahler zu den Finanzinvestoren und Banken.

Merkt eigentlich jemand, dass wir uns gerade in einer „Barockisierung" der Gesellschaft befinden? Luxusgüter boomen. Sotheby's und Christie's kriegen Summen für „moderne" Kunst wie nie zuvor. Und die Armen werden ärmer. Soviel zur Mär der Rettung Griechenlands. Die kreativen Buchhalter retten gerade im Moment unsere bleichen nördlichen Ärsche.

Samothraki

Die Insel Samothraki in Nordgriechenland ist eine Hippie-Insel. Es gibt kaum ausländische Touristen, wahrscheinlich weil es keinen Flughafen gibt; man muss da schon hin wollen. Es befindet sich nur ein Sandstrand auf der ganzen Insel, der an der Südküste liegt, sonst ist alles nur Fels und Kies und hohe Berge. Das Schönste dabei sind die Wasserfälle und Süsswasserpools.

Heute stiegen wir in der Mittagshitze zu den Wasserfällen hinauf. Der Weg führt malerisch an einem felsigen Bachbett entlang, das von vielen uralten Bäumen gesäumt ist, hauptsächlich alten, knorrigen Platanen, die angenehmen Schatten spenden. Man hat das Gefühl, jeden Moment kommt Pan hinter einem Baum hervorgeschossen, aber dann ist es nur ein griechischer Rasta mit nacktem Oberkörper und gestreifter Hose und einer Umhängetasche aus Jute, voll von selbstgezogenem Gras.

Keşan, Türkei

Wir stoppten von der griechischen Seite der Grenze weg, weil man da nicht zu Fuss hinüber gehen darf. Ein geistesgestörter bulgarischer Kinderarzt nahm uns mit und bretterte auf der zugegeben breiten Bundesstrasse mit 190 km/h. Von Griechenland in den Himmel in $13^{1/2}$ Minuten! Mit schlotternden Knien stiegen wir auf dem Busbahnhof von Keşan aus, der ersten grösseren türkischen Stadt nach der griechischen Grenze.

Was für eine Freude, wieder in der Türkei zu sein! Die Menschen hier sind einfach schnell, effizient und freundlich: Als wir auf dem Busbahnhof in Keşan ankamen, war gerade ein Bus nach Tekirdağ am Rausfahren. Ein Mann sah die Situation, hielt den Bus an, überzeugte den Fahrer zu warten, ein anderer nahm meine Euros, rannte zur Wechselstube, wechselte und kaufte innerhalb von zwei Minuten die Tickets, und schon waren wir im Bus und befanden uns auf dem Weg nach Tekirdağ. Ich kam gar nicht auf die Idee, dass er uns reinlegen könnte, und er tat es auch nicht. Wie einfach kann das Leben sein, wenn die Menschen sich gegenseitig helfen!

Die Türken sind geistig wach. Wenn dieses Jahr mehr Touristen aus Spanien kommen, werden sie halt spanisch angesprochen, und wenn heuer mehr aus China als aus Japan kommen, dann halt auf chinesisch statt japanisch. Die Einheimischen hier können nicht mehr Sprachen als anderswo, aber sie bemühen sich mehr.

Vor fünf Jahren sagte ich allen, die es hören wollten: „Die EU wird sich noch ärgern, Griechenland aufgenommen zu haben und die Türkei nicht! Spätestens im Jahr 2020 wird sie auf Knien die Türken bitten, in die EU zu kommen, denn die haben Jugend und Dynamik, Bevölkerungs- und Wirtschaftswachstum!“

Dass es so schnell so weit sein würde, hätte ich nie geglaubt! Es ist halt wie mit allen Prognosen: Sie stimmen jeweils schon, nur der Zeitraum ist meistens falsch.

DIE Stadt

Heute sind wir nach Asien gereist. Zuerst von der Divan Yolu, der alten Hauptstrasse von Konstantinopel/Istanbul, mit der Strassenbahn, an blauer Moschee und Hagia Sofia vorbei, runter zur Bootsanlegestelle neben der neuen Galatabrücke und dann mit einem der schönen alten Dampfer über den Bosporus nach Kadiköy. Es war strahlendes Sommerwetter, und ein frischer Wind kräuselte die Wellen auf dem tiefblauen Bosporuswasser.

Als im Jahr 1993 in Istanbul ein Streichquartett von mir uraufgeführt wurde und mich bei dem Anlass das Türkische Fernsehen im Interview fragte, wie mir die Stadt gefalle, antwortete ich damals: „Ich finde, Istanbul ist die zweitschönste Stadt der Welt!“ Sie wollten dann natürlich wissen, welche die schönste sei, und ich sagte, dieser Platz sei leider bereits vergeben an Rio de Janeiro, aber Istanbul sei knapp dahinter. Daran hat sich nichts geändert.

Wenn man, von Asien her, vom Bosporusschiff oder von einem der Aussichtsrestaurants in Üsküdar oder Kadiköy die Silhouette der jahrtausendealten europäischen Stadt mit ihren Minaretten und Türmen und mittlerweile auch Wolkenkratzern sieht, wie sie sich, von Wasser umgeben, auf ihren sieben sanft gewellten Hügeln lässig und souverän dahinlümmelt, trotz ihren 15 Millionen emsigen Einwohnern, kann man nicht umhin, sie zu bewundern. Die Stadt ist eine der wirklichen, grossen Weltstädte. „Eis tin polin (polis)" ist ursprünglich griechisch und heisst: In die Stadt! DIE Stadt!

Von der Anlegestelle in Kadiköy gingen wir zu Fuss hinüber in das alte Bahnhofsgebäude von Haydarpasha, von wo die Bagdadbahn nach Ankara und Anatolien startet. Hinter einem Jugendstil-Glasschalter sass ein Mann, der mir erklärte: „Sorry, der Zug nach Ankara ist leider ausverkauft. Der um 17.30 Uhr auch. Versuchen sie es morgen wieder!" Wir taten es wie in Wien, wir stiegen einfach ein, und es ging genauso.

Zuerst tuckelt der Zug ganz gemütlich der Nordküste des Marmarameeres entlang und fährt endlos durch die kleinasiatischen Vorstädte der Megalopolis und dann, nach einer Stunde, geht es ab in einsame anatolische Täler. Man glaubt sich in einer rückständigen Welt. Aber nein: Zwischen Eskişehir und Ankara rauscht ein neuer Hochgeschwindigkeitszug mit durchschnittlich 250 km/h durch die anatolischen Hügel. Man fliegt förmlich Asien entgegen. Da könnte die Deutsche Bahn doch mal eine Studiengruppe hinschicken!

Der Nemrut

Nahe der Stadt Adıyaman in der Südosttürkei befindet sich der Nemrut Dağ. Es ist der höchste Gipfel der näheren Umgebung, und ganz oben auf der Bergspitze hat der vergöttlichte Herrscher des kleinen Reiches von Kommagene vor 2000 Jahren sich sein Grab errichten lassen.

Am besten nimmt man ein Taxi von der Kleinstadt Kahta aus und stoppt auf dem Weg zum Gipfel bei einer römischen Brücke aus der Zeit des Septimius Severus, bei weiteren Königs- und Königinnengräbern mit Adler- und Löwenstatuen auf riesigen Säulen und bei den Ruinen von Eski Kahta.

Ist man auf dem Berg angelangt, muss man vom Parkplatz noch zu Fuss etwa eine halbe Stunde auf die Bergspitze gehen. Und dann hat man oben eine der eindrücklichsten Verbindungen von Landschaft und Archäologie: Riesige Steinskulpturen auf beiden Seiten des Kegelgrabes, das die Spitze des Berges bildet, stellen Adlerköpfe, Herakles- und Zeusköpfe mit Bart und Apoll und Tyche etc., dar, die in die unendliche Weite der südostanatolischen Berglandschaft und zu den Ebenen des Euphrats blicken.

Die Tatsache, dass wegen der politischen Situation und der Abgelegenheit des Ortes normalerweise wenig (bei unserem Besuch waren es gar keine) Touristen oben sind, ma-

Venedig, Italien: Es war klar, wenn wir auf den Spuren Marco Polos reisen wollen, müssen wir in der Serenissima beginnen und zwar in der Gegenrichtung zum Markuslöwen.

Venedig: „Mir san mir"

Venedig: Wenig Platz zum Seufzen

Sarajevo, Bosnien und Herzegovina: Auch Islamisten brauchen hie und da Zuckerwatte. Gefährlich mit dem Bart!

Auf dem Land in Bosnien und Herzegovina: Wie rührend hat der Hausbewohner die Einschusslöcher auf seinem Haus zu kleinen Blümchen umgestaltet!

Am Ohridsee, Albanien: „Immer Foto machen… nie zahlen!"

Alexandroupolis, Griechenland: Der Beweis, dass die Griechen faule Hunde sind!

Keşan, Türkei: Diese Familie kam auf den Busbahnhof, um einen Sohn, der sich in die grosse weite Welt aufmachte, zu verabschieden, und bat mich, ein Foto von ihnen allen zu machen, was ich gerne tat und mir die Erlaubnis einbrachte, auch noch ein Foto für mich schiessen zu dürfen.

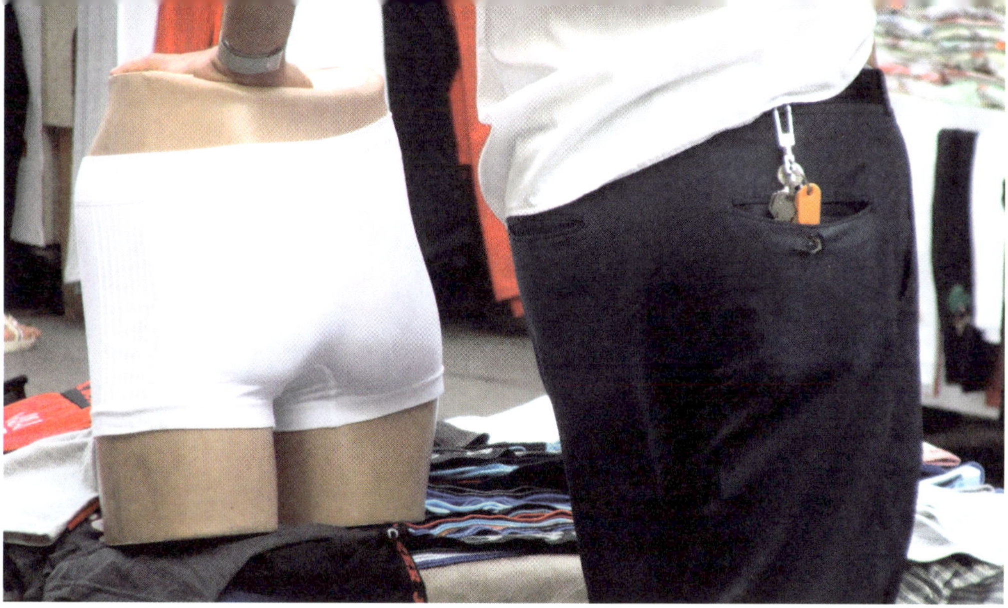

Istanbul, Türkei: Zwischen dem grossen Bazar und der Yeni Cami

Istanbul: Ägyptischer Markt: „Stell dich nicht so an, Mann! Wegen ein bisschen Pfeffer oder was?!"

Istanbul, Eyüp: Im Heiligtum des Fahnenträgers des Propheten

Nemrut Dağ, Ostanatolien: Die Köpfe des Grabmals von Antiochos I. (69 – 36 v. Chr.) blicken von 2200 m Seehöhe sorgenvoll in Richtung Griechenland.

Sivas, Türkei: „Mein Sohn arbeitet in Schtuttutgart."

Diyarbakır, Kurdistan: Karpousi?

Ahlat, heute Kurdistan, früher Armenien: Blick auf den Van-See (1646 m.ü.M.)

Teheran, Iran: Das repräsentative Foto

Isfahan, Iran: Am Nachmittag gab es eine grosse Demo gegen den Zionismus und den Satan USA. Die Einheimischen erklärten uns, das sei super, denn dann würden sie in Bussen in ihren Dörfern abgeholt, kriegen ein Schild mit der Aufschrift „Down with USA" und werden beim Imam-Platz abgesetzt. Nach der Demo geht sich noch ein wenig Shopping aus in der Stadt, und dann wird man wieder nach Hause geführt. Alles gratis!

Isfahan: Der Mullah links knüpfte sich nachher mich vor und wollte mich zum Islam bekehren, was ihm auch in dreistündiger Mühe nicht gelang. Er konnte sehr gut englisch und bat mich, wenn ich dann in der heiligen Stadt Meshed im Osten von Iran sei, ihm eine Mail zu schicken, weil ihn das immer so rühre. Ich tat es und kriegte daraufhin viele Bekehrungs-Mails von ihm. Ich musste ihn auf Spam setzen.

Isfahan: Ruhige Souveränität

Isfahan: „Hast du das neue Justin Bieber-Video schon auf deinem iPhone?"

Ost-Iran: Landschaft bei Nischapur

chen den Nemrut zu einem sehr eindrücklichen Erlebnis: Weite, Stille, Steine, Zeit, Luft, Geschichte, Berge, Natur, Rätselhaftigkeit.

Der Van-See

Ganz im Osten der Türkei, fast schon an der persischen Grenze, im ehemaligen armenischen Gebiet, liegt auf über 1600 Metern Höhe, umgeben von Viertausendern, der sehr blaue Van-See. Er ist mehr als 500 000 Jahre alt, sagen die Geologen, die wir dort trafen. Er ist nicht durch einen explosiven Ausbruch des Nemrut-Vulkans (2948 m hoch) oder des Süphan Dağ (4158 m hoch) entstanden, wie die meisten Bücher bis jetzt sagen. Dafür ist er zu tief: Bei der Ahlat-Schwelle, wo die Geologen zuletzt gebohrt haben, ist er etwa 250 m tief, und dann sind es nochmals 240 Meter bis zu seiner tiefsten Stelle. Es war also ein tektonisches Ereignis: der Druck der arabischen Platte, der den See gebildet hat. Seine jetzige Form erhielt er durch ausfliessende Laven des Nemrut Dağs (nicht zu verwechseln mit dem gleichnamigen Berg bei Adıyaman der vorherigen Geschichte), die bei Tatvan eine Schwelle bildeten und ihn vom westlich anschliessenden Muş-Becken und dem Abfluss zum Euphrat abgeschnitten haben.

Im See lebt eine endemische Fischart, Silberfisch genannt, eine Karpfenart, die ca. 25 cm gross wird. Man kriegt sie gegrillt im Restaurant gegenüber der Bootsanlegestelle, von wo die Boote die paar hundert Meter zur Insel Ahtamar und ihrer wunderschönen, kleinen armenischen Kirche, die aussen über und über mit romanischen Reliefs geschmückt ist, ablegen. Dieser Fisch hält offenbar den hohen Salzgehalt des Sees aus, muss aber zum Laichen, wie die Lachse, in die Bäche und Zuflüsse des Sees hinauf, wo es dann von ihnen wimmelt. Früher wurden sie dort erbarmungslos abgefischt, bis es prekär für die Verbreitung dieser einzigartigen Fischart wurde. Dann kamen umweltbewusste Aufklärer, um die Bevölkerung zu informieren, und heute schützt sie der Staat mit Zäunen und Verbotsschildern in den Laichgebieten.

Nicht gefunden haben die Geologen, so erzählten sie uns, das „Van-Nessie", das von den Einheimischen immer wieder mal gesichtet wird. Die Saurier haben sich wohl in die innere Mongolei oder in die Vorstandsetage der Deutschen Bahn zurückgezogen.

Der Van-See hat seine unglaublich blaue Farbe von der Höhe und vom hohen Sodagehalt. Sein ph-Wert ist über neun, sein Salzgehalt ist hoch. Aber vor allem verdankt er die Farbe natürlich dem fast immer wolkenlosen Himmel.

Man kann in ihm baden, ich habe es oft gemacht, er ist sehr sauber, und man hat danach eine ganz angenehme weiche und sanfte Haut, wahrscheinlich, weil er so alkalisch ist.

Die Liebe zu den Dingen

Wir entschieden uns, über die Westseite des Van-Sees in Richtung Ararat zu fahren. Die Ostseite kenne ich schon so gut. Im Ort Ahlat fanden wir ein grosses altes Hotel, das zum Teil schon eingemottet war. Es strahlte den Charme von „Shining“ aus.

Obwohl es so riesig war, gab es nur noch ein freies Zimmer, aber dafür mit Balkon und Blick auf den azurblauen See. Bald wussten wir auch warum: Eine grosse Gruppe von Geologen, Geochemikern, Biologen und dazugehörigen Studenten der Uni Bonn und der EAWAG-ETH Zürich hatten hier ein monatelanges gemeinsames Forschungsprojekt. Sie bohrten an verschiedenen Stellen des Sees mit Hilfe amerikanischer Bohrspezialisten, um Bodenproben aus sehr grosser Tiefe zu entnehmen.

Das Projekt war abgeschlossen, die Bohrplattform wieder abgebaut, und viele hundert Meter Bohrkerne warteten in Containern auf den Abtransport nach Bonn bzw. Zürich. Es gab also Grund zum Feiern und gutes Essen und Wein, und wir wurden eingeladen. Wir redeten mit vielen Lehrern und Studenten, aber der für mich Interessanteste war ein Wiener, der ziemlich genau gleichzeitig mit mir in die Gegenrichtung ausgewandert war. Er ist Forscher an der EAWAG-ETH und heisst Mike Sturm.

Wir redeten über alle Arten von Antagonismen: Gott und die Welt, Uni Zürich (wo ich studierte) und die ETH Zürich (wo er forscht und lehrt), die siebziger Jahre und die Gegenwart, Schweiz und Österreich.

Uns verbanden viele Erlebnisse und Erkenntnisse, und er gab mir einen Satz mit auf die Reise, der sich im nachhinein als einer der prägendsten Sätze dieser Weltreise entpuppen sollte. Als er über die Arbeit der türkischen und kurdischen Helfer am Van-See-Projekt erzählte, sagte er: „Weisst du, was diesen Leuten fehlt, ist die Liebe zu den Dingen.“

Damit meinte er: Man arbeitet halt nicht so präzis, es geht was daneben, es geht was kaputt, ... ist ja wurscht! ... Das sei auch bei seinem Baikal-Projekt in Sibirien so gewesen.

Die Liebe zu den Dingen. Das hat mich nicht mehr losgelassen. Diese fehlende Liebe zu den Dingen habe ich überall gesehen: in China, in Indonesien, in Samoa, in den USA, in El Salvador, in Peru. Überall auf der Welt, ausser in West- und Mitteleuropa und vielleicht noch in Japan, fehlt die Liebe zu den Dingen.

Schlampig gebaute Häuser, kaputte und fehlerhaft gefertigte Sachen, lieb- und achtlose Installationen, falsch und notdürftig repariert, so dass man immer damit Ärger und Mühe hat, ... ist ja wurscht ...

Ich habe eine Klotür in Samoa fotografiert, die mich echt zum Lachen gebracht hat: Bei der wurde offenbar nachträglich eine Ecke rausgesägt, denn man hat nach Einbau der WC-Schüssel offensichtlich festgestellt, dass die Tür nicht mehr zuging. Ich sah eine

Strasse in Kalifornien, die ohne Vorwarnung hinter einer Kuppe, einfach an einem Zaun quer über die Fahrbahn, endet; Abflüsse in der Dusche, die höher liegen als der Boden rundherum; chaotische und lebensgefährliche Strominstallationen in Kolumbien; einen Zebrastreifen in Makassar, der an einer Mauer aufhört; eine Fähre in Indonesien, deren Notausgänge nicht mehr aufgehen; Lautsprecherboxen, die verzerren, weil sie schon vor langer Zeit abgeschossen wurden und es niemand für notwendig hielt, sie zu reparieren; Medikamente, die bei 40 Grad gelagert werden; Autobusse mit total abgefahrenen Reifen; Wandreparaturen, bei denen nachher die Stelle einfach nicht mehr verputzt und gemalt wurde; Supermärkte, in denen bei der Hälfte der Produkte das Haltbarkeitsdatum abgelaufen war, ... ist ja wurscht ...

Das ist ja noch lustig, aber wenn es auf Kosten von Lebensqualität und Sicherheit geht, und zwar auf meine Kosten, dann nervt es. Und es nervt immer und immer wieder.

Denen fehlt die Liebe zu den Dingen!

Danke, Mike !

Brasilianer und Iraner

Im Nachtzug von Isfahan nach Teheran teilten wir das Abteil mit einem jungen religiösen Perser, seiner tiefverschleierten Ehefrau und seinen ebenso tiefverschleierten zwei Schwestern.

Wir sprachen über Religion (logisch!) und Kultur und darüber, dass in gewissen islamischen Ländern ein Mann vier Frauen heiraten dürfe. Ligia erklärte den armen Moslems: „You see, in Brazil it's the other way round: One woman has four men!“ Noch nie habe ich so erschrockene und schockierte Gesichter gesehen, und sie entspannten sich auch nicht gänzlich, als wir das als Joke deklarierten.

Als sie dann auch noch auf die Frage, wie viele Kinder sie habe, antwortete: „No, no, I'm catholic! Catholics are different! We don't need to have children“, war es ganz vorbei.

Später beim Schlafengehen befahl mir der Mann, dass ich, entgegen meiner Reservation, keineswegs ganz oben schlafen könne, sondern, entsprechend den guten und unerlässlichen Sitten, das Bett ganz unten neben ihm nehmen müsse. Dann bastelte er eine halbe Stunde lang mit einer Wolldecke und viel Liebe eine Art Vorhang vor die Betten seiner drei Anvertrauten, damit ich um Gottes heiligen Willen nicht die Haare oder sonst was Schreckliches von ihnen zu sehen bekäme, was ich auch überhaupt nicht vorhatte, denn ich war sehr müde und nicht wirklich interessiert. Vielleicht hatte er aber auch Angst, dass eine der Seinigen auf die Idee kommen könnte, mich als Nebenmann zu nehmen.

Der Lokomotivführer

Da der Lokomotivführer des Zuges von Shahrud nach Damegan (Ostiran), der dort am späten Nachmittag ankommt, stundenlang gegen die Nachmittagssonne fahren muss, hat er seine Windschutzscheibe mit Zeitungspapier zugeklebt. So sieht er zwar nichts mehr, aber dafür quält ihn die Sonne nicht. Sollte ihn jetzt noch ein plötzliches Licht blenden, ist es wohl das gleissende Licht des Jüngsten Tags.

Turkmenistan

Turkmenistan ist etwas anders als Iran: Im Nachtzug von Ashgabat nach Mari hat angeblich das ältere, wohlbeleibte und schon leicht angeheiterte Bauernpaar auf den Liegen unter uns unbeschwert gevögelt. Ich hab's schon wieder mal nicht mitgekriegt, ich schlief tief und fest.

Zolldeklaration

An der Grenze zwischen Turkmenistan und Usbekistan muss man eine Zolldeklaration ausfüllen: alle Devisen, Wertsachen, Medikamente, etc., das Ganze auf zwei Formularen. Da sie nur auf usbekisch und in kyrillischer Schrift zu haben sind, hängt an der Wand eine englische Übersetzung.

Die Turkmenen, wie die Usbeken, lieben Goldzähne, und wer reich ist, zeigt es bei einem Lachen, weil er alle Schneide- und Eckzähne aus Gold hat. Ich glaube, es ist eine Art sichere Geldanlage; in Zeiten wie diesen ja nicht ganz unverständlich.

Die dicken alten Turkmeninnen vor uns, in ihren bunten Stoffgewändern und Kopftüchern (die sie ganz anders binden als die Iranerinnen, eher so wie die Bauersfrauen bei uns früher), müssen alle ihre Goldzähne ins Formular eintragen.

Die Polyesterstrasse

Wir waren auf der Seidenstrasse; die Seidenstrasse lebt.

Etwa zwei Stunden hinter Almaty, der alten Hauptstadt Kasachstans, da wo die Strasse von Sinkiang auf die Turksib, die Zuglinie von Almaty nach Nowosibirsk, trifft, stiegen sie ein: Etwa 60 (oder waren es 80 oder 100?) Händler, Textilienhändler, die Billigware aus China für die russischen und osteuropäischen Märkte einluden. Jeder hatte fünf bis zehn dieser riesigen karierten Plastiksackkoffer (in Westeuropa werden sie Jugokoffer genannt), jeder etwa einen halben Kubikmeter gross; ich übertreibe nicht. Und dann begann es: Sechsunddreissig Stunden dauerte die Fahrt, davon wurde etwa acht Stunden in dem eh schon überfüllten Zug geräumt, geschlichtet, geschichtet und versteckt. Deckenverkleidungen wurden heruntergeschraubt, Sitze geöffnet, Klos vollgeräumt und Türen verrammelt. Schliesslich musste ja das Schmiergeld für das kasachische Zugpersonal, den kasachischen Zoll und den russischen Zoll in Grenzen gehalten werden. Am Ende war jeder zweite Zugausgang von unten bis oben zugemauert und jedes Abteil voll mit Menschen und billigen chinesischen Waren. Wildfremde Leute, die zwei Waggons weiter vorne reisten, stapelten in unser schon überfülltes Abteil noch ein kleines Matterhorn von chinesischen Fake-Fur-Mänteln, einen mittleren Grossglockner von Schuhen und genug Schnapsflaschen für eine ganze Kompanie von Jelzins. Leider war es chinesischer Schnaps und daher eher als Wundbenzin zu gebrauchen.

Dass das kasachische Zugpersonal am Geschäft beteiligt ist, konnte man daraus ersehen, dass die sonst sehr schläfrigen Abteilschaffner, bemüht über alle Massen und emsig, beim Einräumen, Umräumen und Verstecken halfen.

Als es uns in unserem Drittklassewaggon, „Platzkartnyi“ auf russisch, endlich zu schwül, zu eng und zu stickig wurde (wir befanden uns im ersten Waggon, direkt hinter der stinkenden Diesellok), kam ich auf die Idee, mit dem „Brigadier“, dem Zugchef, ein ernsthaftes Wort zu reden. Er besass ein eigenes Luxusabteil in der Mitte des unendlich langen Zuges, eine Art Büro mit eigenem Samowar. Der Brigadier war ein dicker, respekteinflössender Uniformierter mit einer riesigen Uniformmütze, wie sie nur die glorreiche Zeit des Grossen Vaterländischen und Kalten Krieges hervorbringen konnte: elegant geschwungene Unfehlbarkeit der proletarischen Moderevolution. Er strahlte stalinistische Tradition und das Bewusstsein von Macht und Verantwortung für das Gelingen eines wichtigen Transportunternehmens für die Versorgung der Menschheit aus. Bei ihm liefen alle Schmiergelder zusammen. Allein durch seine Körperfülle und sein so klar asiatisch-kasachisches Aussehen hatte er aber auch etwas Verschmitztes, fast Warmes in seinen Schlitzaugen.

Ich kam auf die Idee, ihn ein ganz klein wenig zu erpressen; ich wollte auch meinen Teil am Geschäft erhalten und sagte ihm etwas von: „Gefährlich... Notausgänge... chinesische Waren... Feuer... Tote... ist doch sicher nicht legal“, etc. Er verstand sofort und verschaffte uns zwei Plätze im offiziellen Polizeiabteil, indem er zwei arme junge Polizisten aufweckte und rausschmiss. Später, nahe der russischen Grenze, fand er sogar ein Zweibett-Abteil in der ersten Klasse: alles gratis! Wir wurden wie Freunde behandelt und sassen auch in seinem Abteil, und er verhandelte nun ganz offen um grössere Dollarbeträge an seinem Handy mit allen Beteiligten und Offiziellen: Es machte ihm offensichtlich grossen Spass, die Westler als Komplizen in seinen Arbeitseifer und -ethos einzuweihen.

„Diese Wegelagerer!", sagte er, „alle wollen etwas", und: „Wie ist denn das bei euch in der Schweiz? Sind die auch so chaotisch und korrupt?"

Ich konnte ihn beruhigen: „Ja, ja, genauso, nur anders."

„Die Chinesen sind die Schlimmsten... und die Usbeken!"

„Und die Russen?"

„Na ja, die auch, aber mit denen kann man reden."

Nichts hat sich geändert seit 2000 Jahren: Die Seidenstrasse lebt! Und was wird transportiert auf der uralten, völkerverbindenden Seidenstrasse? Billige chinesische Textilien aus Polyester!

Njet

In Russland ist das Lächeln eine Klassenfrage: Man kann einen Schmäh machen oder einen Witz, oder übertreiben, oder Situationskomik betonen: Die Russen lachen nicht, die Gesichter bleiben versteinert. Das Leben ist nicht lustig, es ist beschissen, und am besten ist es, wenn einem die anderen und speziell Fremde oder gar Intellektuelle in Frieden lassen. Da hilft nur eines: Das omnifunktionale Wörtchen Njet.

Ich bin mir ziemlich sicher, dass es das erste Wort ist, das ein russisches Kind lernt. Njet ist sicherlich das am häufigsten verwendete und das wichtigste Wort im Leben eines Russen. Es kann heissen: „Nein", „Ich weiss nicht", „Ich will nicht", „Ich habe Angst, dass du etwas von mir willst", oder auch einfach nur „Lass mich in Ruhe", oder „Fuck off!".

Es ist präzis, klar und formvollendet: Ein multifunktionales Superwort, so wichtig und angenehm, dass man es richtiggehend übt und zelebriert. Es ist wie ein guter Freund. Vielleicht ist es der Kitt, der das angeknackste Ego noch etwas zusammenhält. Es ist wie ein Wunderwerkzeug, und es gehört demjenigen, der es ausspricht. Es ist eine Waffe, ein Schwert, mit dem man alles Fremde, speziell natürlich einen Westler, der einen etwas fragen will, abwehren kann. Denn dass der unangenehm ist, ist keine Frage. Irgendwie fühlen die Russen ja auch, dass es peinlich ist, wenn sie keine andere Sprache können als Russisch. Also ist es auch ein Wort der Ungebildeten, und ungebildet sind in Russland noch immer, auch nach 70 Jahren Sowjetunion und 20 Jahren Jelzin- und Putinismus, die Armen, die Unterklassen. Dies macht es zum wahrhaft proletarischen Wort.

Die Reichen und Gebildeten, ob alter Adel, Bürgertum oder neureiche Kapitalisten, können lächeln, sind freundlich, geben Auskunft und entschuldigen sich für ihr schlechtes Englisch, aber sie bemühen sich.

Die Armen besitzen nur „Njet". Schliesslich ist „Njet" auch eine Rache dafür, dass nach 70 Jahren Sozialismus, 20 Jahren Turbokapitalismus und dreieinhalb Revolutionen, das einzige, was in Russland Kultur geworden ist, eine Art kleinbürgerlicher Egoismus ist. Verglichen mit den Russen sind die Schweizer nach 700 Jahren Kapitalismus und Ausbeutung schon fast altruistische Freundlichkeitsfanatiker.

„Njet" ist auch die Rache für das beschissene Wetter und die eigene Armut.

In den Fernsehprogrammen wie Luxe-TV oder in russischen Musikvideos vergnügen sich coole Macker mit dunklen Ray-Bans und dicken Rolex-Uhren in Strechlimousinen und 5-Stern-Hotels mit blonden, langbeinigen Models in Tanga-Höschen. Dort in New York, Miami oder am Genfer See gibt es Palmen und blaues Meer. Die haben sichtlich Spass am Leben und lachen: das hämische, fiese Lachen der Reichen und Schönen!

„Die anderen, immer nur die anderen!

Und dann kommt einer von denen und will von mir eine Auskunft: „NJET!"

Sibirien

Wir haben die schönste Zeit für Sibirien erwischt: Ende September gab es einen Frost, so dass die Mücken und Fliegen schon tot sind, und jetzt ist gerade eine Wärmephase. Glück muss man haben! Die Birken leuchten goldgelb, und über den kleinen Dörfern entlang der sibirischen Eisenbahnlinie liegt der erste Kohlerauch wie zarter Herbstnebel. Ich kann den Geruch von Kohleheizungen riechen.

Nichts weckt die Erinnerungen so gut wie Gerüche: Aus der Tiefe der Vergangenheit kommen mir Bilder von Reisen in den damaligen Ostblock ins Bewusstsein herauf. Bilder einer längst entschwundenen Welt: Mühsame und gefährliche Transzendenzen in eine andere Wirklichkeit, über gut bewachte Grenzen mit Stacheldrahtzäunen und Wachttürmen, Soldaten mit Schäferhunden, rotweiss gestreiften Grenzbalken und Betonblocks, freundlichen, aber nie persönlichen Grenzbeamten in seltsam grünen Uniformen, dem Geruch von jenem unverkennbaren Desinfektionsmittel, mit dem immerleere Warteräume und grell erleuchtete nächtliche Bahnhöfe vor sich hin starrten und eben diesem Geruch nach Kohleheizungen, der über den Dörfern und Städten Ungarns, Rumäniens, Bulgariens oder der Tschechoslowakei lag.

Es war eine Welt, die ich vermisse. Eine Welt, in der die Volksmusik um Unendlichkeiten besser war als in Westeuropa, wo man einfach ungeschaut im Plattenladen die paar wenigen Schallplatten, die es dort gab, für einen Pappenstiel zusammenkaufen konnte, weil die Wahrscheinlichkeit, dass man gute, meisterhafte, grossartige Aufnahmen von klassischer oder ethnologischer Musik dabei erwischte, etwa 70 Prozent betrug. Man vergleiche das mal mit all dem Schrott, der heute weltweit produziert wird. Ich schätze die heutige Erfolgsquote, blind etwas Gutes zu finden, auf so ca. 0,2 bis 0,3 Promille ein.

Das Rückgrat meiner Schallplattensammlung stammt deshalb aus jener Zeit im damaligen Ostblock, weil ich auf meinen Reisen von den kommunistischen Bestimmungen gezwungen wurde, eine bestimmte Summe Westgeld pro Tag umzutauschen. Eine Summe, die ich nie ausgeben konnte: so was Verrücktes wie 20 Dollar pro Tag! Ich konnte das natürlich auch nicht ausgeben, weil ich dauernd von den Menschen dort eingeladen wurde, denn es gab ja keine kleinen billigen Herbergen, nur staatliche Luxushotels, und die konnte ich mir nicht leisten, nicht mal mit den 20 Dollar. Also schlief ich in Bauernhöfen, bei Gastfamilien, die mich mit viel persönlichem Mut zu sich einluden, denn das war oft verboten oder zumindest nicht gern gesehen vom Staat. Oft schlief ich auch draussen im Wald oder hinter irgendwelchen Gärten oder in leeren Waggons, und dann wurde ich halt zum Essen eingeladen von denen, die kaum genug für sich selber hatten.

Man tauschte sich eine Währung ein, die man dann nicht mehr ausführen durfte und die auch im Westen wertlos gewesen wäre, aber die mir die tollste Musik im Osten kaufte, und zwar richtig viel: Ich konnte die ganzen Electrecord-, Balkanton-, Melodija-, Supraphon- und Jugoton-Platten damals jeweils kaum in den Zug schleppen. Eine Welt, in der noch live musiziert wurde in den Dörfern und Städten, auf einem technischen Niveau, von dem die Welt heute, mit Ausnahme Kubas, nur noch träumen kann. Eine Welt, die noch echt anders war als meine Alltagswelt, aber die die Alltagswelt von real existierenden Menschen war. Von Menschen, die unmodisch gekleidet, hässlich, unfreundlich, aber manchmal auch wunderschön waren; die ich ein wenig bemitleidete, aber nie wegen ihrer Armut, immer nur wegen ihrer Reiseunfreiheit, wegen den Zäunen und Grenzen: Ich dachte mir, die können nie nach Italien oder nach Brasilien reisen, war aber gleichzeitig hoch fasziniert von der Andersartigkeit ihrer Realität; und da gab es ja durchaus auch Gegenden, in die konnte *ich* nicht reisen: Sibirien zum Beispiel oder einfach über Land durch Russland, auf den Spuren von Tolstoi, Tschechow oder Turgenjew.

Und jetzt sitze ich im Zug und fahre auf der Parallelstrecke zur transsibirischen Eisenbahn durch die russische Taiga und lese „Schuld und Sühne“ in einer uralten Übersetzung und in altdeutscher Schrift aus meinem Fundus.

Der Zug fährt unendlich langsam. Ich habe mir sagen lassen, dass die Eisenbahner seit der Stalin-Zeit (und bis heute) nach Pünktlichkeit bezahlt werden. Sie haben sich ein in seiner Einfachheit grossartiges und geniales System ausgedacht, um mit dieser Herausforderung in der harten russischen Realität fertig zu werden: Der Fahrplan wurde so grosszügig mit Zeit ausgestattet, dass die Züge halt immer ein bis zwei Stunden zu früh in den Städten wären, würden die gescheiten Lokführer nicht draussen vor der Stadt, irgendwo in der Pampa, hinter einem Holzlager, einer Zementfabrik oder einem Güterzug anhalten, die ein oder auch zwei Stunden warten und dann auf die Sekunde genau und pünktlich in den Bahnhof der Stadt einfahren: Problem gelöst, Plan erfüllt! Russische Züge sind pünktlich, auch in Sibirien!

Es ist Oktober. Die Birken leuchten gelb und rot, zarter Raureif liegt in den Mooren, aber es ist noch nicht wirklich kalt. Am Tag wärmt noch die Sonne in einem letzten Kraftanfall, so dass wir noch Spaziergänge in die Wälder am Baikalsee unternehmen können.

Die Landschaft Sibiriens ist ein Meer von sanften Hügeln, vergessenen Dörfern mit erbärmlichen Hütten aus Holz und Wellblechdächern, Strassen, die nur aus halbmetertiefen Spurrinnen im Morast bestehen, schwarzen, verlassenen Industrieanlagen, rostigen Eisenbahnbrücken über namenlose Flüsse und Bäumen – nicht Wäldern, es gibt keine Wälder, denn es gibt keine Waldränder, es ist nur ein einziger unendlicher Wald. Und die Bäume leuchten in allen Farben des Herbstes. Puschkin liebte den Herbst, genauso wie ich!

Nowokusnezk

Tief in Sibirien, nach tagelanger Fahrt durch die Taiga, nach Birken, die im Oktober goldgelb leuchten und noch grünen Nadelbäumen, nach Moorniederungen mit Bodennebel im Gegenlicht der aufgehenden Sonne, nach unzähligen einsamen, dunkelgrün angestrichenen Holzhäusern, aus deren Kaminen Rauch in den blauen Himmel aufsteigt, und Strassen, die nur aus weichem, schwarzem Matsch bestehen, nach rostigen Eisenbahnbrücken über weite, stille Ströme und ca. eineinhalb Dostojewskis von aller Zivilisation entfernt, liegt die Stadt Nowokusnezk.

In den 30er und 40er Jahren, der schlimmsten Zeit der Sowjetunion, war Nowokusnezk die wichtigste Stadt der Schwerindustrie. Stalin liess hier, in der Hauptstadt des Kuzbas, die er sogar damals nach sich selber Stalinsk nannte, über 50 Prozent der Panzer und Artilleriegeschütze produzieren. Hätte Hitler Nowokusnezk eingenommen, dann hätte er den Krieg gewonnen. Aber es war wohl zu weit weg.

Wahrscheinlich war Nowokusnezk mal eine moderne Vorzeigestadt der Sowjetunion mit breiten Alleen und sozialistischer Prunkarchitektur. Heute ist es ein lebendes Museum wider Willen und als das ein Superlativ: schwarz as schwarz can, kaputte russige Industrieruinen, abbröckelnde Betonplatten-Wohnblocks vom Feinsten, tote Bäume, Häuser mit zeitungspapierreparierten Fenstern, wo die Verglasung der 30er Jahre kaputtgegangen ist, Strassen, auf denen Gras wächst, alte Ladas und Moskwitschs (wisst ihr noch, wie ein Benziner ohne Katalysator riecht?). Nur Pripjat ist wahrscheinlich noch schöner. Im Gemeinschaftszentrum mit der modernen Ausstattung der 50er Jahre tanzen uralte Matrjoschkas in grauen Pullovern und Pantoffeln mit noch älteren Überlebenden der Schlacht am Vodka zu altsowjetischen Schlagern, und auf der Eisenbrücke über den ölfarbig- und anthrazitschimmernden Abwasserfluss kommt uns eine zeitlos Blondgefärbte im Tarnfarben-Military-Hosenanzug und Stöckelschuhen entgegen.

Wer, wie ich, Nostalgiker ist und dem längst verlorenen, real existierenden Sozialismus der 70er Jahre nachtrauert, für den ist Nowokusnezk ein Muss! So hat es mal ausgeschaut im Osten Europas, bevor der siegreiche Kapitalismus alles gleichgemacht hat. Putins Kapitalismus ist wahrscheinlich, wie die deutsche Wehrmacht, auf halbem Weg in den unendlichen Sümpfen der Taiga steckengeblieben, und so ist der Gewinner der Schlacht um Nowokusnezk die Natur, die ganz langsam und schleichend, mit zartem Hellgrün im Schwarz, sich die Industrieruinen zurückerobert.

Nowokusnezk ist ein Naturerlebnis!

Przewalski-Pferde

Einer der schönsten Momente für mich ist beim Reisen immer, wenn ich eine seltene oder bedrohte Tierart in freier Wildbahn zu sehen kriege. Es ist nicht immer leicht, aber jedes Mal ein spezielles Erlebnis. Eigentlich suche ich ja immer „seltene Tiere".

Przewalski-Pferde waren einst in allen Steppengebieten Zentralasiens heimisch, heute sind sie nur noch in der Mongolei anzutreffen, wo sie erfolgreich wieder ausgewildert wurden. Sie stammen von holländischen, schweizerischen und österreichischen Beständen ab, die in Wildparks gezüchtet wurden. Sie sind die Stammväter unserer Pferde und gedrungener und gelber als ihre gezüchteten Verwandten. Wir fanden sie in den Hügeln von Khustain Nuru, ungefähr eine Tagesreise westlich von Ulan-Bator.

Vom Euphrat zur Mauer

Immer wieder berührt mich die Stimmung ab der Osttürkei. Hat man mal den Euphrat überquert, ist man wirklich in Asien. Dort, in der Weite, in der leeren Landschaft Kurdistans, in der man ein paar Nomadenzelte oder einen entgegenkommenden Tanklastwagen eine Viertelstunde vorher schon sieht, kommt einem Istanbul in der Erinnerung wie eine europäische Stadt vor. Das ist sie ja geschichtlich auch (und eine der schönsten noch dazu!), aber erst dort begreift man es.

Dort, in der weiten asiatischen Steppe legt sich plötzlich die europäische Hektik und Effizienz, der Herzschlag beruhigt sich, man atmet tief durch und lebt einfach, ohne Grund und ohne Ziel. O.k., auf ein Shish-Kebab und ein Bier hin, vielleicht!

Das kann man eigentlich nur per Autostopp erfahren und dann am besten, wenn einen ein vollbeladener Lkw mitnimmt, der maximal 25 km/h schafft und dessen kurdischer

Ashgabat, Turkmenistan: Klofrauen der Bahnhofstoilette

Buchara, Usbekistan: Usbeken in der Moschee Kalan mit der Medresse Mir-e-Arab im Hintergrund

Buchara:
„... also ich habe jetzt für die Tomaten schon wieder 1.500 Sum mehr bezahlt..."

Buchara: Moschee Kalan, Minarett Kalan, Medrese Mir-e Arab und ein Lada-Zhiguli 1600

Kasachstan: Postsowjetische Uniform-Eleganz

Kasachstan: Platzkartnyi in der Turksib: Gut, dass Fotos nicht riechen!

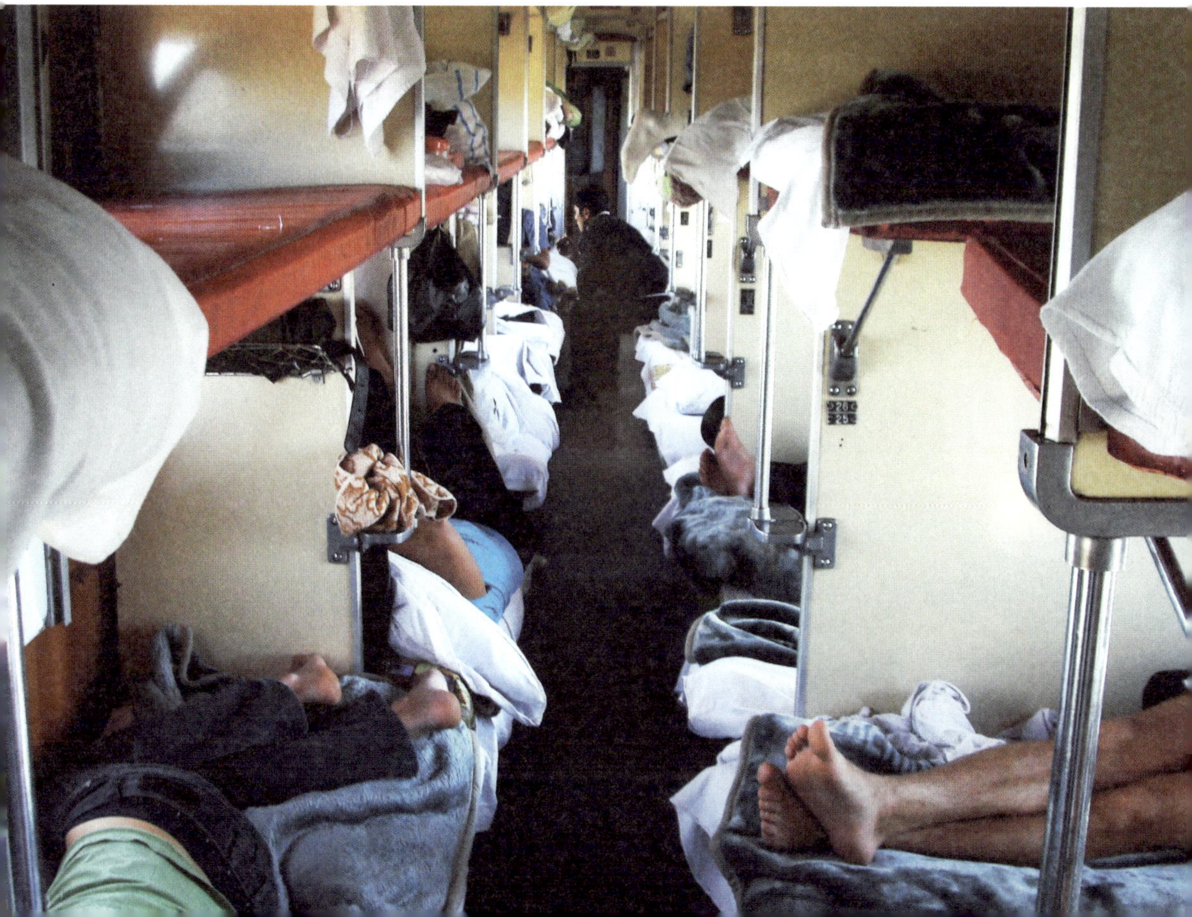

Zwischen Irkutsk und Babushkin, Sibirien: Im Spätherbst (das ist ein Farbfoto!)

Nowokusnezk: Schönheit im Tarnanzug

Zwischen Barnaul und Nowokusnezk, Sibirien:
Herbststimmung mit Betonplattenbau. Man beachte die fragile Finesse der Balkone.

Babushkin am Baikalsee, Sibirien: Wir wohnten hier im Eisenbahnerheim.

Zwischen Ulan Ude und der mongolischen Grenze, Burjätien:
... in der weiten asiatischen Steppe legt sich plötzlich die europäische Hektik.

Nordgobi, Mongolei:
Der Hirte borgte sich von uns den Feldstecher aus und sagte: „Darf ich mal bitte – irgendwo da drüben müssen meine Pferde sein."

Mongolei: Ein Wüstenschiff südlich von Mangalgov in der Gobi

Karakorum, Mongolei: Dschingis Khans letzte Hauptstadt und angebliche Grabstätte

Mittelmongolei: In einer Raststätte an der west-östlichen Hauptstrasse

Wüste Gobi, Mongolei: Ein Winterlager wie dieses im Hintergrund ist auf Landkarten schon verzeichnet.

Fahrer keine Fremdsprache kann ausser türkisch; und mein Türkisch hält sich in Grenzen, Arkadash!

Dann schweigt man ein, zwei, mehrere Stunden lang, hört die wunderbar zur Weite der Landschaft passende orientalische Musik aus dem Lastwagen-Kassetten(!)-Gerät und muss nicht erklären, wo man herkommt und was man beruflich macht, nur schweigen und sitzen und auf das Asphaltband da vorne schauen, das so unsäglich langsam daherkriecht, dass man jeden Grashalm der Osttürkei dabei zählen könnte. Man hört auch auf zu denken, denn das Gehirn hört bei 40 Grad auf zu arbeiten; eine Art Sicherung, die den Stromkreislauf in den Synapsen unterbricht, kurz vor dem Siedepunkt. Dann muss man überhaupt nichts mehr, nur noch sein. Interessanterweise erfüllt mich das mit einer Ruhe und einer Art Zufriedenheit, die ich nicht erklären kann.

Wir müssen ja immer viel zu viel. Europa ist der Kontinent, wo man viel muss. Und wenn man nicht viel muss oder will oder macht oder kann, hat man ein schlechtes Gewissen, ein Schuldgefühl. Wer fleissig ist, kommt in den Himmel! Dieses Theorem des Calvinismus ist ein Grundgefühl Europas, von Westen nach Osten übrigens abnehmend. Jenseits des Euphrats wird es auf einen Schlag lächerlich angesichts der Weite der unfruchtbaren Landschaft, des Nomadentums und der Vergänglichkeit. So bleibt es quer durch Kurdistan, Persien und Zentralasien. Das ändert sich auch nicht in der sibirischen Taiga, die sowieso das Weiteste ist, was unser Planet, mal abgesehen von den Ozeanen, an Landschaft zu bieten hat. Sibirien ist so weit, dass alles nutzlos ist.

Während die zivilisierte Welt darin wetteifert, schnellere und noch schnellere Bahnverbindungen zu bauen (der TGV schafft 400 km/h, in der Türkei fährt man streckenweise schon 250 km/h, von Peking nach Wuhan 300 km/h, und zwischen Zürich und Bern schaffen die SBB angeblich sogar schon an die 100 Sachen!), macht das in Sibirien gar keinen Sinn. Auch mit 300 km/h würde es von Jekaterinburg bis Wladiwostok noch immer Tage dauern.

Nein, die russischen Staatsbahnen besiegen diese unendlichen Distanzen nicht mit Geschwindigkeit, sondern mit Langsamkeit! Der Zug tuckelt so mit 40 bis 50 km/h dahin, dann bleibt er wieder auf ein Stündchen oder zwei in der Pampa stehen, bis einem alles wurscht ist und man die europäische Zeitempfindung und Hektik abgelegt hat. Die Distanzen des Zuges in Sibirien misst man nicht in Stunden oder Tagen, sondern in Dostojewskis: Von Omsk bis Irkutsk dauert es einen Dostojewski, von Krasnojarsk bis Ulan Ude einen halben. Ich las „Schuld und Sühne".

Die Mongolen, ohnehin keine Freunde der vielen Worte, haben Handzeichen für Distanzen, wie uns unser alter Fahrer in der Gobi erklärte: Wenn man einen Mongolen fragt, wie weit es bis zur nächsten Jurte der Familie soundso ist, zeigt er es: Wenn er mit dem ausgestreckten Arm in die Himmelsrichtung eine Faust macht, ist es sehr nah: Etwa 100 bis 150 km. Wenn er die Hand dazu ausstreckt, aber die Finger bei den Knöcheln anwinkelt, ist es etwas weiter, so ca. 200 km. Wenn er aber den Zeigefinger dabei gerade ausstreckt und in die Richtung deutet, ist es mehr als 300 km weit. Unter 100 km sieht man die Jurte bei der extrem klaren Luft der Mongolei ja eh schon in der Ferne.

Nach der mongolischen Weite, die einen so still und zufrieden macht, gibt es einen bestimmten Punkt, wo sich auf einem Hügelzug schlagartig alles ändert, wo das calvinistische Theorem, „selig ist, wer fleissig ist", plötzlich wieder gilt, und zwar wirklich schlagartig, ohne jegliche Vorwarnung: Es ist dies die Chinesische Mauer.

Auf der mongolischen Seite der Mauer (damit meine ich nicht die heutige politische Situation) ist die Sicht sehr klar, die Luft durchsichtig. Auf der chinesischen Seite der Mauer ist es diesig bis neblig. Nicht alles ist Smog, es ist wohl auch einfach die Luftfeuchtigkeit. Die Chinesische Mauer ist der „Euphrat des Ostens"!

Auf der anderen Seite ist alles sofort wieder da: Lärm, Nebel, Strassen, Müssen, Wollen, Können, Tun, Hochhäuser aus Glas, Universitäten, Forschung und Entwicklung, Geltungsbedürfnis, moderne Architektur, Leistung, grosse Bevölkerungsdichte, effiziente Landwirtschaft, Ernährungsbewusstsein und Kulinarik, Zivilisation und Fleiss.

Die Tatsache, dass ich mir leisten kann, beides zu leben, beides zu empfinden und auch zu schätzen oder zu kritisieren, ist eine grosse Gnade, ein unverdientes Glück.

Der Fluch der Schrift

Wie alle Menschen hassen es die Chinesen, selbstständig zu denken. Wenn man sie etwas fragt, zu dessen Antwort sie denken müssten, suchen sie immer den nächstliegenden Ausweg: Zuerst sagen sie nein, dann den Preis von etwas, und wenn man dann immer noch auf seiner Frage beharrt, werden sie hilflos oder nervös, holen verzweifelt den Taschenrechner oder einen Schreibblock aus der Tasche, um den lästigen Frager endlich abzulenken und zu verhindern, dass sie denken müssen.

Wurde das freie Denken, das selbstständige Denken, das kreative Lösen von gedanklichen Problemen in der Jahrtausende alten Geschichte Chinas immer bestraft und die freien Denker als gefährliche Rebellen hingerichtet, vertrieben? Zuerst unter dem allmächtigen, zentralen Kaiser und seinem straff organisierten Beamten- und Militärapparat und dann unter der Kommunistischen Partei?

Oder ist dieses unpraktische, obwohl grafisch schöne Schriftsystem so aufwändig zu lernen, dass das sklavische Wiederholen und Auswendiglernen wichtiger ist, als über Inhalte nachzudenken?

Ich habe in der Schule mal, ich glaube, ich war 14 oder 15 Jahre alt, trotz orthografischer Fehler die Bestnote für einen Aufsatz gekriegt, und der Lehrer schrieb darunter: „Sehr interessanter Gedanke, ich bin zwar nicht einverstanden, aber guter Einfall!“ Ich hatte also schon mit 14 die Freiheit, mich nicht mehr um die Form, sondern um den Inhalt kümmern zu dürfen! Danke, liebe Phönizier!

Viele unnütze Jahre werden in China dazu verwendet, diese Schriftzeichen zu lernen. Meine Freundin hat als Grafikerin und Logodesignerin natürlich grossen Gefallen daran und betont immer wieder die Schönheit der chinesischen Schrift. Nur die Schrift ist klar auf chinesisch, aber die phonetische Sprache, das gesprochene Wort ist es nicht. Die wenigen möglichen, einsilbigen Laute sind einfach zu wenig, um viele Möglichkeiten darzulegen. Andere fehlen einfach: Meinen Namen chinesisch zu schreiben ist äusserst schwierig, weil die Silbe „Von“, so ausgesprochen, wie wir es tun, einfach nicht existiert.

Ich habe Chinesen gesehen, die miteinander sprachen und, um zu verdeutlichen, was sie meinten, ihre Hände benutzten, aber nicht so, wie wir es tun, mit Gesten, sondern indem sie mit dem Zeigefinger der einen Hand das Schriftzeichen, das gemeint war, auf die Handfläche der anderen Hand malten, um ganz genau aufzuzeigen, welches Wort denn nun gemeint war.

Der Chinese ist durch die Schrift. So wie der Kubaner durch die Musik oder der Grieche durch Geschichten. Aber es ist nicht der Inhalt, der zählt, es ist das Schriftzeichen an sich. Nirgendwo wurde die Kalligraphie zu einer so hohen Kunstform entwickelt. Sie lieben ihre Schriftzeichen offensichtlich: Die Städte sind voll von Schrift-Leuchtreklamen, nicht Bilder von schönen Frauen oder Autos, wie bei uns, sondern Schrift. Auch Zeitschriften haben viel weniger Bilder und viel mehr Schriftanteil als bei uns. Wenn es stimmt, was wir in den 70er Jahren auf der Uni gelernt haben, dass das Niveau einer Zeitung direkt am Verhältnis von Schrift- zu Bildfläche abzulesen sei (in dem Sinne nämlich, dass die Zeitung um so dümmer ist, je kleiner sich der Schrift- zum Bildanteil verhält), dann haben die Chinesen ein echt sensationell höheres Zeitungsniveau als wir, oder es stimmt wohl etwas an der These nicht. Leider kann ich es nicht überprüfen.

Oder geht es bei ihnen einfach nur um die Schrift an sich? Dann wären die Chinesen deutlich grafischer ausgerichtet als wir. Sie zahlen einen hohen Preis für ihre schöne Schrift. Jahre um Jahre vergeuden die chinesischen Kinder mit dem Lernen ihrer Schrift. Wenn ich aber sage, der Chinese sei durch die Schrift, dann heisst das auch, dass er sich in ihr wiedererkennt: Es ist auch ein Verbindendes unter den Chinesen, wer sie beherrscht, gehört dazu, und die andern eben nicht: Die andern sind Barbaren, denen die Möglichkeit zur Kultur nicht gegeben ist, weil sie sie nicht beherrschen.

Vergessen sie vor lauter Lesen und Schreiben das Denken? Die Kreativität zumindest leidet darunter. Die chinesische Kunst der letzten 200 Jahre ist Kunsthandwerk, zum Teil zugegebenermassen perfektes, aber doch Nachahmen von Kunst, die irgendwer, irgendwann einmal geschaffen hat. Chinesische Erfindungen sind zumindest in den letzten paar hundert Jahren spärlich. Sie erfanden zwar in alter Zeit das Schiesspulver, aber das Gewehr und die Kanonen nicht. Sie erfanden zwar das Papier, aber was schrieben sie drauf? Das Jin Ping Mei!

Ich glaube, das Auswendiglernen von Tausenden von Schriftzeichen, das sie eine ganze Kindheit und eine halbe Jugend lang beschäftigt, erzieht sie zu braven Untertanen. Vielleicht ist ein Land mit 1,3 Milliarden Menschen auch gar nicht anders zu regieren. Vielleicht ist es einfach zu eng und zu gefährlich für freies, kreatives, rebellisches Denken.

Das Mandat des Himmels

Die Chinesen kannten nie Demokratie und Selbstbestimmung. Zuerst hatten sie 3000 Jahre lang einen Kaiser, der das Reich mehr und zu Zeiten auch weniger zentralistisch regierte.

Am deutlichsten wurde das in den letzten beiden Dynastien, der Ming- (1368-1644) und der Qing-Dynastie (1644-1911).

Im Zentrum des Reiches der Mitte, in der Mitte der Mitte sozusagen, war die Hauptstadt, umgeben von hohen Stadtmauern und Türmen, von wo aus die Strassen in alle Richtungen gingen, bis zur grossen Mauer an der Grenze. Diese Mauer war nie als Abwehr gegen äussere Feinde gedacht, dafür war sie viel zu niedrig, zu schwach befestigt, unkontrollierbar und vor allem viel zu lang. Eine effektive Kontrolle einer so unendlich langen Mauer hätte ein ungeheures stehendes Heer bedingt, das sogar die Reserven der chinesischen Kaiser überstiegen hätte. Die hunnischen (Hsiung Nu) oder mongolischen Reiterheere hätten in ihrer viel grösseren Beweglichkeit einfach irgendwo anders ihre Leitern an die Mauer gestellt. Dafür war die Mauer absolut unbrauchbar. Warum also so ein riesiges und kostspieliges Bauwerk? Es war als ein Zeichen nach innen gedacht! Und so eher der Mauer der DDR (Gott hab sie selig!) verwandt: ein Zeichen an die eigenen Untertanen: Bis hierher und nicht weiter! Bis hierher reicht der Arm des Kaisers, bis hierher seid ihr Untertanen, zahlt Steuern, und bis hierher gehört alles dazu. Bis hierher reicht die Kultur, bis hierher können die Menschen schreiben (nämlich die chinesischen Schriftzeichen!), bis hierher währt Tai Ping, der grosse Friede oder anders gesagt: die grosse Gleichheit, T'a-t'ung. Alles andere ist „draussen", das Land der Barbaren und der Un-Kultur.

Im Zentrum der Hauptstadt gab es noch einmal eine Mauer, die den Regierungsbezirk, die „verbotene Stadt“, von der Stadt der normalen Menschen trennte. Und darin nochmals eine Wand, für Normalbürger, also Nicht-Eunuchen, unüberwindbar, die den Lebens- und Wohnbezirk des Kaisers vom Verwaltungsbereich trennte.

Das ganze Reich, die ganze Kultur-Welt war also ein Abbild eines buddhistischen Mandalas, mit seinen konzentrischen Mauern und seiner allseitigen Symmetrie. Und diese Symmetrie war im Gleichgewicht.

Der Herrscher regierte das Land mittels eines straffen Beamtenapparats, der nicht mit einer heutigen Verwaltung zu vergleichen ist, wie auch die chinesischen Beamten der Kaiserzeit nicht mit heutigen Beamten zu vergleichen sind: Die chinesischen Beamten waren hervorragend ausgebildet, effizient und gut entlohnt. Sie waren die absolute Oberschicht und die Träger der Kultur. Sie mussten Prüfungen in Literatur ablegen und waren gebildet. Es war eine Ehre Beamter zu sein, die höchstmögliche für einen Normalsterblichen. Es waren in Wirklichkeit sie, die das Land regierten.

Der Kaiser hatte nur symbolische Funktion: Er musste für Harmonie und Kontinuität sorgen. Einmal im Jahr musste er zum Beispiel die Aussaat von ein paar Körnern in einer von ihm gezogenen Ackerfurche vornehmen und damit für einen guten Ackerbauzyklus sorgen: eigentlich dem Himmel und den Menschen vormachen, was zu geschehen habe; er war ja der „Sohn des Himmels“. Er war die eigentliche Verbindung zwischen der Welt, in der wir leben, der Menschenwelt, und dem Transzendentalen, dem Übergeordneten. Das zeigt auch das Zeichen für ihn, das unter anderem drei waagrechte Striche übereinander mit einer senkrechten Linie, die diese drei Ebenen von oben nach unten verbindet, enthält. In ihrer Entwicklung stellen die drei Ebenen ursprünglich den Himmel, die Erde und die Unterwelt dar, die durch die Weltenachse in Person des Kaisers verbunden werden. Das Zeichen für China beinhaltet folglich dieses, mit dem Zeichen für Mitte, einem Rechteck, das von einer Linie durchschnitten wird, daneben: Chung Guo, das Reich der Mitte!

Der Kaiser war in Person das Zentrum des Zentrums, die Weltachse: Er hielt in der Mitte, als eine Achse in der dritten Dimension, das komplizierte Mandala, das die Welt ist, zusammen. So wie ein Bierdeckel, durch den man eine Nadel sticht, bei einer Drehung, als Kreisel stehen bleibt, so steht die Welt, solange sich alles im Gleichgewicht um die Weltenachse, den Kaiser, dreht. Dabei ist es völlig egal, ob die Mitte Kaiser oder Kommunistische Partei heisst, es ist im konfuzianistischen Sinne das Zentrum, der Patriarch, der Vater.

Solange Harmonie und Kontinuität gewährleistet blieben, bestand die Ordnung, und es gab kaum Aufstände und Revolutionen. Erst wenn der Himmel zeigte, dass der Kaiser das Vertrauen, das Mandat des Himmels, verloren hatte, etwa indem er eine Hungersnot oder eine der verheerenden Huang-Ho-Überschwemmungen ins Land schickte, es konnte auch eine kriegerische Niederlage gegen einen äusseren Feind sein, wurde es brenzlig für den Kaiser und den Staat. Wirren und Chaos waren die Folge, bis wieder einer, oft ein Heerführer oder General, beweisen konnte, dass er das Mandat des Himmels besass und daher fähig war, für Ruhe und Ordnung zu sorgen. Das konnte auch und gerade durch äusserst brutale Härte manifestiert werden.

Nach dem Zusammenbruch des Kaiserreichs (der Mandschu- oder Qing-Dynastie) regierten in den 10er, 20er und 30er Jahren verschiedene Warlords mit unterschiedlichem Glück und Geschick, aber keiner, von Yüan Shi Kai bis Chiang Kai Chek, hatte das Mandat des Himmels, bis Mao Tse Tung kam. Gerade durch seine ungeheuren Katastrophen und Schwierigkeiten, die er alle mit einem kleinen Häufchen Getreuer, darunter Teng Hsiao Ping, überlebte und überwand, bewies er, dass er es hatte.

Ganz wichtig dabei war die unbeschreibliche Leistung des grossen Marsches. Eine der Aufgaben des Kaisers war es ja, in seinem Bereich, dem Palast, symbolisch die vier Grenzen seines Reiches abzuschreiten, um sie damit in Besitz zu nehmen und der Zentrale einzugliedern, einzuverleiben. Genau das war es, was Mao mit seinen Kämpfern im Massstab 1:1, in der grossen chinesischen Berglandschaft, mit dem Langen Marsch von einem Ende des Landes zum anderen, tat.

Natürlich war es erst mal eine Überlebensnotwendigkeit. Die kommunistischen Kämpfer mussten aus dem Gebiet, wo sie waren, in den Bergen im südöstlichen China, vor der Übermacht der Kuomintang in den Nordwesten fliehen. Aber Mao war auch gebildet: Als ehemaliger Bibliotheksangestellter und Lehrer kannte er die Geschichte und verstand die Symbolik und hatte ein feines Gespür dafür, was die chinesische Seele wollte. Mit dem Grossen Marsch bewies er, dass er und niemand anderer der neue Kaiser war. Und dass er und niemand anderer das Mandat des Himmels besass. Die neue Dynastie war geboren: die Kommunistische Partei!

Dabei spielt die Ideologie keine Rolle. Wie anders ist es zu erklären, dass China so mühelos vom Kommunismus zum Turbokapitalismus wechseln konnte unter derselben Dynastie, der Kommunistischen Partei? Solange es der Bevölkerung gut geht, solange es aufwärts geht mit Wirtschaft und Wohlstand, verlangt niemand Demokratie und Freiheit. (Von ein paar Intellektuellen und Studenten abgesehen, die für den Westen wichtiger sind als für die Chinesen.) Solchen Luxus wie Demokratie und Freiheit gab es eh nie in der chinesischen Geschichte.

Wichtig ist, dass die Grenzen halten und nichts verlorengeht, dass eher etwas dazu kommt, denn dafür ist der Kaiser, bzw. die Partei, verantwortlich. Wie bei meinem Bild des Kreisels, bei dem sich das Mandala des chinesischen Territoriums um die zentrale

Achse, den Herrscher, dreht, käme alles aus dem Gleichgewicht, wenn ein Stück Land verlorengehen würde. Dabei ist es egal, ob es sich um Taiwan, die Spratley- oder die Senkaku-Inseln, Tibet oder Sinkiang handelt: Kein Quadratzentimeter Anspruch darf verlorengehen, sonst kommt alles aus dem Lot. Dafür wird zur Not auch ein Krieg riskiert, denn es geht um alles, es geht um das Mandat des Himmels. (Ich bin mir nicht ganz sicher, ob der Westen den jeweiligen Ernst der Lage wirklich versteht.) China hat Territorialstreitigkeiten mit praktisch allen seinen Nachbarn!

Wenn Ruhe und Ordnung und Prosperität herrschen und wenn China bei Olympischen Spielen, den Asian Games oder Weltausstellungen erfolgreich ist, wenn eine Medaillenschwemme eintritt, ist das ein Beweis für die Gunst des Himmels. Gefährdet ist die Dynastie der kommunistischen Parteibonzen erst, wenn sie das Mandat des Himmels verliert, etwa durch eine Naturkatastrophe, wie ein Zusammenbruch der Weltwirtschaft, das Ausbleiben von Regen oder Wirtschaftswachstum, dem Verlust von Grenzen oder Währungsreserven. Wenn die Chinesen den Euro oder das westliche Wirtschaftssystem retten, dann retten sie den Status quo, dann zeigen sie, dass sie noch immer das Mandat des Himmels besitzen: Veränderung ist gefährlich!

Chung

Zwischen 1991 und 2000 war ich fast jährlich in China, und jedes Mal, wenn ich zurück kam, machte ich gegenüber Freunden den gleichen Witz: „Jetzt, wo ich noch einmal ausführlich China von Peking bis Hongkong durchreist habe, muss ich sagen: Jetzt verstehe ich es noch etwas ... weniger!"

Und es stimmte: China wurde mir immer fremder und unsympathischer. Wohl auch, weil ich in dieser Zeit anfing, Reiseleitungen nach Tibet zu machen. Aber auch die chinesische Mentalität und Gier, die nur auf Geld und Statussymbole konzentriert ist, die aus China ein so manchesterkapitalistisches Land macht, dass die Schweiz daneben ausschaut wie ein kommunistisches Paradies, und der chinesische staatliche Hypernationalismus und das angeknackste Selbstbewusstsein, das Kompensation in lächerlichen Kungfu-Filmen oder olympischen Medaillenstatistiken sucht, machten mir zu schaffen. Aber vor allem, wie die Chinesen die Tiere behandeln, überhaupt ihr Verhältnis zur Natur, fand ich grauenhaft. Es ist so diametral entgegengesetzt dem Naturempfinden eines Li Tai Bo der Tang-Zeit.

Ich liebte aber, und liebe bis heute, die chinesische Poesie (Chuang-Tse, Lao-Tse, ganz besonders Li Tai Bo), die chinesische Keramik der Sung mit ihren genialen Formen, aber vor allem die chinesische Landschaftsmalerei von der Yüan- bis zur Qing-Dynastie.

Das ist übrigens das Einzige, was man in Ostchina, also dem eigentlichen China, an Landschaft sieht, denn das Original sieht man eigentlich nie: Es ist zu diesig und zu neblig oder zu smogig.

Ich habe die chinesische Landschaft wegen des Nebels fast nie im Original gesehen, ausser einmal:

Wir machten wieder mal Autostopp, was in China besonders lustig ist, da die Leute ja keine Fremdsprachen können und sich mein Chinesisch in noch engeren Grenzen hält als mein Türkisch, Ni-Hao! Aber diesmal war alles anders: Von Yichang weg nahm uns ein Ingenieur mit, der am grossen Jangtse-Staudamm mitgearbeitet hatte und dort als Dolmetscher vor allem für das Verstehen der vielen ausländischen Ingenieure zuständig war. Er zeigte uns nicht nur den besten Aussichtspunkt auf den Staudamm, sondern erklärte uns das gigantomanische Projekt auch mit Zahlen und Fakten, als wäre er der Sprecher eines Hop-on-Hop-off-Touristenbusses.

Und so kamen wir an den Dreischluchten-Staudamm, und wie es der Zufall wollte, fuhr gerade, dreissig Minuten nachdem wir in der Stadt Zigui, auf der gestauten Seite des Dammes, anlangten, ein Linienschiff für die Einheimischen los, den Jangtsekiang aufwärts, das alle die neuerrichteten Dörfer und Städte entlang der drei Schluchten bediente. Wir kauften Wasser, Instant-Noodles und Crackers, und weg waren wir.

Einen Tag, eine Nacht und noch einen Tag tuckerten wir durch wilde chinesische Landschaft. Die chinesische Landschaftsmalerei heisst übersetzt Berg und Fluss, und das ist sie auch. Über Jahrhunderte hinweg war dies das Thema der Landschaftsmalerei: Berg und Fluss, manchmal mit kleinen, winzigen Menschen oder Häusern drin, manchmal mit ebenso winzigen Booten, aber immer mit Berg und Fluss. Und nirgendwo gibt es das wohl eindrücklicher chinesisch als in den drei Schluchten am Jangtsekiang.

Der Kapitän gab uns gratis die einzige Luxuskabine des Bootes mit Doppelbett und Fernseher. O.k., das Doppelbett war zwar kaputt, es fehlten Federn, und im Fernseher war nur ein immerwährender Schneesturm in schwarz und weiss zu sehen, aber an Schlaf war eh nicht zu denken bei dieser atemberaubenden Szenerie da draussen. In unserer Luxuskabine roch es extrem nach Urin, wohl weil die früheren Luxusgäste, wie ich es auch tat, in Ermangelung eines Klos ins Waschbecken pinkelten, von wo das Rohr nach aussen in eine Art Abflussrinne mündete. Von dort stank es bestialisch durch die Löcher in der Spanplattenwand, aus der das Schiff bestand, zurück: die Rache des Schiffes an seinen Luxusgästen! Das machte aber nichts, denn wir sassen praktisch den ganzen Tag und auch die ganze Nacht eine Tür weiter vorne beim Kapitän auf der Brücke (hier roch es nur chinesisch-durchschnittlich nach Urin) und bestaunten die drei Schluchten und die anderen Schiffe und den Fluss und konnten uns nicht sattsehen.

Und so gelangten wir nach Szechuan, seit jeher meine Lieblingsprovinz in China.

Zehn Jahre lang, von 2000 bis 2010, war ich nicht mehr da, und in dieser Zeit hat sich China sehr verändert, allem voran natürlich die Städte. Ich habe mein gutes, altes Chungking, die Bergstadt am Zusammenfluss von Jangtse und Jialing, in der ich jeweils Nachtspaziergänge unternahm und solche Highlights wie nächtliches Volkstheater in den Gassen der Altstadt erlebte, kaum mehr wiedererkannt. Ich brauchte tatsächlich mehrere Stunden, bis ich mich wieder orientieren konnte: Wo ist die Halbinsel, wo ist die Seilbahn, welcher Fluss ist das jetzt? So dermassen hat sich Chungking modernisiert: Es ist jetzt eine moderne Wolkenkratzer-Metropole mit viel Stahl und Glas. Stilistisch erinnern viele Bauten an die Skyline von Frankfurt, nur doppelt so hoch. Die Grossstädte Chinas sind eindrücklich: Da wird nicht gekleckert, da wird geklotzt! Und zwar richtig! Die Bauten sind Superlative, von Pekings Olympiastadt bis zu Wuhans Wolkenkratzern, die so hoch sind, dass man das Ende nicht sieht, weil es im Smog/Nebel verschwindet.

Ganz im Süden von Szechuan gibt es eine Kleinstadt mit dem Namen Yibin (mit nur drei oder vier Millionen Einwohnern!). Sie ist noch etwa so wie früher vor 10 bis 15 Jahren alle chinesischen Städte. Wir verbrachten da mehrere Tage und waren wohl die einzigen Touristen, die Yibin je gesehen hat.

Ich brauchte einen Haarschnitt, und Ligia entdeckte im ersten Stock eines Bürogebäudes einen Frisiersalon. Wir stiegen die schmale Treppe empor: Es war ein grosser, modern gestylter Salon. Etwa 15 Friseure und Friseurinnen, die alle aussahen, als ob sie Mitglieder einer koreanischen Teenie-Popgruppe wären, kümmerten sich um etliche Kunden.

Ich sagte, was ich wünschte, und wurde in einen hinteren, kleinen Raum geführt, wo mir ein Mädchen mit viel Inbrunst die Haare wusch. Dann kam ein anderes Mädchen dazu, und beide machten sich daran, mir den Kopf zu massieren. Als sie mir auch noch die Ohren putzen wollten, legte ich panisch ein Veto ein (meine Ohren sind heilig!), und sie massierten mir stattdessen den Rücken und die Unterarme und die Finger. Was das mit Haareschneiden zu tun hat, blieb mir zwar schleierhaft, aber sie wurden fertig damit und wuschen und föhnten mir die Haare zum zweiten Mal. Als sie mich dann auch noch zum zweiten Mal massieren wollten, deutete ich, dass ich mir eigentlich die Haare schneiden lassen wollte, und so wurde ich wieder in den Hauptraum nach vorne geführt, wo Ligia inzwischen, von allen Friseurinnen und Friseuren umringt, wie die Königin von Saba hofiert wurde. Da sie ja auf das Ende meiner „Behandlung“ warten musste, hatte sie mit dem Chef gesprochen. Er war blutjung, 24 Jahre alt, von der ganz anderen Ecke Chinas, aus Heilongjiang an der ostsibirischen Grenze, und sah ebenfalls aus wie aus einer der obgenannten koreanischen Boy-Groups entsprungen. Er konnte etwas Englisch und hiess Chung.

Er war hingerissen: eine Brasilianerin (Bashi! Bashi!), ganz braun und hat auch schon als Model gearbeitet! Oh my god! Alle anderen Kunden wurden nach Hause geschickt, und es war ihm eine Ehrensache, dass er mir persönlich, unter emotioneller Teilnahme seiner ganzen Mitarbeiterinnen, die Haare schnitt. Es dauerte sehr lange, denn wir wurden immer wieder durch das Gespräch unterbrochen, und dieses war auch nicht leicht, denn die Übersetzungsapps auf seinem Handy waren fehlerhaft und oft sehr lustig.

Als wir fertig waren, fragte er, ob wir essen gehen wollten. Also schickte er alle Mitarbeiter nach Hause, machte Feierabend und sperrte den Laden zu.

Wir assen einen herrlichen Hot-Pot in einem Restaurant am Jangtse-Ufer und hatten einen sehr netten Abend. Während er auf dem Klo war, verlangte ich die Rechnung, es kostete nahe bei Null. Ich wollte ihn einladen, da er schon für den Haarschnitt und alle vorangegangenen Massagen nichts verlangt hatte. Aber er war gekränkt und fand, das könnten wir nur wieder gutmachen, indem wir uns von ihm in die Disco einladen lassen würden, und zwar in die angesagteste Disco von Yibin, den „Baby-Club".

Und so geschah es: Er zahlte den gar nicht so billigen Eintritt, bestellte gleich mal 12 Flaschen Bier für uns drei, und los gings. Es war der 11. November 2010, also der 11.11. Die Chinesen sind ja bekanntlich Zahlenfetischisten, und so ist das ein ganz besonderer Tag: Da er aus so vielen Einsern besteht, ist er der „Singles-Tag". Das heisst, alle Singles feiern ihr Singledasein, saufen sich ekstatisch nieder und versuchen einen Aufriss für die Nacht zu machen. Wer in dieser Nacht übrigbleibt, dem ist wirklich nicht zu helfen. In der Disco waren etwa tausend hysterische Mädchen und ebenso hysterische Jungs. Die Bühne wurde hydraulisch immer wieder nach oben gefahren, und es gab Tanz-Showeinlagen mit Laserlicht von knapp bekleideten Teenage-Girls.

Ligia kriegte einen Kleber mit der Nummer 5, und eh sie sich's versah, wurde die Bühne gehoben, und sie befand sich in einer Tanz-Competition mit lauter anderen Paaren. Jeder musste sich seinen Partner mit der gleichen Nummer suchen. Da ich infolge meiner Kreuzbandriss-Operation, einen Monat vor Aufbruch zu unserer Weltreise, nicht tanzen konnte/wollte (zum Glück!), wurde ihr ein junger chinesischer Boy „zugeschanzt". Er war anfänglich etwas schüchtern. Jedes Paar musste vortanzen: „Let's dance" auf chinesisch. Alle kriegten sie billigen chinesischen Elektro-Pop, aber als Ligia und ihr Partner dran waren, gab's Reggae: Jamaika oder Brasilien, ist ja eh dasselbe!

Da sie ja der heimliche Star des Abends war, gewann das Paar No. 5 und kam in die zweite Runde mit nur noch einem Konkurrenzpaar. Nun ging's in die Stichentscheidung: Es wurde eine Schmuse-Herzschmerzballade auf chinesisch gegeben. Das andere Paar schmuste hemmungslos; Ligias Partner wollte es ebenso, schliesslich ging's ja um den

Gesamtsieg, aber sie war etwas spröd. Vielleicht war der Chinaman nicht ganz nach ihrem Geschmack, und so kam es, dass die Ligia an jenem Abend nur „Number-Two-Disco-Queen" von Yibin wurde.

Aber wir amüsierten uns köstlich mit Chung und seinen Freunden und Freundinnen, und als die Sonne aufging und wir nicht mehr ganz trocken aus dem Baby-Club stolperten, fanden wir uns noch alle auf dem Strassenmarkt zusammen, wo wir noch Schweinshaxn-Suppe auf deftig konsumierten.

Nachdem wir unseren Kater ausgeschlafen hatten, machten wir uns am Abend desselben Tages auf, um den Nachtzug nach Kunming, der Hauptstadt der Provinz Yünnan, zu nehmen. Wir sassen im Taxi, als Chung anrief und wissen wollte, wo wir seien. Fünf Minuten vor Abfahrt des Zuges kam er ganz ausser Atem auf den Bahnsteig gerannt und drückte uns noch zwei Gläser mit chinesischen Gewürzen in die Hand – dabei wollte ich eigentlich nur einen Haarschnitt!

China hat sich sehr verändert. Die neue, junge Generation will nicht nur arbeiten, sondern auch feiern. Es gibt etwa zehnmal so viele Lokale wie in den 90er Jahren, und sie sind alle voll. Die Leute können es sich leisten auswärts zu essen und sie tun es mit Inbrunst und in grossen Gruppen. Da wird nicht gespart. Essen wird genossen und zelebriert. Essen war schon immer wichtig für die Chinesen. Heute können es sich viele endlich leisten, Essen zu geniessen.

Die neue Mode heisst „Hot-Pot", in der Schweiz nennen wir das „Fondue chinoise". Auf dem Tisch steht ein grosser Suppentopf, unter dem ein Gaskocher heizt, und dann kommen in grosser Menge verschiedenes Fleisch und Gemüse und Teigwaren hinein, die man dann einzeln mit seinen Stäbchen herausfischt, und am Schluss wird die Suppe gegessen. Es gibt hunderttausende neuer Hotpot-Lokale in ganz China, es ist der letzte Schrei und sehr populär und meistens auch tatsächlich gut.

Das Entstehen einer chinesischen Mittelschicht ist das Beste, was China passieren konnte. (Ob es gut für die Welt ist, ist eine andere Geschichte.) Es ist, als ob ein grosser Druck von China abgefallen ist: Die soziale Sicherheit ist wohl für die Chinesen noch viel wichtiger als für andere Nationen, und wenn man die chinesische Geschichte von Elend und Hungersnöten kennt, ist das auch kein Wunder. Maos sogenannter „Grosser Sprung nach vorne" von 1958 und die Kulturrevolution von 1966 bis 1976 forderten Millionen von Hungertoten, von der chinesischen Kaiserzeit gar nicht zu reden. Wahrscheinlich kostete allein die „Taiping"-Episode Mitte des 19. Jahrhunderts mehr Menschenleben als der Zweite Weltkrieg.

Soziale, das heisst finanzielle, Sicherheit für sich und seine Familie (der einzigen Einheit, auf die man sich verlassen kann) ist für die Chinesen das absolut Wichtigste.

Seit vielen Jahren hat China, die Werkbank der Welt, jetzt ein sechs- bis zehnprozentiges Wirtschaftswachstum. Dem „kleinen Mann" in China geht es besser denn je in seiner Geschichte. Die Chinesen essen gut, sie reisen, sie lachen und geniessen. Es ist ein ganz anderes Grundgefühl als in den neunziger Jahren: China ist relaxt. Wir haben, ohne zu fragen und ohne Hotel- oder Packagetour-Buchung, ein Double Entry-Visum, 6 Monate, für Schweizer und Brasilianer, gekriegt, „tschüss, schöne Reise!"

Man kann heute mit Uniformierten, Polizisten oder Militärs Schmäh führen, sie lachen zurück; früher waren chinesische Uniformierte Roboter!

China hat sich sichtlich entspannt, man nimmt die Chinesen nun auch ernst in der Welt, und sie spüren das. Sie fühlen sich sicherer und aufgewertet und geniessen das Leben. Es ist eine gute Zeit im Moment, China zu bereisen, man darf nur nicht erwarten, dass es so viel anders ist als Zürich oder Wuppertal.

Vietnam

Was für eine Wohltat für die Augen ist Vietnam nach vier Wochen China. Ich kann mich gar nicht sattsehen am Grün der Tropen! Bambus, Bananen, Kokospalmen, Papaya, Mangobäume, Reisterrassen, Kapokbäume, Maniok, Fächerpalmen, Teakholz, Zuckerrohr, Akazien. Ich bin heute sieben Stunden auf dem Fensterbrett am offenen Fenster des Zuges gesessen und habe fotografiert und geschaut. Der Zug fährt hier nur gerade 25 bis 30 km/h. Die Linie von Lao Cai an der chinesischen Grenze bis Hanoi führt in engen Windungen durch Wiesen und Reisterrassen, immer am Roten Fluss entlang.

Der Vietnamkrieg war unzweifelhaft der Krieg meiner Jugend, so wie für andere Generationen der Yom-Kippur-Krieg oder der Bosnienkrieg. Wohl deswegen übt er so eine Faszination auf mich aus. Oder ist es die Vorstellung von einem Krieg im tropisch grünen Dschungel und das, was Hollywood daraus gemacht hat?

Wenn ich ein amerikanischer Vietnamkrieg- oder auch ein Vietcong-Veteran wäre, der in dieser idiotischen ideologischen Auseinandersetzung, sagen wir mal, ein Bein verloren hätte, wäre ich ganz schön wütend heute: Denn schlussendlich ist auch Vietnam ein ultrakapitalistisches Land geworden. Wozu also der ganze Krieg?

Irrawaddy-Delfine im Mekong

Eigentlich sind es ja immer Naturerlebnisse, die mich besonders berühren: Natur und Musik, die zwei wichtigsten Dinge in meinem Leben.

Bei Erlian, Innere Mongolei: Leider erwischten wir diese aussterbende Tierart nur unscharf durchs Busfenster.

Datong, China: Letzte überlebende Altstadtviertel, sog. Hutongs

Datong: Der alte Mann spielt mit seinem Jo-Jo wahrscheinlich an derselben Stelle, wo er schon als Kind gespielt hat. Aber sein Hutong ist längst abgerissen.

Peking, China: Chinesen fotografieren das Vogelnest von Herzog/de Meuron.

Peking: Zum Unterschied werden hier Versprechen gehalten!

Peking: Romantik im Alter

Peking: Abendstimmung vom Kohlehügel nach Westen

Dreischluchten, China: Berg und Fluss

Chungking, China: Bei Stromausfall benützen Sie bitte die Treppe!

Yibin, China: Auch Köche dürfen mal essen.

Im Zug von Lao Cai nach Hanoi, Vietnam: Der Zug brauchte für die 230 km ungefähr 14 Stunden: Zum Fotografieren blieb uns viel Zeit.

Hai Phong, Nordvietnam: So kommen nicht nur die Menschen aus den vorgelagerten Inseln an, sondern auch die Meeresfrüchte für die Restaurants der Stadt.

Hanoi, Vietnam: Gehören die Vespas zu den Gottesanbeterinnen?

Saigon, Vietnam: Um dieses Foto zu schiessen braucht es eine Prise Mut.

Cat Ba Island, Nordvietnam: Dämmerung am A. d. W. (Bildmitte)

Cuc-Phuong-Nationalpark, Vietnam: Eine sonst wohl perfekt getarnte echte vietnamesische Gottesanbeterin überquerte die Strasse vor uns und war so deutlich zu sehen.

Phapho, Südlaos: Dusche im Reisfeld

Kratie, Kambodscha: Der gleiche Friseur einmal als Werbeträger in eigener Sache auf der Hausmauer seines Salons und einmal bei der Sache. Hat der Kunde auch die Rolle getauscht?

Siem Reap, Kambodscha: Lokeshvara-Gesicht von heute

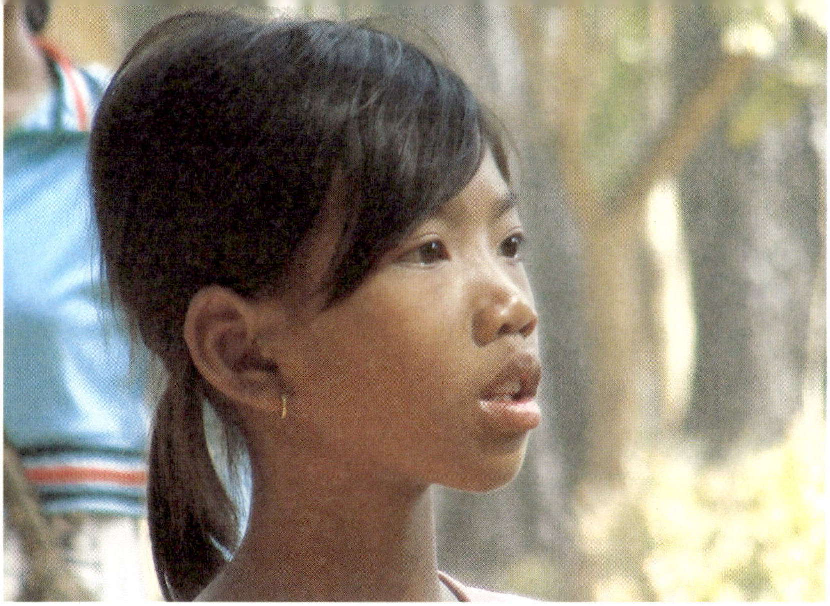

Angkor Thom, Kambodscha: Lokeshvara-Gesicht am Bayon-Tempel (12. Jahrhundert)

Bangkok, Thailand: Höchste Konzentration in kleinen Dingen verbessert das Karma.

Bangkok: Mittagsschläfchen

Ayutthaya, Thailand: Buddha in Natur eingebettet

In der Provinz Narathiwat, Südthailand: Muslimische Schülerinnen im Zug

Taman-Negara-Nationalpark, Malaysia: Der Dusky Leaf Monkey

Singapur: Das Verbotszeichen ganz rechts hat uns gut gefallen.

Tanjung-Puting-Nationalpark, Kalimantan, Indonesien:
Die Einheimischen nennen die Nasenaffen „Orang Belanda" (Holländer). Warum wohl?

Tanjung-Puting-Nationalpark:
Die Orang-Utans kommen aus dem Wald zu den Futterplätzen, wo sie als Touristenattraktion mit Bananen belohnt werden; sie sind also im besten Fall semiwild.

Ölpalm-Plantage nördlich von Pangkalan Bun, Kalimantan, Indonesien:
Als Kind träumte ich davon, einmal den Wald im Inneren Borneos zu sehen. Ich kam zu spät.

Etwa zehn Kilometer flussaufwärts von Kratie in Kambodscha leben die letzten Süsswasser-Delfine des Mekongs. Die Einheimischen verdienen sich ein bisschen Geld, indem sie die wenigen Touristen, die sich hierher verirrt haben, mit dem Boot zu den Delfinen fahren.

Man hört sie zuerst: Sie schnauben laut, wenn sie Luft holen, dann schaut man hin und sieht ihren silbrig glänzenden Kopf oder Rücken ganz langsam wieder in den gelben Fluten des Mekongs untertauchen. Aus irgendeinem mir unerklärlichen Grund trug ich seit Kunming in China mehr als zwei Monate lang einen blauweissen Plüschdelfin mit mir in meinem Gepäck. Ich hatte ihn auf einem Jahrmarkt in China an einer Schiessbude gewonnen. Nun schenkte ich ihn dem kleinen Hotel in Kratie, wo wir wohnten. Er schmückt jetzt das Rezeptionspult dort.

Der Dusky Leaf Monkey

Der Taman-Negara-Nationalpark in der Mitte Malaysias ist einer der ältesten Urwälder der Welt. Erstens, weil er entwicklungsgeschichtlich sehr alt ist, und zweitens und vor allem, weil er nie abgeholzt wurde. (Die malaysischen Holzfirmen schlägern im Moment lieber auf den Salomonen und in Papua.) Viele Nationalparks bestehen zum grossen Teil aus Sekundärwald, der erst in ein paar hundert oder tausend Jahren wieder wie ein primärer Regenwald sein wird, aber nicht der Taman Negara, der ist unberührt. Die Spezialität des Waldes dort sind endemische Affen und mörderische Blutegel. Die Ersteren suchten wir, die Zweiteren suchten uns.

Es gibt Touristen im Taman Negara. Meistens gehen sie mit einem Tempo durch die gut beschilderten Wege, als ob es hier um Sport ginge: „Ich habe den Track... in zweieinhalb Stunden gemacht!“ Sie sehen nichts.

Wir sahen Tapire, bunte Vögel, riesige Stabheuschrecken, Affen. Einmal blieben wir stehen, weil ganz oben in den Bäumen ein Dusky Leaf Monkey (auf deutsch: ein Südlicher Brillenlangur) sass. Touristen kamen vorbei, sahen, dass wir in die Baumkronen blickten, schauten kurz rauf, sahen nichts und gingen weiter. Wir blieben stehen, und als alles wieder ruhig war, kam der Affe ganz ruhig und vorsichtig herunter; erst am Baum und dann an einem grossen Bambusgebüsch, bis er nach etwa zwanzig Minuten direkt vor uns in ca. zwei Metern Entfernung an einer Bambusstange sass, um uns genauso zu betrachten wie wir ihn. Dann kamen wieder Touristen vorbei, er flüchtete etwa zehn Meter in den Baum hinauf, und wir schauten in eine andere Richtung, um ihn nicht zu verraten. Kaum waren sie vorbei, kam er wieder runter und schaute uns an.

Irgendwie fühlte ich mich ihm näher verwandt als den malaysischen Touristen.

Karaoke und der Muezzin

Im Taman-Negara-Nationalpark in Malaysia sind die Megafontrichter der Moschee nicht nur in den kleinen Ort gerichtet, wo die Einheimischen ihre Holzbungalows an die Traveller vermieten, sondern auch in den Wald. Fünfmal pro Tag jammert der Muezzin in unglaublicher Lautstärke in den Nationalpark. Die Einheimischen sagen, es gebe weniger Tiere als früher, weil mehr Touristen da seien, und die seien zu laut.

Als wir im Cuc-Phuong-Nationalpark in Nordvietnam eine Wanderung in ein Seitental unternahmen, hörte ich plötzlich ein Summen, diffus und undefinierbar. Zuerst glaubte ich, es stamme von einem Fliegenschwarm, wie ich es mal in einem Wald in Südäthiopien erlebt habe. Aber es war zu melodisch, und es hallte von den Felswänden der umliegenden Berge. Wir gingen langsam aus dem Tal heraus und zurück zur Hauptstrasse. Motorräder? Nein, dafür war es auch zu melodisch und zu menschlich. Drei Kilometer weiter wurde es klar: Es ist eine menschliche Stimme, die singt. Weiter unten, etwa fünf Kilometer vom Seitental entfernt, befand sich an einem idyllischen Seelein eine Bungalowanlage für vietnamesische Besucher, und dort gab es eine Halle, in der sich eine Gruppe Jugendlicher den Samstagnachmittag mit Karaoke vertrieb. Ein Wochenende geniessen im Nationalpark! Aber warum so irrsinnig laut? Auch hier sagten die Einheimischen übrigens, es gebe deshalb keine Affen mehr im Cuc Phuong, weil zu viele Touristen da seien, und sie meinten uns Westler damit.

Was hat der Muezzin, der um vier Uhr früh brüllt, gemeinsam mit Karaoke? Es macht nur Spass, wenn's laut ist! Was wäre der Islam ohne Lautsprecher?

Wichtig ist, dass die Lautsprecher in den Nationalpark gerichtet sind, wo praktisch nur Westler spazieren und sich keine Moslems aufhalten, die zum Gebet gerufen werden könnten. Denn den Touristen muss man zeigen: Hier ist Moslemland!

Auch in den indonesischen Dörfern und Städten brüllt der Muezzin so laut gegen die Ungläubigen, gegen den westlichen Verkehr, gegen das westliche Fernsehen, gegen die westliche Popmusik (auch wenn sie in Wirklichkeit indonesische ist), gegen westliche Videospiele, gegen den westlichen Way of Life und das späte Zubettgehen an.

Wer das Mikrofon hat, hat die Macht!

Deswegen hat Karaoke in Ostasien soviel Erfolg. Weil es da so unendlich viele Menschen gibt und der Einzelne, speziell in Ländern wie China und Indonesien, so ein kleines, unbedeutendes Würstchen ist. Einmal gross sein, einmal das Sagen haben! Laut und mit Mikrofon! Je lauter desto besser!

Die Lautstärke von Muezzin und Karaoke haben die gleiche Wurzel: einen Minderwertigkeitskomplex!

Gunung Palung und Tanjung Puting

Die grosse Bukit Raya, das Personenschiff, das, aus Sumatra kommend, die Insel Borneo bedient, konnte nicht im Hafen von Pontianak anlegen, da die Indonesier wieder einmal ein Schiff in der Fahrtrinne den Fluss aufwärts versenkt hatten, diesmal einen Zementfrachter, so dass Westkalimantan für grössere Schiffe nicht erreichbar war. Wir mussten auf einer Insel 200 km nordwestlich aussteigen und dann mit einem kleinen Cargo-Schinakel, das wahrscheinlich sonst Müll transportiert (zumindest roch es so), mit 200 anderen Personen (es sah aus wie ein afrikanisches Flüchtlingsschiff vor Lampedusa) nach Borneo schippern… Übers offene, ziemlich aufgebrachte Meer, zusammengepfercht auf einem halben Quadratmeter für jeden! Danach hatte ich meinen ganzen Rücken von Wanzen- oder Flohbissen bedeckt.

Ein paar Tage später wanderten wir im Gunung-Palung-Nationalpark und fanden Müllers-Gibbons und Maronenlanguren. Aber in den zwei Tagen, die wir dort im Schweisse unseres Angesichts herumgeklettert sind, mit einem schwerhörigen Jungen aus dem nahe gelegenen Dorf als Führer, sahen wir keinen einzigen Orang-Utan.

Das Problem ist: Der Nationalpark ist zu abgelegen und zu schwer erreichbar; es waren schon wochenlang keine Touristen mehr dort, und die Einheimischen verdienen kein Geld damit. Also gehen sie mit Gewehren in den Park und schiessen und sägen und roden dort, wie sie wollen.

Ich fand einen hilfreichen Studenten, der mir auf indonesisch ein Schreiben verfasste, dass ich einen Führer für den Gunung Palung suchen würde, und als er schon fast fertig damit war, schaute er auf und wollte wissen, was ich da überhaupt suche. Ich erklärte ihm, dass ich gerne Orang-Utans in freier Wildbahn beobachten wolle, und er schrieb auf indonesisch: „Er will Orang-Utans sehen!“, und dann stoppte er kurz, schaute mich verwundert an und fragte mich: „What for? To shoot or to photograph?“ Kein Wunder, dass wir dort keine mehr sahen. Aber immerhin, wir sind noch von den Gesängen der Gibbons geweckt worden in der Früh und haben sie auch turnen gesehen.

Wenn man Orang-Utans auf Kalimantan sehen will, muss man den Tanjung-Puting-Nationalpark an der Südküste Kalimantans besuchen. Da die Insel Borneo schon fast ganz abgeholzt ist und der einstige Regenwald Palmöl-Monokulturen Platz machen musste, ist dieser Nationalpark ein letztes Refugium, wo Touristen die grossen Menschenaffen sehen können. Sie werden dort an bestimmten Futterstellen mit Bananen angefüttert, damit sie den Menschen gezeigt werden können; an sich ein zweifelhaftes Unterfangen, aber die Fahrt dorthin (man kann nur mit dem Boot hin gelangen) ist wunderschön.

Es hatte was Englisch-Koloniales, mit dem Hausboot einen engen Urwaldfluss hinauf zu gleiten, draussen regnete es auf den Fluss, den Urwald und das Pandanusdickicht am Ufer. Der Fluss war hier ganz eng, an manchen Stellen nur fünf oder sechs Meter breit und still, und wir glitten quasi durch den Wald. Wir hatten ein ganzes Hausboot gemietet, angeblich das, womit auch schon Julia Roberts dorthin gelangte, und sassen im Trockenen unterm Plastikdach auf bequemen Holzstühlen aus Tropenholz an einem ebensolchen Tisch und kriegten Tee serviert in Porzellantassen. Die Plastikplanen vorne und die auf den Seiten waren hochgerollt. Wir befanden uns also quasi im Freien und wurden trotzdem nicht nass, denn das Schiff fuhr wegen der Enge und der Flussbiegungen sehr langsam durch den Wald und das Schilf und die Palmen.

Hier am Fluss leben Makaken und Nasenaffen (Nasalis larvatus), die man aber im Regen nicht sah, da sie irgendwo ganz still und durchnässt im Geäst sassen und sich nicht zeigten.

Für die Nacht hielten wir an einer etwas breiteren Stelle des Flusses, da wo uns ein anderes Boot hätte passieren können. Ganz früh am Morgen, leichte Nebelschwaden dampften noch über dem teefarbenen Wasser des Urwaldflusses, turnte und lärmte und stritt sich eine ganze Horde Nasenaffen direkt in den Bäumen gegenüber unserem Boot. Es waren grosse Familien von äusserst hässlichen Affen.

Die Nasalis-larvatus-Affen haben lange, hängende Sinowatz-Nasen und einen fast militärisch anmutenden Bürstenhaarschnitt, und die Männchen zeigen einen knallroten, ständig erigierten, dünnen Penis und einen sehr wichtigtuerischen, fast arroganten Blick, was sehr witzig ausschaut. Angeblich nennen die Eingeborenen sie Orang Belanda (Holländer), warum bloss? Sie sind, weil wirklich wild und nicht für die Touristen angefüttert, das eigentliche Erlebnis des Orang-Utan-Reservats von Tanjung Puting. Die Bootsfahrt ins Innere dieses Nationalparks in Kalimantan ist wirklich ein einmaliges Erlebnis.

Wir schliefen in der Nacht unter Moskitonetzen auf dem Deck. Vier Leute arbeiteten für uns: der Kapitän, sein Schiffsjunge, ein Koch und die Führerin. Es regnete, und wir schauten einfach nur dem Wald, dem Fluss und dem Monsunregen zu, und doch wurde uns keine Sekunde langweilig dabei: Die Natur ist nie langweilig!

Das Handy

Das Handy ist die Geissel der Menschheit!

Von Zentralasien nach Osten hat es eine (die!) wichtige Funktion, den Mitmenschen laut Musik vorzuspielen. Dadurch, dass das aber vor allem dumme Menschen tun, ist die Musik natürlich auch dumm, oft sogar jämmerlich dumm, vor allem in Indonesien, wo die Schlager von einer dermassen unmusikalischen Phantasielosigkeit sind, was die Harmonien, die Gesangslinie und das Arrangement anbelangt, dass es buchstäblich weh tut. Das Ganze hat oft die Time und den Rhythmus von ganz langsamen, schleppenden Schnulzen a la „Love hurts". Music hurts! Die Stimmen klingen immer wie Karaoke, leicht falsch intoniert. Nun wird diese Musik über Handylautsprecher abgespielt, oft mit einer Zusatzfunktion, die es lauter als normal ermöglicht. Im Schlafsaal des Schiffes, im Bus, im Wartesaal, in der Hotellobby, überall, wo es möglichst viele Menschen stören kann, klingt Musik. Oft fünf, sechs mal hintereinander die gleiche Schnulze.

Wer nicht Musik abspielt, telefoniert möglichst laut. Das ist cool! Noch cooler ist es, wenn man es so einstellt, dass die Mitreisenden den anderen Gesprächspartner auch hören können. Am coolsten aber ist es, wenn man als Busfahrer oder Sammeltaxifahrer laut Musik oder Videos abspielen oder mit 100km/h durch ein Dorf fahren und gleichzeitig mit einer Hand telefonieren oder SMS schreiben kann! Überhaupt: Fahren und Handy, das ist cool!

Wenn man nicht telefoniert oder die anderen mit schlechter Musik terrorisiert, kann man einfach hineinstarren oder Fotos von sich selber oder weissen Europäern machen oder stundenlang SMS schreiben. Das ist auch cool und wird vor allem von Mädchen praktiziert: Lethargisch und mit einem dumpfen Gesichtsausdruck in einer Ecke hängen und SMS schreiben: „Ich kriege nichts mit von der Welt, und ich will auch gar nicht!" „Die Welt ist nur interessant in Facebook, und das ist von meinem iPhone aus zugänglich."

So gesehen ist das Handy die wahre Revolution und nicht der Computer. Ein Handy hat flächendeckend jeder: der mongolische Nomade, der chinesische Wanderarbeiter, der zu sechst auf sechs Quadratmetern übernachtet, und der hinterstundletzte Papua. Flächendeckend! Empfang gibt es im Urwald von Irian Jaya genauso wie auf dem offenen Meer, im Bauch des Pelni-Schiffes.

Jeder hat eines, und das Einzige, was in den Bretterbudendörfern im Inneren Borneos offen hat bis spät in der Nacht, wenn man schon lange nichts mehr zum Essen und zum Trinken kaufen kann, ist das Handygeschäft (mit Handyzubehör). Erleuchtet von einer armseligen Sparlampe, die ein fahles, blaues Licht in die Nacht des Urwalds da draussen sendet, steht die Jugend vor dem Geschäft und spielt mit ihrem Handy. Jeder für sich allein, aber verbunden mit der Welt von Facebook.

Das Meer

Ich sitze stundenlang auf dem Deck des Schiffes und schaue aufs indonesische Meer. Das Meer ist still und unbewegt – fast keine Wellen. Das Schiff gleitet absolut gleichmässig dahin mit seinen, ich schätze, 10 bis 12 Knoten. Hie und da segeln fliegende Fische in einem 45°-Grad-Winkel nach vorne ca. 50 m weit weg; sie flüchten vor dem Schiff, das sie wohl für einen grossen Raubfisch halten.

Es wird mir keinen Moment lang fad dabei, aufs Meer zu schauen. Diese unendliche Linie, die den hellblauen Himmel vom dunkelblauen Meer trennt, dieser Horizont, von nichts unterbrochen, weder von einer Insel noch von einem anderen Schiff, beruhigen mich und machen mich glücklich.

Speziell in der Nacht, wenn die lästigen Indonesier mit ihren lästigen Handys endlich schweigen und irgendwo im Bauch des Schiffes schlafen, liege ich wach und schaue aufs Meer hinaus. Wir haben uns angewöhnt, unsere Matten aus dem Dormitory der „Ekonomi"-Class auf das Deck hinaufzutragen und uns einen Platz mit Blick aufs Meer zu suchen. Dort ist es stiller, riecht besser und hat keine Kakerlaken und keine Leute, die schlechte Musik abspielen.

Dann schaue ich aufs Meer hinaus oder zu den Sternen des südlichen Nachthimmels hinauf. Warum macht mich das Meer so zufrieden und glücklich?

Ich hatte in den letzen Jahren immer mehr die Sorge, dass die Welt zu klein ist.

Es gibt viel zu viele Menschen, Motorräder, Autos, Lärm, Dreck, Abfall, Plastikflaschen, Handys, Fernsehserien, Plastikklamotten, Plastikspielzeug, Plastikzubehör, Plastikschmuck, Plastikprojekte und Plastikträume.

Ich hatte die Sorge, dass die Strahlung, die Luftverschmutzung, die Kloaken, die schlechte Musik, die Werbung, die Finanzderivate und Facebook schon überall hin gelangt sind. Aber: Es ist noch, Gott sei Dank, ziemlich viel Wasserfläche da.

Unser Planet ist doch grösser, als ich befürchtet habe, und das macht mich glücklich.

Lärm

Viele indonesische Männer haben einen Tick: Meist zucken sie vehement mit dem Kopf zur Seite, als ob sie mit dem Kopf eine Fliege auf der Schulter verscheuchen wollten. Der Fahrer eines Sammeltaxis hatte das so ausgeprägt, dass ich mir echt Sorgen um die Verkehrssicherheit machte.

Vielleicht kommt es daher, dass sie nie in Ruhe schlafen können. Um 4 Uhr früh brüllt der Muezzin so laut in die Nacht, damit es alle hören. Um 6 Uhr früh wird sowieso laut gelärmt. Im Hotelflur von einem Zimmer zum anderen geschrien oder Musik gespielt. Rücksicht ist ein Wort, das es auf indonesisch sicher nicht gibt. Die Christen und die Moslems haben Lautsprecher aussen auf ihren Gebetshäusern, die Buddhisten gehen, wie in Sentani, extra raus vor ihren Tempel in der Nacht, um auf ihren Gong zu schlagen.

Die Bemos, private Minibusse, die in der Stadt den Nahverkehr, den fehlenden Public Service des „abwesenden Staates", besorgen, werden von Jugendlichen, von Kids gesteuert, die irrsinnig laut und mit zusätzlichen Subwoofern die dümmste Computer-Popmusik hören. Aber sie haben nicht nur Lautsprecher innen, nein, sie haben auch welche nach draussen, damit die ganze Stadt an ihrer dumpfen Musik teilhaben kann. Und zusätzlich haben sie noch phantasievolle Hupen und Sirenen und Alarmanlagen-Sounds, mit denen sie oft und gern spielen.

Es ist üblich, dass in einem Raum, zum Beispiel einem Restaurant, mehrere Fernseher gleichzeitig laufen und, falls es das gibt, auch noch die Stereoanlage dazu. Im Geschäft, auch im Supermarkt oder im Shopping Center wird viel zu laut Musik gespielt: Muzak falsch verstanden. Im Webcafé werden hauptsächlich laute Killergames gespielt, aber auch noch extra Musik über die Lautsprecher. Und sollte mal irgendwo tatsächlich keine Musik sein, gibt es ja noch das Handy: Jeder Zweite benutzt es wie ein Transistorradio, ein tragbares. Für die Stille, auf dem Schiffsdeck etwa, gibt es dann noch extra anschliessbare kleine Lautsprecher.

Motorräder machen nur Spass, wenn sie echt laut sind, dazu kann man zum Beispiel den Auspuff abmontieren. Am Abend gibt es dann den ultimativen Kick: Karaoke für das ganze Viertel bis 2 Uhr nachts, und um 4 Uhr jammert wieder der Muezzin.

Als Folge haben die Indonesier oft einen Tick, oder sie sind überhaupt schwerhörig – so stört einen wenigstens der Lärm weniger.

Eine „Frage der Kultur"

Im Bus von Makassar nach Toraja auf Celebes fuhren ausser den Menschen noch zwei Hunde und ein Hahn mit. Aber wir merkten das erst bei der ersten Rast nach zwei Stunden, als wir ein lautes Quieken aus dem Gepäckraum hörten: Sie hatten doch tatsächlich zwei kleine Welpen in den Kofferraum gesperrt! Auf mein Insistieren öffnete der Busfahrer die Klappe und suchte sie. Und da waren sie: Einer war winzig, ca. 20 cm lang, der andere etwas grösser, ca. 25 cm. Ich sagte: „Die gehören in den Fahrgastraum!" Aber mit Hilfe eines lokalen Führers, der Deutsch konnte, überzeugten sie mich, dass es denen eh gut ginge da unten, und wir fuhren weiter.

Es war gegen zehn Uhr vormittags, die Strasse war hier in der Küstenebene, zwischen Makassar und Pare Pare, schnurgerade. Je länger wir fuhren, desto mehr nagte der Zweifel an mir: War ich zu feige, zu unbedacht, zu kompromissbereit? Draussen wurde es heisser gegen Mittag. Es wird hier Anfang April locker 35 bis 38 Grad Celsius, und die Sonne knallte runter.

Kleine Hunde leiden noch mehr unter der Hitze als grössere, und Hunde können ja nicht schwitzen, nur hecheln. Ich nahm mir vor, bei der Mittagsrast einen Aufstand zu machen, und meine einzige Beruhigung war, dass ich wusste, dass es nicht mehr lange dauern würde bis dahin. Endlich blieb der Bus zur Mittagspause stehen. Ich schnellte auf und zwang den lokalen Führer mit Deutschkenntnissen zu übersetzen: „Sofort den Kofferraum aufsperren!... Die Hunde kommen in den Fahrgastraum, der Air-Condition hat!... Sonst fahre ich nicht weiter!... Ich verklage die Busgesellschaft wegen Tierquälerei!“ (Als ob es so etwas gäbe in Indonesien!) und so weiter.

Endlich gaben sie nach: Ich suchte die kleinen Hunde im Gepäckraum. Einer war in einer Kartonschachtel und der kleinere in einer ganz winzigen Lücke zwischen den Gepäckstücken. Ich griff nach ihm und nahm ihn heraus: Er war ganz voll von Kratzwunden und Ekzemen und fast nacktgekratzt. Ich fragte im Restaurant nach einer zweiten Kartonschachtel und setzte ihn hinein, nachdem ich mit einem Kugelschreiber ganz viele Löcher gemacht hatte. Dann nahm ich eine Wasserflasche und zwei kleine Tellerchen und gab ihnen zu trinken.

Und dann packte mich die Wut: „Wer ist der verdammte Vollidiot von einem Besitzer, dem es einfach egal ist, ob die beiden Hunde da unten an der Hitze eingehen oder von den Gepäckstücken zermalmt werden?“ Es war ein junges Mädchen, vielleicht 17 oder 18 Jahre alt, etwas fett und offensichtlich dumm wie Vollkornbrot! Ich befahl ihr, einen Hund samt Schachtel zu nehmen, den anderen nahm ich. Der Führer mit Deutschkenntnissen, der neben ihr sass, reklamierte: „Die Fahrgäste mögen das nicht, wenn die Hunde oben mitfahren, denn: Hunde stinken!“ „So what!“ entgegnete ich, zugegeben schon etwas aggressiv: „Menschen stinken auch!“

Ich setzte mich durch. Kurz nach der Mittagspause ging es in die Berge, die Indonesierinnen im Bus kotzten im Akkord und stanken. In ganz Südostasien lieben es die Frauen im Bus zu kotzen. Spätestens bei diesen Kurven wären die kleinen Welpen von den herumfliegenden Gepäckstücken da unten zerdrückt worden.

Bei der Nachmittagspause wollte ich das Doofie von Besitzerin zwingen, für die Hunde etwas zu essen oder Milch zu kaufen; sie wollte nicht. Daraufhin nahm ich sie etwas rüde am Arm und zerrte sie zum Verkaufsstand und befahl ihr, jetzt etwas zu kaufen und zwar sofort: Sie begann zu weinen! Ich liess sie wie von der Tarantel gestochen los und kaufte es selber. Die Hunde assen es eh kaum, der ältere trank etwas Milch. Und weiter ging es.

Im Bus versuchte der lokale Führer mit Deutschkenntnissen mir zu erklären: Das sei eben der Kulturunterschied. Ich herrschte ihn an, jetzt wirklich am Ende mit der Geduld: „Das hat nichts mit Kultur zu tun! Das hat mit Menschlichkeit zu tun! Und die ist keine Frage der Kultur!“

Wir fuhren durch das schöne, gebirgige Toraja-Hochland. Mein kleiner Hund wollte dauernd aus der Schachtel und kämpfte und kämpfte, um rauszukommen. Ich wollte ihn davon abbringen und hielt ihn zurück und hielt ihn und hielt ihn, am Schluss war ich permanent damit beschäftigt, ihn davon abzuhalten, aus der Schachtel zu klettern. Dann fing er auch noch an, erbärmlich zu quieken und zu winseln. Endlich gab ich nach und setzte ihn in den Mittelgang des Busses. Und sofort begann er zu scheissen. Er wollte einfach nicht sein Heim, seine Schachtel, vollkacken, der Arme! Ich setzte ihn wieder hinein, und er gab sofort Ruhe. Dann machte ich mich daran, mit Klopapier und Baby-Wet-Wipes den Busboden zu putzen. Das war notwendig, denn er hatte Durchfall, ganz weich, fast flüssig. Dann tat ich alles in einen Plastiksack und überlegte: Nachdem ich in Borneo gesehen hatte, wie die Einheimischen alles aus dem Bus in die Natur, in den spärlichen Regenwald, den es dort noch gibt, schmissen, nachdem ich ganze Riesensäcke voll Abfall und Plastik- und Styropormüll von den grossen indonesischen Personenschiffen der Pelni-Linien über Bord ins Meer habe wandern sehen, wartete ich, bis ein Dorf kam, dann ging ich zum Fenster des Beifahrers, machte es auf und schmiss den Plastiksack mit Hundescheisse hinaus ins Dorf. Dort wird es wenigstens weggeputzt, irgendwann!

Bin ich zu aggressiv? Ich hatte die Nase voll!

Der lokale Führer mit Deutschkenntnissen sagte später zu mir: „Die Hunde werden eh gegessen!" „Das ist mir egal, damit kann ich leben", entgegnete ich trotzig, „aber vorher sollen sie sie wenigstens gut behandeln!"

Endlich stieg die Tussi mit ihren Hunden aus, und am Ende der Fahrt sagte mir der Führer mit Deutschkenntnissen, dass ich mich für die Hunde eingesetzt hätte, sei o.k. gewesen, aber dass ich die Hundescheisse im Dorf aus dem Fenster geschmissen hätte, sei nicht gut gewesen; die Leute hätten das nicht o.k. gefunden. Ich hätte wenigstens warten können, bis wir aus dem Dorf hinaus und in die Natur gelangt wären. „Siehst du!", sagte ich, „das ist eine Frage der Kultur!"

Der Kameradiebstahl

Die „KM Dorolonda" ist ein riesiges Passagierschiff mit sieben Decks. Wir wollten mit ihr von Bitung auf Celebes nach Ternate auf den Molukken fahren, und dasselbe wollten noch 2000 Einheimische. Wir erkämpften uns zwei der versifften Matratzen aus den Dormitorys im Bauch des Schiffes, wo sich die Indonesier zwischen Mäusen, Ratten, Kakerlaken, Spinnen und Bed-Bugs gemütlich eingerichtet hatten, nachdem sich der erste Staub der Erstürmung und des Kampfes um das Schiff mal gelegt hatte. Mit den zwei eroberten schwarzen Unterlagen suchten wir uns, wie wir es immer taten, ein stilles Plätzchen draussen an der frischen Luft und fanden es auf dem obersten Deck: bessere Luft, weniger Tierchen und etwas weniger Neugierige, die einen die ganze Nacht anstarren.

Es war noch Tag, wir hatten unsere Schlafplätze gesichert und die „KM Dorolonda" lag immer noch im Hafen. Ligia setzte sich in den einzigen mit Air-Condition gekühlten Raum des Schiffes, die Moschee am Ende unseres Decks, um dort in ihr Reisetagebuch zu schreiben. Ich bekam die verantwortungsvolle Aufgabe, auf unser Gepäck aufzupassen. Es bestand aus zwei Rucksäcken und einem Plastiksack mit Essen, Wasserflasche und der Fotokamera. Da begann es zu regnen. Ein wenig weiter auf dem gleichen Deck befand sich ein Vordach, dort wären wir geschützt vor den manchmal sintflutartigen Regenfällen in diesen Breiten, aber noch nieselte es nur. Ich nahm also den ersten der zwei Rucksäcke und stellte ihn dort hin und liess den anderen auf der Sitzbank zusammen mit Plastiksack und Kamera zurück. Das Ganze dauerte fünf Sekunden, mehr nicht, fünf Sekunden! Das Vordach war in Sichtweite, keine zehn Meter entfernt, aber als ich zurückkam, um das andere Zeug zu holen – war die Kamera weg!

Es überlief mich heiss: „Nein! Nein! Das darf nicht wahr sein! Lieber Gott, mach, dass es nicht wahr ist!" Ich lief panisch den Leuten nach, die gerade vorbeigingen, und grapschte ihre Hosentaschen ab: „Der da vielleicht, der schaut so auffällig weg!" „Oder war es nicht eher der da?" Dabei musste ich aber auch noch das ganze Gepäck im Auge behalten, konnte also nicht mehr, als in einem Radius von 20 Metern panisch herumrennen: „Oder der da, war der schon vorher da?" Nutzlos! Aus! Vorbei! Alle Fotos auf dem Chip, seit Phnom Penh: ganz Kambodscha, Laos, Thailand, Malaysia, Singapur, Kalimantan, alle Orang-Utan-Fotos, und der Taman Negara und der Dusky Leaf Monkey und Angkor und der Tanjung Puting... alles, alles! Weg, aus und vorbei! Fünf Sekunden habe ich nicht aufgepasst! FÜNF SEKUNDEN!

Ich rannte zur Moschee, sie war zugesperrt, ich musste um die Ecke zum anderen Eingang, von wo ich die Rucksäcke nicht mehr im Blickfeld hatte, ... wurst!, ich rannte hin, holte Ligia, sie solle auf unser Gepäck aufpassen, und rannte weiter von Deck sieben, wo es passierte, zum Deck fünf, zur „Informasi". Dort war einer, der Englisch konnte. Ich überzeugte ihn, dem Mann mit dem Bordmikrofon zu sagen, er solle über die Bordlautsprecher 500 000 Rupiahs bieten für denjenigen, der mir die Kamera bringt. Das Schiff lag immer noch im Hafen von Bitung! Bevor es eine Dreiviertelstunde später ablegte, erhöhte ich das Angebot auf eine Million! Etwa 80 Dollar: Nichts! Wir legten ab! War der Dieb noch an Bord? Oder in Bitung gleich wieder ausgestiegen?

Den Rest der zehnstündigen Fahrt nach Ternate verbrachte ich damit, durch die sechs Decks, durch versiffte, stinkende Schlafsäle, mit einem Zettel zu gehen, den ein

Bordoffizier für mich auf Bahasa Indonesia geschrieben hatte. Darauf stand, dass ich „1 Juta“ (eine Million!) Rupiah zahle für meine Kamera, aber nur mit „Memory Card“, denn die Kamera selber sei alt und vollkommen wertlos. Ich ging durch alle Schlafsäle, mit hunderten von Menschen und tausenden von Gepäckstücken, Koffern, Hühnern, Plastiksäcken, Jugokoffern, Kindern...

Immer wieder fand ich noch ein Deck und noch einen vollgepferchten Schlafsaal. Allen zeigte ich mein Zettelchen. Viele konnten gar nicht lesen und verstanden nichts und schauten mir nur verschlafen und ungläubig in die Augen. Da das Schiff auf dem Weg nach Neu-Guinea war, waren schon viele der Gesichter sehr braun. Es waren Ureinwohner von Papua, still und verschlossen. Verstanden die überhaupt Bahasa? Ich war verzweifelt. Stundenlang, hunderte Male, schwor ich, dass ich nicht die Polizei informieren würde, „Polisi no, no!“, und schüttelte den Kopf dazu, wenn ich nur meine Kamera wieder kriegen würde.

Wir legten in Ternate an, und das Schiff fuhr weiter Richtung Papua – mit oder ohne Kamera.

Am nächsten Tag buchten wir einen Flug zurück nach Manado. Es war der erste Flug unserer ganzen Reise, er kostete 25 Euro (der billigste Flug meines Lebens!) und war wunderschön. Es war früher Morgen, in der klaren Luft kurvte die winzige Maschine, zwischen den spektakulären bewaldeten Vulkankegeln der Nordmolukken und über die tiefblaue und türkise See zurück dahin, wo wir einen Tag zuvor schon gewesen waren. Wenn der Dieb wieder ausgestiegen war im Hafen von Bitung, dann konnten wir nur dort was machen, sagte ich mir. Ausserdem konnten wir, wenn überhaupt, nur in einer grösseren Stadt wie Manado eine Ersatzkamera kaufen.

In Manado buchten wir uns wieder in dasselbe Hotel ein, in dem wir vorher schon zwei Wochen lang gewohnt hatten. Und dann ging's an die Arbeit: Wir druckten ein A4-Plakat auf Indonesisch, wo wir das Gebot auf zwei Millionen Rupiahs erhöhten! Aber nur mit Chip! Und dann plakatierten wir hundert Stück davon in Manado und nochmal hundert in Bitung, ca. eine Stunde Busfahrt von Manado entfernt. Unter grosser Anteilnahme der Bevölkerung klebten wir die fotokopierten Plakätchen auf Marktwände, auf Bäume und in Minibusse. Immer wenn wir später an einem unserer Plakate vorbei kamen, standen mindestens 10 bis 15 Menschen davor und lasen: „2 JUTA RUPIAH!“ (2 Millionen!) An Breitenwirksamkeit liess es also nichts zu wünschen übrig!

Trotzdem kamen mir Zweifel: 250 000 Einwohner in Manado und noch einmal 100 000 in Bitung, mindestens! Gar nicht zu sprechen von den Dörfern in der Umgebung!

Wir bekamen Anrufe, die gleich wieder auflegten, und SMS von den verschiedensten Nummern, zum Teil doofe, die uns Handy-Cams verkaufen wollten, wahrscheinlich dachten die, wir zahlen zwei Millionen für irgendeine Kamera. Einmal rief ein Mädel an, die begann damit, dass sie die Kamera habe, und endete damit, dass sie mich fragte, ob ich schon ein „Girlfriend“ hätte. Es kamen aber auch unverschämte, die einfach nur das Lösegeld kassieren wollten.

Um Mitternacht des vierten Tages, in der Nacht von Dienstag auf Mittwoch, den 27. April, kam ein SMS, das anfing wie die anderen: Er habe die Kamera, ob ich sie wolle, etc. Aber auf meine Standardfrage, welche Farbe die Fotokamera denn habe (immer übersetzt vom geduldigen Nachtportier des Wisata-Hotels), wusste er nicht nur die richtige Farbe, nämlich silbern, sondern er schrieb auch noch dazu, der Chip sei ein Acht-Giga-Chip. Das konnte er nun wirklich nicht wissen, das stand nicht auf dem Plakätchen. Es war klar: Er hatte unsere Kamera!

Dann begannen zwei Stunden Verhandlungen, immer per SMS und immer in Bahasa. Der Nachtportier war unbeschreiblich: Er übersetzte und half und nahm Anteil. Zuerst behauptete der Dieb, er sei in Tondano, einer dritten Stadt der Umgebung, wo wir gar nicht plakatiert hatten. Ich fragte ihn, wo ich ihn treffen könne? Keine Antwort! Wo er sei ? Keine Antwort! Ich war ratlos. Wo ist der Kerl? Was wollte er? Wollte er so tun, als ob er von nichts wisse? Dann kam seine Frage, wo die Kamera denn gestohlen worden sei. Auf meine Antwort, in Bitung Harbour, schlug er vor, wir könnten uns auch in Bitung treffen. Also doch: Er ist also doch aus Bitung und ist dort gleich wieder ausgestiegen! Das Schiff war an diesem Tag noch drei Tage nicht zurück aus Papua!

Um sein Gesicht nicht zu verlieren, sagte er, er brauche 90 Minuten bis nach Bitung. Da er unendlich oft die Frage nicht beantwortete, wo wir uns treffen sollen, sondern immer nur die Frage wiederholte, ob ich ihm garantieren könne, dass ich nicht die Polizei benachrichtige, ob ich ihm seine Sicherheit garantieren könne, wusste ich, ich muss selber mit einem Vorschlag kommen.

Ich schrieb (das heisst, der Nachtportier schrieb): „Ich nehme ein Taxi, wir sind in 90 Minuten, also nachts um 3.15 Uhr, auf dem Busbahnhof in Bitung, dort wo am Tag die Busse aus Manado ankommen. Von dort schreibe ich dir eine SMS, dass wir da sind, und du schreibst mir dann eine Message, wo wir hinkommen sollen. Du kannst dir den Ort aussuchen. Im Auto sind drei Personen: Der Taxifahrer, meine Freundin und ich. Du kommst mit einem Motorrad (ich wusste, ein Motorrad hat in Indonesien jeder zweite, es ist dort das übliche Verkehrsmittel), auf dem Motorrad sind zwei Personen: du und ein Freund. Dann kannst du sicher sein, dass wir dir nicht folgen können. Du gibst mir die Kamera mit Chip, und ich gebe dir zwei Millionen Rupiah. Und beide sind wir happy.“

Und dann kam die überraschende Antwort, er habe die Kamera auf der Strasse gekauft und er habe 900 000 Rupiah dafür gezahlt, er wolle nur die 900 000, er sei ein

Sulawesi, Indonesien: Begräbniszeremonie im Toraja-Land

Sulawesi: Beim mehrtägigen Fest zu Ehren des Verstorbenen schlachten die Männer der Toraja viele Schweine und Büffel und verteilen das Fleisch unter die Gäste. Das Fest ist riesig und verschlingt grosse Summen. Dafür kommen die Hinterbliebenen auf, es ist also eine Art Erbschaftssteuer zugunsten der Dorfgemeinschaft.

Tangkoko Duasaudara – Schutzgebiet, Sulawesi: Der Celebes-Koboldmaki (Tarsius tarsier) bewegt seine Öhrchen unabhängig voneinander, je nach Geräusch, und errinnert in seiner wachen Aufmerksamkeit frappant an den alten Yoda aus Star Wars.

Manado, Sulawesi: Am Baum hängt unser Plakat, mit dem wir Geld bieten für unsere geklaute Kamera, aber nur mit Chip!

Molukken, Indonesien: Die Polizisten in Indonesien sind so korrupt, dass sie völlig unverblümt und in aller Öffentlichkeit Schmiergeld verlangen. Wahrscheinlich ist einer, der es nicht annimmt oder zahlt, ein echt asoziales Schwein. (Übereinstimmung von Legende und Bild sind rein zufällig und keineswegs beabsichtigt.)

Jayapura, Papua-Provinz, Indonesien: Müll wird in Indonesien einfach in die Natur, ins Meer oder, wie hier, in den Fluss gekippt.

Auf Deck zwischen Balikpapan, Kalimantan und Makassar, Sulawesi: Es ist noch, Gott sei Dank, ziemlich viel Wasserfläche da.

Auf dem Schiff zwischen Makassar und Kupang, Indonesien: Wir sind schon oben und haben schon einen Platz. Einmal alle zwei Wochen kommt das grosse Passagierschiff der Pelni-Linie, und dann wird, in diesen zwei Stunden, alles bewegt, was muss. In so einer Situation wurde uns die Kamera gestohlen.

Jayapura, Papua-Provinz:
In vielem sind die Papuas wie Afrikaner: grösser, robuster und stärker als die kleinen, süssen Indonesier. Sie sehen oft ganz genau wie Afrikaner aus.

Sorong, Westpapua, Indonesien: Papuakinder erfreuen sich an den zwei Ausländern.

Der Minibus nach Nimbokrang, Papua-Provinz: Ein raues Land!

Kupang, Westtimor, Indonesien: Die kleinen Nahverkehrsbusse in Indonesien heissen Bemos, und ihr wichtigstes Teil ist (neben dem Styling) die 50 000 Watt-Musikanlage mit Subwoofern, dass es nur so vibriert unterm Hintern.

Dili, Osttimor:
Dieses Foto machten wir auf der Redaktion der portugiesischsprachigen Zeitung von Ost-Timor, die einen Artikel über uns schreiben wollte. Wahrscheinlich ist er in der Nachrichtenflut untergegangen.

Ataúro, Osttimor: Die Fähre, die die Insel Ataúro mit Dili, der Hauptstadt Osttimors, verbindet.

Ataúro: Die Insel ist noch ursprünglich: Strassen gibt es kaum.

Ost-Timor: Nur die Alten können noch Portugiesisch. Die Jungen sprechen entweder Tetum oder andere Lokalsprachen.

Ataúro: Die zu Ost-Timor gehörende Nebeninsel Ataúro ist landschaftlich sehr schön und erinnert in ihrer Vegetation bereits mehr an Australien als an Indonesien.

guter Mensch, und ob ich denn garantieren könne, dass ich nicht die Polizei benachrichtigen würde. Ich schrieb zurück: „Aber selbstverständlich, ich glaube, dass du ein guter Mensch bist, sonst hättest du dich nicht gemeldet. Ich zahle dir 900 000 für die Kamera und 100 000 für deine Telefonspesen: Also 1 Million!"

Eine Million nur! Auch gut. Besser als zwei! Glaubte er, ich nähme ihm die Story ab, dass er die Kamera gekauft habe, oder wollte er mich nur versöhnlich stimmen? Eines war klar: Der Typ hatte Angst. Aber doch Mut genug, dass er die Sache durchziehen wollte. Noch ein paarmal fragte er mich, ob ich ihm seine Sicherheit garantieren könne und nicht die Polizei informieren würde. Ich fragte wieder: „3.15 Uhr, Bitung, o.k.?" Er sagte: „O.k."

Los ging's. Es war um zwei Uhr nachts kein Taxifahrer zu finden, der Englisch konnte, also erklärte der Hotelportier einem Taxifahrer von der Strasse die Sache. Ich glaube, er verstand eher wenig, war aber willig, sich von mir für ca. drei Stunden mieten zu lassen: „Von Manado nach Bitung, Busbahnhof, warten, anderer Ort, warten, zurück nach Manado: Wie viel? 300 000? O.k."

Der Wahnsinnige von einem Taxifahrer hatte nicht nur die Seitenscheiben des Autos getönt, wie alle hier, sondern auch die Frontscheibe: Es war stockdunkel! Es gibt ja keine Strassenbeleuchtung in Nordcelebes, und die wenigen Lichter der Wellblechhütten am Strassenrand sind ja alles schwachbrüstige Sparlampen, die durch die getönten Scheiben ein winziges rötliches Pünktchen in der Nacht abgaben. Wie er den Busbahnhof in Bitung fand und wie wir diese blinde Taxifahrt überlebten, ist mir schleierhaft.

Wir erreichten den verlassenen Busbahnhof in der elenden Hafenstadt Bitung und schrieben unser SMS. Keine Antwort! Wir warteten. Und dann schrieben wir noch einmal: Keine Antwort! Wir warteten eine Ewigkeit. Ist alles geplatzt? Hat der Typ doch kalte Füsse gekriegt? Der Taxifahrer schlief. Es raschelte hinter uns. Aber es war nur eine Ratte.

Endlich kam eine unverständliche SMS. Dann noch eine: Wir sollten in die Stadt Bitung hinunter. Dann stellte ich die Nummer ein und rief einfach an: Eine Stimme hob ab, und ich erklärte in ganz einfachen Worten, dass ich das Handy jetzt dem Fahrer gäbe. Die zwei redeten ziemlich lange, und ich verstand, dass der Taxifahrer ganz direkt und einfach beantwortete, wer er war, was für ein Taxi es sei, von welcher Firma, wo er uns mitgenommen habe, nämlich beim Wisata-Hotel in Manado, etc. Das war gut: Entweder war der Taxifahrer sehr naiv oder sehr cool!

Wir wurden in eine kleine Sackgasse gelotst. Am Ende gab es eine Baustelle, die von einer einsamen Strassenlampe erleuchtet wurde, dahinter befand sich ein Fussweg, der sich in einer Bananenplantage verlor. Niemand war zu sehen. Ich gab dem Fahrer wieder das Handy und sagte ihm: „Ruf an". Dann stieg ich aus, stellte mich unter den Lichtkegel der Strassenlaterne, damit mich der Dieb sehen konnte, und nahm mein Ding heraus und pisste erst mal, denn es war erstens wirklich schon dringend und zweitens dachte ich mir, dann hat er etwas Zeit, sich an meinen Anblick zu gewöhnen. Der Taxifahrer redete mit ihm, und ganz leise vernahm ich aus dem Bananenhain die Antworten. Dann rief ich: „Hello!" ins Dunkel, und „Hello" schallte es leise zurück.

Ich ging ganz langsam in die Richtung, aus der die Stimme kam, ins Dunkel der Bananenstauden. Es war ein kleiner Weg, der da hineinführte, ich sagte noch einmal Hello, und noch einmal antwortete mir ein ebensolches halblautes Hello. Dann kam er her, sein Freund blieb auf dem Motorrad in etwas Entfernung. Er liess seinen Motorradhelm auf, aber ich roch trotzdem eine Alkoholfahne, und ich glaubte auch, den Typen zu erkennen: Er war einer von denen, die ich in meiner ersten Panik auf dem Schiff verdächtigt und abgegrapscht hatte. Er hatte die Kamera! Unsere Kamera! Ich gab ihm die Hälfte des Geldes und fragte ihn, ob es o.k. sei, wenn meine Freundin herkäme und die Fotos abchecke. Er bejahte und sie überprüfte und ich gab ihm das restliche Geld. Er war sehr nervös und sichtlich froh, mit seinem Begleiter verschwinden zu dürfen.

Glücklich und mit einem tiefen Gefühl der Befriedigung fuhren wir nach Manado zurück. Auf der Fahrt stellten wir fest, dass er ein paar Personenfotos gelöscht hatte, wahrscheinlich wollte er keinen Beweis lassen, dass der Fotoapparat Europäern gehört hatte, aber alles andere war noch da: die Tempel von Angkor, der Elefant von Laos, Bamboo-Island, Kuala Lumpur, Malakka, Singapur, die Orang-Utans von Tanjung Puting und die Nasenaffen mit ihren kleinen erigierten Pipis und der Dusky-Leaf-Monkey von Taman Negara und die Begräbniszeremonie der Torajas auf Celebes, alles! Gott sei Dank!

Ich werde nicht zur Polizei gehen mit seiner Handy-Nummer. Die sind eh für die Fisch hier! Den Polizisten auf dem Posten von Bitung, den kenne ich ja, wir waren ja dort, als wir unsere Plakate aufhängten in Bitung. Wir wollten da eine Anzeige machen, aber der konnte gar nichts, ausser schwitzen. Nicht einmal den Ventilator schaffte er aufzudrehen!

Und ausserdem: Strafe muss sein: Ich war ja selber schuld! Warum habe ich nicht aufgepasst? Ich war ja so blöd, die Kamera dort unbeaufsichtigt liegenzulassen! Dafür zahlte ich jetzt insgesamt ungefähr 140 Euro Strafe an Lösegeld, Flugtickets und Taxifahrt. Selber schuld! Oder hatte er mich milde gestimmt, als er auf die zwei Millionen verzichtete und nur 900 000 wollte? ... Dann ist seine Rechnung aufgegangen.

Das Gefühl danach: „Aber cool sind wir schon! Wir haben es geschafft! Wir haben sie wieder! Und mit den Fotos!" Und: „Was für eine Geschichte!"

Osama bin Laden und der kleine Junge von Manado

Als im vorwiegend christlichen Nordcelebes die kleinen Jungen auf einen der Ihren deuten und ihn auslachen und zu mir sagen: „Er ist ein Moslem!" So quasi: „Du, cooler Westler, und wir, wir sind Christen, und wir sind ja viel besser", lüge ich und sage: Ich bin auch Moslem und sehe ihre verdutzten Gesichter.

Islamischer Terrorismus hat seine Ursachen weniger in sozialer Ungerechtigkeit, auch wenn das viele Intellektuelle im Westen so sehen wollen. Die Bin-Laden-Familie ist sehr reich, und viele Terroristen haben eine gute Ausbildung und stammen aus der Mittelschicht, auch die Attentäter des 11. September, auch die Hintermänner der Bali-Bomber. Al Kaida hat eben nie ein Sozialprogramm entwickelt! Terrorismus ist nach meinem Gefühl viel mehr eine Reaktion auf dauerndes Erniedrigtwerden, auf gekränkten Stolz und Ehre.

Warum haben so viele Moslems Osama bin Laden insgeheim verehrt? Weil er es uns gezeigt hat! Er hat die zwei Symbolschwänze des westlichen Kapitalismus zu Fall gebracht und es dem Westen zurückgezahlt. Was eigentlich? 1000 Jahre Kränkung und Niederlagen, von den Kreuzzügen bis Jerusalem 2011, bis zur westlichen Medienfreiheit und American Idol.

Was hat er erreicht? Nix! Weniger als die Jungs in Tunis in zwei Wochen!

Die Amis haben Billionen ausgegeben für ihren „War on Terror". So gesehen hat Bin Laden sie mehr Geld gekostet als der Vietnamkrieg. Sie sind ihm in die Falle getappt und haben ihn durch ihre Kriegserklärung zu einem gleichwertigen Gegner erklärt, zu einer globalen Gefahr für alle, was er gar nie war. In Wirklichkeit hat er zu keinem Zeitpunkt mehr als 5000 Kämpfer gehabt, wenn es hoch kommt, und am Schluss nur mehr ein paar Hundert, und er hat sich nicht mehr rausgetraut aus seinem Haus in Abottabad.

Warum haben die Amis das gemacht? Weil man viel Steuergeld umschichten und gut verdienen kann damit, aber auch aus gekränktem Stolz. Deswegen musste er auch final besiegt werden, auch wenn es laut Kriegsrecht nicht erlaubt ist, einen Gegner, der unbewaffnet ist und keine Gefahr mehr darstellt, einfach zu erschiessen. Hat er sich ergeben? Panetta sagte: „To be honest, I don't think he had much time to say anything."

Man musste gewinnen! Wer hat den grösseren...! Die Fundamentalisten des Islams und Amerikas sind sich sehr ähnlich. So gesehen ist ihm auch Obama in die Falle getappt: Ich bin sicher, Osama bin Laden hätte es so gewollt. Man stelle sich vor: Man hätte ihn verhaftet und ihm einen fairen Prozess gemacht, dann hätte der Westen diese Schlacht echt gewonnen. So aber war es nichts anderes als eine Watsche mehr für die islamische Welt, und um das ging es den Amerikanern auch: Um die Ehre! Wie banal! Wie dumm!

Aber wirkliche Sieger sagen: Wenn dir einer auf die Wange schlägt, halte die andere hin! Das nenne ich ökonomische Intelligenz!

Was dachte sich der kleine Junge in Manado? Dass ich gelogen habe, oder einfach nur, dass er mir sympathisch war?

Die Koboldmakis von Celebes

Die Koboldmakis von Celebes haben wir an der äussersten Nordostspitze der Insel nahe bei Bitung nach einer Nachtwanderung gefunden. Es sind winzige Äffchen, so gross wie eine Männerfaust. Alles ist klein an ihnen, ihre Köpfchen und Öhrchen, ihre Händchen mit den winzigen Fingerchen, mit denen sie Heuschrecken mit beiden Händen halten, die sie schmatzend verzehren. Die Heuschrecken sind im Verhältnis zu ihnen so gross, als würden wir ganze Alligatoren in den Händen halten und davon abbeissen. Das einzige Grosse an ihnen sind ihre riesigen Glubschaugen, mit denen sie wachsam und nervös herumblicken.

Früher zählte man sie zu den nachtaktiven Halbaffen, also Lemuren; heute wissen das die Systematiker nicht mehr so genau. Ihre Öhrchen können sie unabhängig voneinander bewegen, und sie tun das auch unentwegt, dabei schauen sie aber trotzdem irgendwie weise aus: Sie waren eindeutig die Vorbilder für den Yoda aus Star Wars.

Ich leuchtete mit einer Taschenlampe, und Ligia schaffte es, ein kurzes Video aufzunehmen, und erwischte ihn, wie er blitzschnell zu einem Baumstamm sprang und eine Heuschrecke oder Grille „pflückte“. Etwas später beobachteten wir einen, der eine Baumschlange bewachte. Er folgte ihr wachsam, mit einem Sicherheitsabstand, durchs Geäst. Sie entfernte sich eh von seinem Familienbaum, aber er hatte offensichtlich den Job, sie nicht aus den Augen zu lassen und sicherzustellen, dass sie wirklich wegging.

Der Staat

In Drittweltländern wie Indonesien zum Beispiel ist der Staat oft abwesend. Offensichtlich existiert kein Schulsystem, das den Namen verdient, sonst wären die Leute nicht dermassen ungebildet. 99% können auch keine Fremdsprache, nicht mal das simpelste wie: Where? What? How much? oder When? Das einzige, was sie alle schreien, wenn sie einen Westler sehen ist: „Hello Mister!“

Es gibt keine Abfallentsorgung in indonesischen Städten. Jeder verbrennt seinen Müll selber vor der Hütte, so dass es eigentlich permanent nach verbrennendem Plastik riecht.

Überall zwischen den Häusern befinden sich stinkende Kloaken, und das Meer in Ufernähe und die Strände sind Müllhaufen.

Es gibt keinen öffentlichen Verkehr. Alles ist privat, und da die Leute arm sind, müssen die Preise niedrig sein, so dass die Bemos von ihren Betreibern, oft Buben zwischen 17 und 20 Jahren, so voll wie möglich gestopft werden. Ein Bemo ist ein Kleinstbus, meistens Suzuki oder Daewoo, der in Europa für sieben Personen wäre. Hier werden 17 Personen hineingestopft, und wenn dann noch zwei hineingehen, ist das purer Gewinn. Der Beifahrer, der die Leute auf der Strasse im Vorbeifahren keilt, hängt draussen. Wichtig ist eine möglichst laute und auffallende Hupe oder Sirene. Oder Lautsprecher, die nach aussen extrem laute Musik spielen können, so laut, dass das ganze Chassis dröhnt und mitvibriert. Der Bemo wird mit farbenfrohen Aufklebern wie „Jesus", „Manchester-United", „Jennifer Lopez" oder einfach mit „Kill" oder „Monster" zugeklebt, so dass man auch nicht mehr rausschauen kann. Da Indonesien ja sowieso Liliput ist, muss man sich auch sonst total bücken und runterbiegen, um einen Blick nach aussen zu werfen und eventuell zu sehen, wo man sich gerade befindet.

Warum tut man sich das an? Ganz einfach, weil es keine Alternative, keinen öffentlichen Bus gibt. (Eventuell findet man noch Ojeks, das sind Motorradtaxis. Sie sind nur für starke Nerven geeignet, aber mit besserer Luft und Aussicht.)

Die Bemo-Fahrer machen alles, was verboten ist. Sie fahren zu schnell und gegen die Einbahn, telefonieren dazu, überladen, kleben die Windschutzscheibe zu, bleiben mitten auf der Strasse stehen, terrorisieren die Nachbarschaft mit lauter Musik, etc., etc.

Die Polizei schaut zu! Wenn sie Lust haben zu arbeiten und ihren Lohn zu verdienen, stellen sie sich auf die Strasse und kassieren Maut, d.h. Schmiergeld. Dabei wird gar nicht geredet oder argumentiert. Gesetze gibt es ja genug, die überschritten werden. Nein, es wird einfach das Geld abgesammelt, meist ein relativ kleiner Betrag, 10 000 Rupiahs (ca. einen Dollar pro Fahrzeug), dafür aber von allen. Natürlich ist das der Betrag für die Einheimischen, für Fremde mit Mietauto, hab ich mir sagen lassen, ist der Betrag höher, aber da muss man auch mehr arbeiten, da muss man argumentieren.

Diese Schmiergeldabkassier-Mautstellen sind der einzige Ort, wo der Staat sichtbar wird. Und eventuell noch 5-Sterne-Hotellobbys in Kalimantan, wo sich hohe Regierungsbeamte mit chinesischen Geschäftspartnern treffen, um höhere Schmiergelder für Holzschlag-Lizenzen oder Minen-Projekte oder Umweltzertifikate zu kassieren.

Bürokratie-Dinge, wie das Verlängern des Touristen-Visums, werden absichtlich so kompliziert wie möglich gemacht (Foto mit rotem Hintergrund / Bürge (=Sponsor), der für einen bürgen soll / bestimmte Mappe, nur im Amt für vier Dollar zu kaufen und absolut zwingend / ein Schreiben, auf Indonesisch, mit dem Ansuchen / ein Formular /

Fingerabdrücke / Fotos gescannt usw.) damit es, wenn möglich, unmöglich wird und man Schmiergeld kassieren kann.

Warum eigentlich gibt es in Indonesien, einer Tourismusdestination und gleichzeitig ein riesiges Land, nur ein 30-Tage-Visum oder ein unverlängerbares 60-Tage-Visum? Richtig!

Schmiergeld kassieren ist so sehr Volkskultur, dass man es nicht mal versteckt vor Kollegen: Es macht eh jeder. Wahrscheinlich ist ein Beamter, der es nicht tut, ein echt asozialer Egoist. Vor allem Sicherheitsstatus und -vorgaben sind Gegenstand von Verhandlungen. Dann stürzt halt mal ein Flugzeug ab oder ein Schiff geht unter. Wie konnte das passieren?! Dann gibt es einen Untersuchungsausschuss und eine neue Möglichkeit zu kassieren! Das ist die Funktion des Staates.

Papua

Die Papuas sind viel ruhiger und ernster als die Indonesier. Das kommt mir sehr positiv rüber, ich hatte schon etwas genug vom asiatischen Dauerlächeln. In vielem sind die Papuas wie Afrikaner: grösser, robuster und stärker als die kleinen, süssen Indonesier. Sie sehen oft ganz genau wie Afrikaner aus. Auch wenn es manchmal den typischen Papua mit Afrolook, Bart und grimmigem Gesichtsausdruck gibt. Mehrheitlich bewegen sie sich auch wie Afrikaner. Mir sehr vertraut von meinen vielen Afrika-Reisen. Ich fühle mich fast ein bisschen zu Hause. Oft schauen sie mich an oder zwinkern mir kurz aus den Augenwinkeln zu, so als ob zwischen uns ein Einverständnis über die Anderen, die Asiaten, herrsche: „Die sind so, aber wir zwei, du und ich, wir sind anders, wir kennen uns."

Und sie hören nicht diese unsäglichen, jämmerlich cheapen Popschnulzen der Indonesier, sondern Reggae: Der erste Minibus in Sorong, mit dem wir fuhren, spielte Peter Tosh. Guten, alten Peter Tosh und Lucky Dube – mir kamen fast die Tränen.

Persipura, der Fussballklub der Kleinstadt Jayapura, gewinnt die indonesische Meisterschaft, weil sie einfach grösser und zweikampfstärker als ihre indonesischen Gegner sind.

Coolness und Reggae – absolut afrikanisch! I'm lovin' it, yeah!

Papua Niugini: Schweine, Land, Frauen

Ein Kanadier, der für Médecins Sans Frontières in einem kleinen Bergdorf in PNG (Papua Niugini – der anderen Hälfte der Insel Neuguinea) arbeitet, erzählte mir: Die traditionelle Werteskala der Männer ist: Schweine, Land, Frauen, in dieser Reihenfolge.

Das normale Verhältnis zwischen Männern und Frauen sei Vergewaltigung. Am Anfang sei es eine Tragödie, aber so mit 30 bis 35 hätten sich die Frauen dann daran gewöhnt und sich damit abgefunden. Jüngere Frauen schnitten sich oft einen Finger ab, damit wenigstens ein Teil von ihnen sauber bleibe; damit die Männer wenigstens einen Teil nicht kriegen würden.

Eine australische Minengesellschaft blieb gegenüber den Gehaltserhöhungsforderungen ihrer papuanischen Arbeiter hart und zahlte den Lohn während des darauffolgenden Streiks nicht. Die Papuas fanden einen Freiwilligen, kochten ihn, und setzten ihn den australischen Arbeitgebern bei der nächsten Besprechung zum Essen vor. „Wenn ihr uns schon wie Kolonialsklaven behandelt, esst uns wenigstens!" Ob die Ozzies daraufhin gezahlt hätten, wusste er nicht: ein raues Land!

West-Timor

Timor ist anders als die Molukken oder Celebes, geschweige denn Papua. Das Gras ist verdorrt, und statt tropischem Regenwaldgrün gibt es Savanne mit gelbem Gras und Dornbusch-Akazien. Kupang, die Hauptstadt des indonesischen Teils von Timor, ist sehr mediterran – das Meer und der Himmel sind blau, und man sitzt abends draussen in Strassenlokalen mit langen Tischen und Stühlen und isst gegrillten, herrlichen Fisch. Das Klima in Timor ist sehr angenehm! Warm und trocken, und am Abend weht eine kühle Brise.

Krokodile

Seit Stunden schaut die Bevölkerung von Kupang aufs Meer hinaus, aufgeregt schreiend und diskutierend – jemand hat zwei Krokodile gesehen! Sofort sind Boote mit bewaffneten Männern hinausgefahren. Die müssen geschossen werden: Erstens, weil sie gefährlich sind, zweitens macht's Spass, ein Tier zu töten, und drittens ist das Leder viel wert. Also stehen alle mit grösster Anteilnahme am Ufer und schreien und gestikulieren und schauen. Zum Glück haben sie die armen Viecher nicht erwischt. Die sind vorsichtshalber abgetaucht.

Timor Leste

Die Schweizer arbeiten daran, ihren Staat zu perfektionieren. Alles wird immer besser und organisierter: von der Mülltrennung bis zu den sozialen Institutionen. Alle paar

Wochen werden die Bürger zur Urne gerufen, um die Verfassung und die Gesetze noch perfekter zu machen. Fahrrad- und Spazierwege mit Erklärungstafeln vor Biotopen werden gebaut, und die Dörfer werden immer grösser und gehen schon ineinander über. Was dazwischen noch an Natur übrig ist, wird zum Naturschutzgebiet erklärt. Irgendwann wird die Schweiz dann fertig sein, wie unser Freund Gerd Fehlbaum sagt. Die anderen Nationen arbeiten auch an sich, aber ziellos. Die Schweizer nicht, die haben ein Ziel vor Augen und arbeiten darauf hin. Und irgendwann werden sie dort sein, und dann ist die Schweiz fertig.

Ost-Timor ist am anderen Ende der Skala: Es hat gerade erst angefangen. Als wir dort waren, im Juni 2011, war es noch der jüngste Staat der Welt. Im Juli wurde dann der Südsudan der neueste Staat. In Ost-Timor ist alles neu: Die Gebäude (die schauen nur alt aus, weil sie so schlecht gebaut sind), die Uniformen der Polizisten, die Briefmarken der neuen Post, die Fahnen vor dem Regierungsgebäude. Es gibt von Hand gemalte Schilder, die den Leuten erklären, dass Aggression schlecht ist und dass es besser ist, wenn sich die Leute nicht gegenseitig die Köpfe einschlagen.

Es wimmelt von UN-Polizisten und Entwicklungshelfern in brandneuen, weissen Toyota-Landcruisern: Europäern, Bangladeshis, Ozzies, Kiwis, sogar UN-Polizisten aus Gambia. Ich glaube, es gibt in Ost-Timor mehr gambische Polizisten als in ganz Gambia.

Weisse gehen nicht zu Fuss in Dili, sie benützen ihre weissen Landcruiser mit der Aufschrift „UN-Police“ oder „Church of the 7th-day-Adventists“ oder „UNHCR“ oder „WHO“ oder „Norwegian Red Cross“, etc. Die einzigen Weissen, die zu Fuss gehen, sind diejenigen, die am Abend die Strandpromenade entlang joggen – und wir.

Alles ist neu: Páteo, der Laden mit portugiesischen Produkten, die Preise fürs Internet und die Bars, wo die weissen Entwicklungshelfer am Abend unter sich sind und teures australischen Bier zusammen mit billigen amerikanischen Pop-Songs konsumieren. Es gibt in Ost-Timor nur etwas, das alt ist: Taxis! Die stammen noch aus indonesischer Zeit.

Stringtanga

Bis Ost-Timor schafften wir es zu kommen, ohne zu fliegen. O.k., abgesehen von zwei Strecken, die wir an Orte zurückflogen, an denen wir schon vorher waren: von Ternate zurück nach Manado, um unsere Kamera zurückzukaufen, und von Jayapura zurück nach Makassar, weil uns die unfreundlichen Mitarbeiter des Konsulats von Papua Niugini in Jayapura mitteilten, dass sie seit Anfang des Jahres keine Visa mehr ausstellen.

So entschieden wir, statt nach PNG halt nach Ost-Timor und nach Australien zu reisen. Aber in Dili war es endgültig aus mit dem Overland-Trip: Die Shipping Companies befördern nur noch Güter von und nach Darwin (Australien), und im Hafen lagen gerade mal vier Segelboote, die entweder unbemannt oder auf dem Weg nach Bali waren, wohin wir auf keinen Fall wollten. Also buchten wir einen Flug nach Darwin und verbrachten dann noch wunderschöne Tage auf Ataúro, einer Nachbarinsel, die ebenfalls zu Ost-Timor gehört: Vollpension in einem Strandbungalow mit viel zu viel Essen und Schnorcheln an einem Riff, das schon fast leergefischt ist, aber mit schönen, vielfältigen Korallen und riesigen Seegras-Wiesen davor.

Endlich flogen wir von Dili nach Darwin, von Asien nach Australien. Es war früh am Morgen, klares Wetter, und der Flug dauerte eine Stunde.

Wir kamen in einem sauberen und stillen Flughafen an, in einer sauberen und stillen Welt. Es war ein Kulturschock: Die Klos sind klinisch rein und die Spülung funktioniert. Die Menschen sind erwachsen, ernst, gross und dick und haben graue Haare. Es ist schon absurd: Man verlässt Europa und reist fast ein Jahr durch Asien, durch Länder mit Millionen kleiner, brauner und schlitzäugiger Kinder, die nerven und nichts verstehen und dahinter, „zack", ist man wieder in Europa (mit amerikanischen Häusern).

Es gibt Regeln, viele Regeln und noch mehr Verbotstafeln: No smoking, no trespassing, no drugs, no food, no sleeping bags, no alcohol, no standing... Und es ist still, sehr still, wie herrlich nach der unsäglichen indonesischen Popmusik!

Wir verliessen den sauberen und stillen Flughafen, um draussen, an einem extra gekennzeichneten Platz, etwas entfernt vom Gebäude halt zu machen, weil sich dort eine Smoking-Area befand, wo Ligia eine stille Zigarette rauchen durfte. Vom Zigarettenort gingen wir zurück zu einem extra gekennzeichneten Platz, wo die Taxis warten durften, und nahmen eines dieser geräuschlosen, blitzblanken Gefährte, um zu unserem Couchsurfing-Host zu fahren. Wir hatten uns auf der Couchsurfing-Website eingetragen, weil wir wussten, dass Australien so exorbitant teuer ist, dass es unser Budget gesprengt hätte, in Hotels zu wohnen. Wir fanden zwei, die uns zurückmailten. Einer sagte, dass er in seinem Haus nackt unterwegs sei, der andere war eigentlich ein Paar: Megan und Stringtanga, und zu denen fuhren wir.

Es war ein wunderschöner, sonniger Mittwochvormittag, aber es war so still, es fühlte sich an wie permanenter Sonntag. Lautlos glitt unser Taxi durch die verkehrsberuhigte Vorstadt von Darwin. Villen und Holzhäuser in makellos gepflegten Gärten mit blühenden tropischen Pflanzen lösten einander ab. Endlich blieb unser Taxi vor dem einzigen etwas ungepflegteren Garten stehen, und wir stiegen aus. Das Haus stand auf Stelzen, wir stiegen die Treppe hinauf und riefen, aber niemand antwortete. Die Türe stand offen, schliesslich gingen wir hinein und kamen in die Küche. Um einen grossen Tisch sassen vier andere Couchsurfer, ein australischer Ureinwohner, Stringtanga und seine Frau Megan. Zur Begrüssung hielt uns Tanga, wie wir ihn später nannten, einen grossen, fetten Joint entgegen.

Tanga lebte in den 80er Jahren in einer Hippiekommune in Queensland, wo er seinen Namen von etwas, das niemand weiss und das er auch niemandem sagt, auf „Stringtanga" änderte. Das kann man in Australien: kein Vor- und Zuname, nur Stringtanga, so steht es auch in seinem Führerschein.

In Australien gibt es zwei Arten Menschen: diejenigen, die von den Gefangenen, die von England in die Sträflingskolonie Australien deportiert wurden, abstammen, und diejenigen, die von deren Wärtern und Aufpassern abstammen. Es scheint so, dass in den letzten Jahren in Australien, wie überall auf der Welt, die Letzteren die Oberhand gewonnen haben.

Tanga stammt eindeutig von den Ersteren ab. Diese und die Ureinwohner verbrüdern sich oft und stellen so etwas wie die oppositionelle, farbige Seite Australiens dar. Wie fad und langweilig wäre Australien ohne sie!

Cairns: „Working-Holiday-Visum"

Die Wärter haben also gewonnen. Und damit niemand mehr einen Fehltritt wagt, stehen überall Warntafeln „Caution!" „Take extreme care! Slippery when wet!". In Australien gibt es viel Natur und noch mehr Naturschutzgebiete und Nationalparks. Jeder Baum ist mit einer Erklärungstafel versehen, die nicht nur den Baum botanisch erklärt, sondern auch eine hübsche Legende aus der Traumwelt der „Traditional Owners" erzählt. Die, die Ureinwohner nämlich, besitzen nichts mehr, nicht einmal mehr den richtigen Ausweis, um im Bottle-Shop einen Nachschub für ihre alkoholischen Träume kaufen zu können. Sie sitzen in den Städten am Boden und schreien laut über die Strasse zu ihren Aboriginal-Freunden auf der anderen Strassenseite.

Sie leben ein Leben in totaler Apartheid von den neuen Besitzern Australiens. Diese, die Weissen, saufen sich genauso an wie die Ureinwohner, nur merkt man es bei ihnen weniger, vielleicht weil sie nicht auf der Strasse am Boden sitzen oder weil wir mehr gewöhnt sind an weisses Besoffensein oder an weisse Aggressivität.

Ein Heer von zwanzigjährigen Westeuropäern, die das Glück haben, im Besitz eines „Working-Holiday-Visums" zu sein und irgendwo Jobs verrichten, die sie zu Hause nie tun würden, tun es ihnen gleich und betrinken sich allabendlich mit billigem, süssem, australischem Frucht-Wein aus Kartonboxen oder schlechtem australischem Bier.

Dieses „Working-Holiday-Visum" nützt allen: Australien, weil sonst wohl überhaupt niemand in dieses Land käme, in dem die Preise so exorbitant hoch sind (ein Hamburger

Darwin, Australien: In Australien gibt es so viele DOs and DON'Ts, dass sogar der Maskenkiebitz wartet, bis es grün wird, um über die Strasse zu gehen.

Darwin: Das berühmte Sonnenuntergang-Schauen am Strand.

Darwin: Die Ureinwohner sitzen auf dem Mäuerchen und verstehen die Welt nicht mehr.

Kakadu-Nationalpark, NT, Australien: Der Kakadu-Nationalpark ist nicht nur landschaftlich schön, er hat auch eine Vielzahl von uralten Felsmalereien an verschiedenen Fundstätten.

Kakadu-Nationalpark: Die recht aggressive australische Weberameise „Oecophylla smaragdina" baut ihre Nester, indem sie Blätter zusammen klebt, und hat, wie der Name sagt, ein grünes Hinterteil, das sehr viel Vitamin C enthält: eine Aboriginal-Delikatesse.

Daintree-Nationalpark, Queensland, Australien: Before and after!

Outback, Queensland: „Ich habe das tote Wallaby eigentlich vorher gesehen."

Tablelands-Highway, NT: Man fährt in Australien nicht an einer Tankstelle vorbei ohne stehenzubleiben. Allein schon, weil es da Eis gibt.

Tablelands-Highway: Austalien ist rot, flach und trocken.

Nguna-Island, Vanuatu: In Vanuatu leben, laut einer Studie, die glücklichsten Menschen der Welt: Kindheit ohne iPad!

Pele Island, Vanuatu: Die Aussicht von unserem Essens- und Schreibtisch

Espiritu Santo, Vanuatu: Die Ni-Van leben von Fisch und Taro, der Knolle eines Aronstab-Gewächses, das man hier im Hintergrund sieht.

Luganville, Espiritu Santo: Im Hauptort der Insel gibt es sogar eine Strasse.

Efate, Vanuatu: Ein Korallenriff und sauberes, glasklares Wasser

Espiritu Santo: Keine Elektrizität, also auch kein Fernsehen und kein Facebook

Markt von Luganville, Vanuatu: Ökologisch korrekte Einkaufstaschen aus Pandanusblättern. Hier verlor Ligia ihre Geldtasche und kriegte sie am nächsten Tag wieder mit allem Inhalt.

Luganville, Insel Espiritu Santo: Die offizielle Sprache in diesen melanesischen Inseln (übrigens auch auf den Salomonen) ist Pidgin-English. Man muss dieses Schild nur sich selber laut vorlesen, und schon versteht man es.

kostet 20 AUD = 16 Euro, ein Bier 9 AUD = 8 Euro, ein Päckchen Zigaretten 16 bis 19 AUD = 14 bis 16 Euro – die sind des Teufels, und der Teufel wird besteuert!).

Ausserdem verrichten diese europäischen Kids die Arbeiten, die sonst niemand tun würde: Erntehelfer, Kloputzer, Tankstellenwächter, Oben-ohne-Barmädchen, etc. Dabei ist aber Australien clever: Dieses Visum kriegen nur ausgesuchte Nationen, nicht etwa Spanier oder Polen, keine Österreicher oder Rumänen, geschweige denn Roma oder Türken. Nein, es sind die Rich-Kids aus England, Schweden, Deutschland, Frankreich, Holland, Italien und Irland, die das kriegen, und sie müssen unter 30 sein! Damit bindet man eine Generation von jungen, reichen Westeuropäern an sich, die den ersten grossen Urlaub weit weg von zu Hause hier erleben.

Für die Kids lohnt es sich auch: Endlich weit weg von der obsorgenden Kontrolle der Eltern, sich ansaufen mit billigem Fusel, vögeln, was das Herz begehrt, und: „Hey, ist das nicht lustig, dass wir Klos geputzt haben – was haben wir gelacht und gesoffen!"

Und für die Eltern zu Hause lohnt es sich auch! Australien gilt als sicheres Land – schliesslich gibt es genügend Verbotstafeln. Und: „Endlich werden die Kinder erwachsen: weit weg in Australien waren sie – ganz allein! Und haben sich ganz allein selbst finanziert! (Na ja, den Flug haben wir ihnen gezahlt, aber sonst haben sie alles selber verdient.) Sogar Klos haben sie geputzt. Das ist toll so, man muss lernen, sich hinaufzuarbeiten, und darf sich für nichts zu gut sein. Grossartig!"

Die Ureinwohner sitzen am Boden und verstehen die Welt nicht mehr: Dreamtime!

Das Outback

Australien ist riesig, flach, trocken und rot.

Australien ist ein Vogelparadies. Natürlich gibt es auch Wallabies und Kängurus, Wombats und Schnabeltiere, aber die verstehe ich nicht. Die sprechen mir unverständliche Sprachen. Die Vögel Australiens hingegen, die Kakadus und Bienenfresser, diese seltsamen Brachvögel mit ihrem nächtlichen Gesang, von dem die Ureinwohner sagen, er kündige den Tod an, die grellbunten Loris und die Eisvögel und Schwalben, die verstehe ich.

Nach Monaten heissen und feuchten Regenwaldklimas Kalimantans, Sulawesis und Papuas empfand ich das trockene, fast afrikanische Savannenklima von Nordaustralien mit seiner roten, ausgedörrten Erde als sehr angenehme Abwechslung.

Südlich des Kakadu-Nationalparks, aber noch in den Northern Territories, gibt es bei Mataranka eine heisse Quelle, wo ein ganzer Thermalfluss aus einer Höhle entspringt. Wenn man ganz früh am Morgen, bevor die anderen Touristen eintreffen, mit noch von der nächtlichen Wüstenkälte klammen Gliedern, mit Tauchbrille und Schnorchel, in die warmen Fluten gleitet, befindet man sich in einer Märchenwelt, die ausschaut wie für eine Filmszene von Lord of the Rings gemacht. Lange Algenbärte wie von greisen Zauberern wehen in der Strömung, und tote Bäume und Wurzeln sehen im glasklaren Wasser gespenstisch lebendig aus. Es leben auch Tiere da unten: eine kleine Art Fisch und Wasserschildkröten und ein Waran. Sensationell aber ist es, wenn man von unten durch das Wasser nach oben blickt: Man sieht die grüne Welt der Bäume vor azurblauem Himmel, bevölkert von den buntesten Vögeln der Welt.

Australien – der letzte Regenwald und das letzte Korallenriff

Sehr angenehm an Australien ist die Tatsache, dass sie noch nicht alles gegessen haben, was sich bewegt. Man sieht in der Stadt Darwin mehr Vögel und Vogelarten als in allen vietnamesischen Nationalparks zusammen. Und hätte man das Geld, unverschämte 145 AUD pro Person für einen Tages-Schnorcheltrip von Cairns ans Great-Barrier-Reef auszugeben, würde man wohl auch mehr Fische sehen als an den leergefischten indonesischen Riffen.

Australien ist das Land der Vögel. Wir kauften uns in Darwin ein teures Vogelbestimmungsbuch für 45 AUD und bereuten keinen Cent davon. Wir hatten täglich Freude damit, speziell auf unserer vierzehntägigen Fahrt mit dem Camper durchs Outback von Darwin nach Cairns.

Einmal standen wir in einer Vorstadt von Darwin vor einem Haus und schauten mit dem Feldstecher in den Baum auf der anderen Strassenseite. Da tummelten sich drei verschiedene Kakadu-Arten, als plötzlich ein Mann aus dem Gebäude hinter uns trat und sagte: „It's beautiful ey, isn't it? Last year they were twelve, now they are only nine. I wonder where the other three have gone..." Er machte sich Sorgen um drei fehlende Kakadus. Ich hätte ihn umarmen können, den alten Mann. In ganz Asien würden sich die Leute für die Vögel vor ihrem Haus höchstens kulinarisch interessieren.

Es wird eine Zeit kommen in nicht allzu ferner Zukunft, da wird es auf unserem Planeten noch genau ein Land mit tropischem Regenwald und Korallenriff geben, und es wird Australien heissen!

Wer hätte das noch vor zwanzig Jahren gedacht, dass man in Australien einmal mehr Natur, mehr Tiere sieht als auf Borneo mit seinen endlosen Ölpalmenplantagen!

Als Kind war es einer meiner Träume, einmal den Dschungel Borneos zu sehen. In unserer Familien-Bibliothek befanden sich alte, vergilbte Bücher aus der holländischen Kolonialzeit mit Schwarzweiss-Aufnahmen vom undurchringlichen Urwald und seinen Ureinwohnern. Ich kam zu spät.

Dreamtime

Die australischen Ureinwohner gehen mir nicht aus dem Kopf. Diese unglücklichen Menschen, die traurig am Boden vor dem Woolworth sitzen, nichts tun, Alkoholiker und laut und aggressiv sind und sich einfach nicht in dieser Welt adaptieren und zurechtfinden können. Wollen?

Im Allgemeinen sind sie nicht integriert. Wer sollte auch wen und in was integrieren? Da lebt eine Kultur 30 000 Jahre an einem Ort und wird mit den widrigsten Umweltbedingungen fertig, und dann kommen vor 200 Jahren, also vor zwei Augenzwinkern, irgendwelche Aliens, bauen eine Landepiste, einen Flying Doctor Service und eine Schule in den Busch und wollen die Ureinwohner integrieren.

Sie geben den „Traditional Owners" Geld, eine Mindestsicherung, eine Miete für den Nationalparkboden und Schulen und eine Plastikkarte mit Monatslimit für den „Liquor Store", um sie so vor zu viel Alkoholkonsum, also vor sich selber, zu schützen.

Dann sitzen die Ureinwohner am Boden vor dem Woolworth, wahrscheinlich genau dort, wo sie schon vor Jahrtausenden unter dem Baum gesessen sind, nur dass jetzt halt der Baum umgeben ist von einer Rasenfläche und einem Parkplatz und einer Shopping Mall und einem Woolworth, und sie schreien hinüber zu ihren Aboriginal-Freunden, die unter dem nächsten Baum sitzen, der sich heute auf einer Verkehrsinsel der verkehrsberuhigten Strasse befindet.

Die Weissen, die an ihnen vorbei in die Shopping Mall gehen, nehmen sie nicht wahr, die sind in einer anderen Welt, in einer anderen Traumebene. Und sie werden ja von denen auch nicht gesehen, denn sie sitzen ja immer dort rum. Für die sind sie einfach die „Abos", die auf dem Rasen vor dem Woolworth sitzen, wie die Zierpalme, die dort auch gepflanzt ist. Es ist das die vollkommenste Apartheid, weil sie psychisch und freiwillig ist.

Seit ich meinen Fuss in Darwin auf australischen Boden gesetzt habe, von der ersten Nacht an, hatte ich schwere Träume. Jede Nacht! Keine einzige, nicht eine Nacht, war traumlos, während der ganzen Zeit in Australien. Es hat vielleicht einfach nur mit irgendwelchem Magnetismus des mineralreichen australischen Kontinents zu tun. Wer weiss? Es sind schwere, doofe, mühsame, unsinnige Träume, oft mehrere mit total verschiedenem Inhalt in ein und derselben Nacht. Und manchmal ähnelten sie der Aboriginal-Kunst.

Wir waren in Cairns im Kunstmuseum und schauten uns eine Ausstellung von zeitgenössischer Aboriginal-Skulptur an. Es war so stark, so eindrücklich, dass wir die anderen Etagen mit normaler, westlicher, australischer Contemporary Art so lächerlich und fad und schwach fanden, dass wir danach gleich wieder gingen.

Die australischen Ureinwohner leben in einer visuellen Traumwelt, alles ist visuell. Ihre Kunst ist zum Teil sehr eindrücklich. Vielleicht empfindet man das aber nur so, wenn man in Australien ist, wenn man selber träumt. Man lebt in einer Parallelwelt. Aber ist die reale Welt nicht oft lächerlich und fad und schwach? Haben die unglücklichen „Abos“ nicht recht, wenn sie traurig am Boden sitzen und ihren verlorenen Träumen nachtrauern? Wird man nicht aggressiv, wenn man aus der Traumwelt in eine beschissene Realität aufgeweckt wird? Langsam beginne ich die Ureinwohner Australiens zu verstehen.

Vanuatu

Es dauerte mehr als ein Jahr, aber jetzt sind wir angekommen! Das Paradies! Grüne Inseln mit tropischer Vegetation in einem Meer, das alle Farbtöne spielt von helltürkis bis dunkelblau. Korallenriffe und Sandstrände und die liebenswürdigste und gesundeste Bevölkerung, die man sich vorstellen kann. Laut einer Studie aus dem Jahr 2006 sind die Ni-Van, die Einwohner Vanuatus, die glücklichsten Menschen der Welt, und ich glaube es! Sie sind so was von relaxt, freundlich, aber nicht überfreundlich, entspannt und normal, dass es schon fast weh tut. Und das Angenehmste: Sie lassen einen in Ruhe!

Was braucht es, um das glücklichste Volk der Welt zu werden?

- Ein Klima zwischen 23 und 28 Grad.
- Viel Natur, unzerstörte, und ein paar Inseln.
- Nur 250 000 Einwohner auf 12 000 km^2, also etwa ein Zehntel der Bevölkerungsdichte der Schweiz, die Wasserfläche zwischen den Inseln nicht mitgerechnet, die sie aber sehr wohl befahren und nützen.
- Keine Strassen, also keine Mofas und keine Lastwagen, ausser auf Efate und Espiritu Santo und auch dort kaum.
- Keine Elektrizität (mit wenigen Ausnahmen), also auch kein Fernsehen und kein Facebook.
- Dafür ein Korallenriff, sauberes, glasklares Wasser, sogar in den Flüssen, und Berge, Vulkane, bedeckt mit tropischem Regenwald.
- Fisch und Meeresfrüchte und Süsskartoffeln und Taro.
- Keine Nachrichten und auch keine Geschichte. Dafür zwei Kolonialmächte (England und Frankreich), die sich gegenseitig blockierten und lähmten und nur aus Angst, die Deutschen könnten von Neuguinea her ihre Interessen geltend machen, sich auf ein gemeinsames Kondominium einigten, aber vor allem damit beschäftigt waren, mit einem Meterstab die Höhe der Fahnen an den zwei Fahnenmasten in Port Vila zu messen, da-

mit auch keine höher hing als die andere. Es gab sogar zwei Gefängnisse, angeblich war das Essen im französischen besser als im britischen.

- Unabhängigkeit seit 1980, aber ohne Befreiungskrieg.
- Nie eine olympische Medaille gewonnen zu haben und auch in keiner olympischen Medaillenstatistik je aufgeschienen zu sein.
- Ein klares politisches System: Jedes Dorf wählt seinen Chief, und dem hat sich in seinem Dorf angeblich sogar der Premierminister unterzuordnen. Chief wird man, indem man in seinem Dorf ein möglichst grosses Festessen veranstaltet.
- Keine Steuern, der Staat finanziert sich durch Importzölle auf Luxusgüter. Also eine Art Reichensteuer, denn die Armen brauchen weder Fernseher noch australischen Wein.
- Keine Armee, wozu auch? Heute kam ein kleines Blechboot mit der Aufschrift „Police" auf unsere Insel, aber wahrscheinlich wollten die zwei Typen ohne Uniform nur Kava trinken. (Kava ist das Gebräu, das sie hier trinken, es schmeckt nach Erde und räudiger Katzenpisse, abscheulich, aber es macht „numb".)
- Fussball ist Nationalsport, aber ich glaube nicht, dass sie sich je für die WM qualifizieren werden. Das Nationalstadion ist ein Grasplatz in Port Vila mit einer Tribüne und 200 Stehplätzen.
- Jeder grüsst jeden, es gibt kein Handeln um Preise. Geld ist relativ unwichtig, es gibt eh keinen Strom und das Wetter ist warm und zu essen gibt's genug.

Ligia verlor ihre Geldtasche auf dem Markt von Luganville und kriegte sie am nächsten Tag mit allem Inhalt, immerhin ziemlich vielen Euros, wieder.

Sex scheinen sie auch genug zu haben, so relaxt wie sie sind. Und schlecht scheint er nicht zu sein, denn sie schauen wirklich aus wie das glücklichste Volk auf Erden.

Das Paradies in Gefahr

Ewig wird das Paradies nicht bestehen. Schon kommen chinesische Fischtrawler und fischen das Meer leer. Gegen sie kann sich Vanuatu ohne Flotte nicht wehren. Australische Unternehmen schlagen die Tropenhölzer, die sie zu Hause nicht schlagen dürfen. Und die Einheimischen haben von den Touristen, wahrscheinlich italienischen, gelernt, dass es viel einfacher ist mit Tauchbrille, Flossen und Harpune am Korallenriff zu fischen, als stundenlang mit der Rute darauf zu warten, dass etwas anbeisst. Die Folgen sind fatal: eine Dornenkronen-Pest, die das Korallenriff, die Kinderstube vieler Fischarten, zerstört.

Ganz vorsichtig versuche ich, den Einheimischen den Zusammenhang zwischen dem Harpunenfischen auf Fischarten, die die Eier der Dornenkronen fressen, und dem explosionsartigen Vermehren derselben zu erklären: blaue und silbrige Fische = gut, weil pelagische! Farbige Fische = schlecht, weil Riff-Fische!

Ich fange dabei immer mit dem gleichen Trick an. Ich frage die jeweiligen Chiefs: „Als sie klein waren, noch ein Kind, gab es da mehr Fische als heute?" Und immer sagen sie: „Ja! Viel mehr!" Und dann versuche ich behutsam zu erklären. Helfen tut es nichts, denn am nächsten Tag sind die jungen Männer wieder mit Begeisterung dabei, ihr eigenes Korallenriff leerzuharpunieren.

Die Zukunft von solchen Inseln (in Indonesien früher, in Vanuatu später) ist, dass die Kindergeneration keine Fische mehr haben wird, und dann werden sie beides, die Fischerei und den Tourismus, zerstört haben. Dann bleibt nur mehr die Auswanderung in die Slumgürtel der Grossstädte.

Noch ist es in Vanuatu nicht soweit. Gerade noch. Nach Vanuatu bin ich noch rechtzeitig gekommen, um das Paradies zu sehen.

August 2011, Pele Island

Heute Nacht gab es ein Erdbeben. Vier Uhr früh rüttelte unser Bungalow, und das Bett schwankte. Ich war schlagartig wach und weckte Ligia, die ganz schlaftrunken war. Da ich Angst vor einem Tsunami hatte, packten wir alles in fünf Minuten ein und verliessen unsere Hütte beim Schein einer Taschenlampe, ich ohne Kontaktlinsen. Hinter dem Haus unseres Gastgebers war zwar ein Berg, aber ich hatte keine Ahnung, wo ein Weg hinaufführte, und es war alles mit dichtem Regenwald bewachsen. Im Dunkeln, ohne Kontaktlinsen, durch den Urwald einen Berg zu erklimmen ist unmöglich. Also entschieden wir uns, zuerst den Strand entlang zu gehen, immer schön drauf zu achten, ob das Wasser noch da ist, und dann von dort in den Wald zu stechen auf einem Pfad, den wir bei unserem ersten Besuch hier auf Pele erkundet hatten. Von diesem Pfad führte ein Weg etwas die Bergflanke hinauf, wie weit wussten wir nicht, aber wir kamen etwa zehn Meter über die Wasserlinie – genug vorerst. Wir warteten, es war stockfinstere Nacht. Man konnte die Wellen hören, sie waren noch da unter uns, hatten sich also nicht zurückgezogen, um sich zu einem Tsunami zu sammeln.

Halb sechs Uhr, eineinhalb Stunden nach dem Erdbeben, entschieden wir, dass es wahrscheinlich jetzt vorbei sei, und wollten den Pfad wieder hinuntergehen. Wir waren noch keine fünf Meter gegangen, als ein Nachbeben den Boden erschütterte.

Ein Erdbeben in der Natur ist etwas ganz anderes als in einem Haus. In einem Haus nimmt man das Rütteln wahr und die Geräusche der Gegenstände wie das Schlagen des Schlüsselbundes an den Spiegel, an dem er aufgehängt ist, und das Klappern der Fenster, das Schaukeln des Bettes, etc. In der Natur ist es unheimlicher. Erst dachte ich, aha, jetzt kommt ein starker Regen, der auf die Blätter über uns prasselt. Aber es war kein Regen, es war das Erdbeben, das an den Bäumen rüttelte. Dann hört man das Stöhnen und Grummeln der Erde, und dann spürt man das Beben unter den Füssen. Die Erde bebt – eben ein Erdbeben!

Ein islamischer Mullah im Iran sagte, dass an den Erdbeben die Frauen schuld seien. Durch ihre unzüchtige Kleidung und ihr schamloses Verhalten in der Öffentlichkeit brächten sie die Erde zum Beben.

Das stimmt nicht! Ich kann bezeugen, dass die Ligia ganz züchtig bekleidet und brav neben mir im Wald stand, als es bebte!

Es gab an diesem Morgen noch etwa fünf weitere Beben. Da das Nachbeben viel kürzer war als das erste, entschieden wir, zu unserem Bungalow zurückzugehen. Der allererste Schein des heraufdämmernden Sonntagmorgens war wahrzunehmen. Es blaute. Dicke Regenwolken hingen am Himmel über Vanuatu.

Am Strand kamen uns Mark und seine Frau, unsere Gastgeber, entgegen. Sie hatten unsere Spuren im Sand gesehen. Da sie nur einen Bungalow hatten, den sie vermieten konnten, waren wir die einzigen Gäste. Sie sagten uns, dass sie von einer Zentralstelle in Port Vila angerufen würden, wenn ein Tsunami käme, denn Mark war offensichtlich der Chief von Pele-Island. Da ihn niemand angerufen hatte, nahm er an, dass kein Tsunami auf dem Weg war. Aber sie hörten ihr Batterie-Radio: Das erste Beben hatte 7,4 auf der Richterskala, das zweite 6,5, war aber viel weniger tief. Das Epizentrum lag 50 bis 60 km südwestlich von hier, zwischen Efate, der Nachbar- und Hauptinsel von Vanuatu, und Neukaledonien. Es gab einen Toten (glückliches Vanuatu: bei 7,4 auf der Richterskala!), kaum Beschädigungen, doch es gab einen Tsunami: Er war 70 cm hoch!

Inseln der Glückseligkeit

Am Markt von Port Vila gibt es Restaurantstände, wo die armen Einheimischen und wir essen, alle eben, die sich kein Essen in den poshen und teuren Restaurants für australische Touristen, wo das Steak oder der Fisch 25 Euro kostet, leisten können oder wollen. Hier kostet der Fisch mit Reis an Curry-Kokosmilch-Sauce vier Euro und schmeckt vorzüglich. Man sitzt im Marktgebäude, das nach allen Seiten offen ist, also eigentlich nur aus einem Dach besteht, und hört das Klatschen der Wellen an die Hafenmauer und keinen billigen Computer-Pop.

Der Mann, der für uns kochte, ein alter Vanuater (eigentlich sagt man Ni-Van), setzte sich kurz an seine Seite des einzigen Tisches, an dem auch wir sassen, und fragte mich, woher ich sei. „Switzerland". – „Ah!". Kurzes Schweigen, dann kam die Frage; „Welches ist die nächstgelegene Insel zu deinem Land?" Ich war zu verdutzt, um auf diese Frage mit „Korsika" zu antworten. Also fragte er mich noch einmal: „Which island in the Pacific is close to your country?" Ich werde den Verdacht nicht los, dass das der Schlüssel zum glücklichen Gemütszustand von Vanuatu ist. Hat Matthäus 5, 3 doch recht? „Selig sind die geistig Bescheidenen, denn ihnen gehört das Himmelreich."

Der Million-Dollar-Point

Etwas ausserhalb von Luganville, auf der Insel Espirito Santo (Vanuatu), gibt es einen Ort, den die Einheimischen Million-Dollar-Point nennen, und das kam so: Dort hatten die Amis ihren Stützpunkt für die Offensive gegen die Japaner, die auf den Salomonen sassen. Nach dem Ende des Zweiten Weltkrieges versuchten sie, den beiden Kolonialmächten von Vanuatu (England und Frankreich) ihr Kriegsmaterial zu verkaufen. Die aber pokerten und sagten, sie brauchten es nicht, wohl wissend, dass es für die Amis viel zu teuer sei, all das Material zurück über den Pazifik zu transportieren, und hofften, dass sie es gratis oder zumindest quasi geschenkt bekommen würden, beziehungsweise, dass das Kriegsmaterial einfach dagelassen würde.

Aber die Amerikaner entschieden, dass sie es lieber den Fischen als den Briten und Franzosen schenken würden, und kippten den ganzen Krempel einfach ins Meer, wo es heute ein wunderbar surreales Korallenriff aus Panzern, Jeeps, Landungsbooten und Artilleriegeschützen bildet, das von den grössten Barschen, Muränen, Lippfischen, Barrakudas, Schildkröten, Skorpion- und Rotfeuerfischen, Kaiser- und Doktorfischen etc., etc. bewohnt wird.

Was für ein Bild, wenn aus der Luke eines Panzers ein anderthalb Meter grosser Zackenbarsch wie ein alter Hausmeister herausschaut.

Von unglücklichen Expats und glücklichen Paradeisern

Die Eingeborenen der Salomonen sind wirklich sehr, sehr schwarz; schwärzer als die meisten Afrikaner. Sie haben zarte, äusserst ebenmässige Gesichtszüge, und man findet unter ihnen viele ausgesprochen schöne Menschen: feingliedrige, elegante, einfach schöne Frauen und Männer. Sie werden der Bezeichnung Melanesier, die Schwarzen, voll gerecht. Verglichen mit ihnen sind die Polynesier Weisse, tätowierte Weisse.

Was das Entzücken an der Schönheit der Salomonenbewohner etwas schmälert, ist ihre Angewohnheit, Betelnüsse zu kauen und die rote Spucke überall hin auszuspucken, und zwar alle: Frauen, Männer und Jugendliche, sogar Kinder. Ich kenne das Betelnusskauen aus Südindien und Papua, aber hier ist es am schlimmsten.

Sie suchen sich ein Nussteilchen aus und wickeln es in ein grünes, mit Kalk bestrichenes Blatt und kauen es. Alternativ wird oft auch ein länglicher grüner Stängel, sie nennen es Mustard, in Kalkpulver getaucht und dazu gekaut. Das Ganze verfärbt den Mund und die Zähne nachhaltig rot. Das schaut nicht gut aus. Manchmal läuft die rote Spucke aus den Mundwinkeln. Nach einer gewissen Zeit wird das rote Zeugs ausgespuckt.

Überall auf der Strasse gibt es rote Flecken. Man könnte sagen, der Boden vom Honiara, der Hauptstadt der Salomon-Inseln, ist blutrot, wenn das nicht eine Doppelbedeutung hätte: Hier fand nämlich eine der blutigsten Schlachten des Zweiten Weltkriegs statt. Im pazifischen Krieg versuchten sowohl Japaner wie Amerikaner verbissen, die Landepiste von Guadalcanal zu halten. Tausende verloren ihr Leben. Am Grund des Meeres vor Honiara, der deswegen in „Iron-Bottom-Sound" umgetauft wurde, liegen 65 Kriegsschiffe, heute ein Paradies für Wracktaucher.

Die Riffe in der Marovo Lagoon sind ein Traum. Wir schwammen mit riesigen Mantarochen mit fünf Metern Spannweite, Napoleonfischen, Papageienfischen, allen Arten und Farben von Riffbarschen, Schildkröten, Langusten, Lippfischen, Kaiserfischen, Schmetterlingsfischen, Drückerfischen, etc., etc.

Einmal, als wir von einer Insel zur anderen am Rand der Marovo-Lagune schwammen, kreisten unter uns plötzlich etwa zwanzig Haie: Weisspitzen-, Schwarzspitzen- und graue Riffhaie. Ein „atemberaubendes" Erlebnis! Ein Weisspitzen-Riffhai blieb uns übrigens treu und begleitete uns während der folgenden Tage bei allen unseren Schnorchelgängen wie ein Hund.

Es ist wirklich wunderschön hier, man muss gar nicht tauchen, man sieht alles beim Schnorcheln! Auch wenn die Einheimischen natürlich auch hier noch gar kein Bewusstsein für die Fragilität ihres Paradieses haben. Voll Freude gehen sie Harpunenfischen und verkaufen die erspiessten Rifffische an Händler, die dafür grosse Plastik-Kühlcontainer zurücklassen und einmal pro Woche, wenn das grosse Schiff kommt, abholen. Auch wir sind mit diesem Schiff, der „MV Kosco", hierher gelangt und vom Kapitän für die ganze Fahrt auf die Brücke eingeladen worden. Wir lernten alle Navigationsgeräte kennen und sahen einen kitschigen Film mit Shah Rukh Khan.

Die „Expats", die man überall auf den Pazifikinseln trifft, meistens Australier, Amerikaner, manchmal Franzosen oder Holländer, sind seltsam. Nicht nur hier in der Südsee, auch in Südostasien oder Brasilien, schauen sie entweder krank, unglücklich, verhärmt oder abwehrend arrogant aus der Wäsche. Was macht die Weissen nur so unzufrieden und grantig? Dass sie das Paradies gefunden haben, aber ihre Psyche immer noch mit sich rumschleppen? Das kann ich mir vorstellen, dass das frustrierend ist, wenn man denkt, in der Südsee, in den Tropen, wird alles besser: Warmes Wetter, heisse Girls und Partys, und dann wird man auf sich selber zurückgeworfen, weil es hier noch viel mehr Zeit zum Nachdenken gibt.

Manchmal, eher selten, findet man Weisse, die mit Humor das Leben in den Tropen meistern, meistens sind das Briten. Sie versuchen weniger wie die Einheimischen zu werden und behalten ihre typisch englischen Eigenschaften und Eigenheiten.

Auch Gerd, der verrückte Schweizer, der seit zwanzig Jahren in der Südsee herumsegelt mit seiner versifften „Liberty", gehört dazu. Wir haben ihn in Ost-Timor kennengelernt, und er gab uns Tipps für die Südsee mit. Ich glaube, niemand kennt den Südpazifik so gut wie er. Er kommt mir oft in den Sinn. Er ist jetzt auf dem Weg durch die indonesische Inselwelt und wird dann durch die Strasse von Malakka und anschliessend den Indischen Ozean nach Indien hinaufqueren, dann will er nach Madagaskar und um das Kap der Guten Hoffnung nach Brasilien hinüber und in die Karibik segeln.

Oder Volkmar, 71 Jahre alt, ein pensionierter Elektro-Ingenieur aus dem österreichischen Mühlviertel, der vor dreieinhalb Jahren nach Spanien aufgebrochen ist und von dort mit Segelbootstopp über die Kanaren, die Kapverden, in die Karibik, durch den Panama-Kanal, auf die Galapagos-Inseln und weiter nach Polynesien gereist ist; immer als Gast und Helfer auf Segelbooten. Er hat eine Segellizenz und zwei rechte Hände. Ihn trafen wir auf Vanuatu, wo er die Elektrik der lokalen Kokosölmühle reparierte und deswegen von allen geliebt und hofiert wurde. Er ist ebenfalls eine Ausnahme: Ein lachendes altes Männchen mit weissem Bart, er schaut tatsächlich aus wie ein kleiner Weihnachtsmann, zufrieden mit sich und der Welt. Aber beide, Volkmar und Gerd, sind Reisende, haben sich nicht endgültig niedergelassen und besitzen noch einen Bezug zur Heimat.

Warum sind die Weissen, die hier wohnen, nur so unsympathisch, manchmal richtiggehende Rassisten? Sie sitzen in „Expats-Pubs" und trinken grausliches australisches Bier und reden arrogant über ihre Schwierigkeiten mit den Eingeborenen, ihrer Unzuverlässigkeit, ihrer Korruption, ihrer Faulheit. Wie ich? Wenigstens schreibe ich es nur und rede nicht dauernd darüber! Ausserdem meine ich es nicht wirklich ernst, und ich versuche, mir meinen Humor zu erhalten. Aber ich habe es leichter, ich kann wieder gehen! Vielleicht sollte man das Paradies den Paradiesern (Paradeisern?) überlassen.

„Ik bin ein Paradeiser"

Ich glaube, einer der Gründe, warum die Weissen so unzufrieden sind im Paradies, ist schlicht, dass ihnen langweilig ist. Das sagen sie auch immer wieder: „It's beautiful here, yes, but after some time it gets boring." Man muss sich halt auch fürs Paradies interessieren, wenn man im Paradies sitzt.

Am Steg sitzt ein alter Salomoner und schaut aufs Meer hinaus, ich setze mich zu ihm. Er schaut nicht gelangweilt aus. Wir reden kein Wort. Er lächelt mich kurz an, dann schaut er wieder aufs Wasser, ich auch. Einer dieser „Expats" würde wahrscheinlich nur die schöne Landschaft der Marovo-Lagoon sehen, vielleicht noch die Berge von Vangunu auf der anderen Seite und ein paar Wolken am Himmel. Wahrscheinlich würde er schon nicht mehr die unendlich vielen verschiedenen Laubbäume und Palmen und Mangrovenarten der Regenwaldküste auf unserer Insel wahrnehmen, über denen Fregattvögel kreisen, und kleine, weisse Kakadus und grünrote Loris kreischend von Baum zu Baum wechseln, oder den Ficus hier, auf dem schwarze Stare mit roten Augen ihre gefleckten Weibchen, ebenfalls mit roten Augen, keifend von den Früchten vertreiben.

Vor uns im Wasser kämpfen kleine Blacktail-Sergeants (Abudefduf Lorenzi) mit einer im „Guidebook of the Marine Fishes of South-East Asia and the Pacific Islands" nicht verzeichneten Art, die weisslich-braun gestreift ist und einen schwarzen Punkt oben auf der Schwanzflosse hat. Ebenfalls einen schwarzen Punkt, aber in der Mitte des Körpers, hat eine ganz kleine Art, die sich so ruckartig bewegt und so abrupt stehen bleibt, dass es schwierig ist, ihr mit den Augen zu folgen – eine perfekte Überlebensstrategie. Zwei etwa zwanzig Zentimeter lange Sepien schweben vorbei, und eine kreisrunde Krabbe, die ihre Scheren anlegen kann, so dass sie wie eine Münze aussieht, gräbt sich blitzschnell in den Sand ein. Direkt daneben bewacht eine Grundel ein kleines Loch, in das sie sich zur Not verkriechen kann. Die Grundel gräbt das Loch nicht selber, sie bewohnt es in Wohngemeinschaft mit einer kleinen Garnele, die man manchmal sieht, wie sie unermüdlich das Loch vom Sand befreit und Essen für beide sammelt. Da sie fast blind ist, braucht sie die Grundel, die, wie die meisten Fische, sehr gut sieht und für sie den Türwächter macht. Die beiden sind in stetem Kontakt: Der kleine Fisch berührt mit seiner Schwanzflosse quasi ständig die Antennen der Garnele, und wenn Gefahr naht, verschwinden beide im Loch.

Und während ich vom Steg hinunter in das glasklare, seichte Wasser unter mir schaue, höre ich über mir ein Rauschen und sehe einen riesigen Nashornvogel, der vom Regenwald der Nachbarinsel in den Regenwald auf unserer Insel wechselt.

Ich glaube, ich könnte stundenlang so aufs Meer schauen. Oder dreimal am Tag entlang der Riffkante schnorcheln, wie wir es in diesen Tagen tun, und die unendliche Farben- und Formenpracht der verschiedenen Korallenarten, der Mollusken und Krebstiere, der Fische und Würmer geniessen. Ja, sogar die Würmer haben hier unterschiedliche Formen, mit Kränzen und Tentakeln und allen vorstellbaren, leuchtenden Farben. Was ist die Kunst der Menschen gegen die Kunst vom lieben Gott (oder der Natur)?

Was macht es so paradiesisch? Dass der Mensch noch kaum eingegriffen hat? Dass der Mensch und seine „Bauwerke“ hier noch nicht zu sehen sind?

Es gibt noch ein zweites Gebiet, das ich als Paradies bezeichne: die Nationalparks Ostafrikas, allen voran die Serengeti. Aber hier wie dort ist es von grundlegender Wichtigkeit, dass man sich für das Leben der Tiere interessiert, dass man etwas darüber weiss. Sonst ist ein Zebra nur ein Zebra. Erst wenn man den Unterschied von einem Böhm-Zebra zu einem Grevy-Zebra oder zu einem Chapman-Zebra oder zu einem Berg-Zebra kennt, erst wenn man weiss, warum sich dieses Zebra hier so verhält und was da in dieser Zebragruppe gerade so abläuft und warum die Löwin dort keine Gefahr für sie darstellt, wird es interessant. Aber dafür muss man viel darüber gelesen haben und sich dafür interessieren.

Wissen macht die Welt noch schöner! Und nichts ist so schön und vielfältig wie die Natur. Sie wird nie langweilig und ich fühle mich erst ganz in ihr.

Ich bin süchtig nach Ostafrika und ich fürchte, ich könnte auch süchtig nach den Korallenriffen der Südsee werden. Ich fühle mich wohl im Paradies. „Ik bin ein Paradeiser!“

Der Hahn und das Higgs-Teilchen

Sobald man aufs Land kommt und dort übernachtet, nerven einen die Hähne. Nicht nur hier auf den Fidschi-Inseln, in Indonesien krähen sie sogar in den Städten. Und glaubt nicht, das sei in Europa besser: Die polnischen Hähne sind die schlimmsten! Ab vier Uhr früh, manchmal schon ab drei Uhr dreissig rauben sie einem den Schlaf. Ich glaube nicht, dass es besonders intelligent ist, was sie zu sagen haben, zumindest klingt es nicht so. Und es sage mir jetzt keiner, das sei halt die Natur: Die Hühner sind eine Züchtung der Menschen. Das Haushuhn stammt von dem „Junglefowl“ ab, und das lebt im indonesischen Dschungel. Wenn es sich dort so laut und dumm benehmen würde, wäre es binnen Minuten vom Leoparden gefressen und ausgerottet.

Ich verstehe das nicht: Da werden Milliarden eingesetzt, um das Higgs-Teilchen zu finden, und die Menschheit schafft es nicht mal, einen Hahn ohne Stimmbänder zu züchten. Einen stummen Hahn, der mich und Millionen andere schlafen lässt in der Früh. Falsch verwendete Forschungsgelder! Was interessiert mich das Higgs-Teilchen, wenn mir niemand das Hahn-Teilchen umbringt. Überhaupt: Wozu braucht es Hähne? Frauen können doch auch Eier legen ohne Männer. Und die Fortpflanzung könnte doch zentral, staatlich organisiert werden von wundervollen Hähnen in schalldicht isolierten Hühner-Fickzentren. Endlich mal eine sinnvolle Aufgabe für den Staat! Wenn er es denn nicht schafft, Forschungsgelder für die Züchtung von stimmbandlosen Hähnen aufzustellen.

Boromoli, Sule Island, Salomon-Inseln: Auf dem Weg von Honiara nach Auki legt das Linienschiff, ein grosser Katamaran, in Boromoli auf Sule an. Er fährt dazu einfach auf den Strand hinauf, und die Fahrgäste steigen vorne mit Hilfe einer Leiter hinunter.

Auki, Malaita, Salomon-Inseln: Auf dem Markt gibt es lokalen Fisch. Wir kochten eine Scheibe davon.

Langa-Langa-Lagune, Malaita, Salomon-Inseln: Die Kinder in der Langa-Langa-Lagune wagen sich schon mit drei Jahren im Einbaum aufs Meer. Wo sollen sie auch sonst spielen? Es gibt ja kein Land und keine Strassen. Der Spielplatz ist das Wasser zwischen den künstlich aufgeschütteten Wohninseln.

Langa-Langa-Lagune: Auf Malaita gibt es auffallend viele Blonde mit wilden Haaren. Nicht nur unter den Kindern.

Salomon-Inseln: Die „Kosco“, unser Linienschiff von Guadalcanal in die Western Province

Guadalcanal, Salomon-Inseln:
In diesem Paradies fand eine der blutigsten Schlachten des Zweiten Weltkriegs statt.

Yasawas, Fidschi: Hier wurde in den 70ern „Blue Lagoon" mit Brooke Shields gedreht, die Ursache vieler feuchter Bubenträume, damals.

Yasawas: Kava heisst die Droge hier. Es wird aus Wurzeln gemacht und schmeckt nach Erde und räudiger Katzenpisse und macht numb. „Yeah!.. Peace, Man!"

Suva, Fidschi: Die Komplementärwelt: Die Indo-Fidschianer arbeiten.

Suva: Wird wohl ein wenig zu klein sein.

Auf See zwischen Fidschi und Neuseeland: Alles im 45°-Winkel: Wie angenehm ist ein Klo, das stillhält. (Besonders wenn's einem so gottserbärmlich übel ist!)

Coromandel, Neuseeland: Fast so schön wie das schweizerische Voralpengebiet

Apia, Samoa: Die Klotür in Samoa, die mich echt zum Lachen gebracht hat: Bei der wurde offenbar nachträglich eine Ecke rausgesägt, denn man hat nach Einbau der WC-Schüssel offensichtlich festgestellt, dass die Tür nicht mehr zuging.

Apia: Polizisten in Uniform

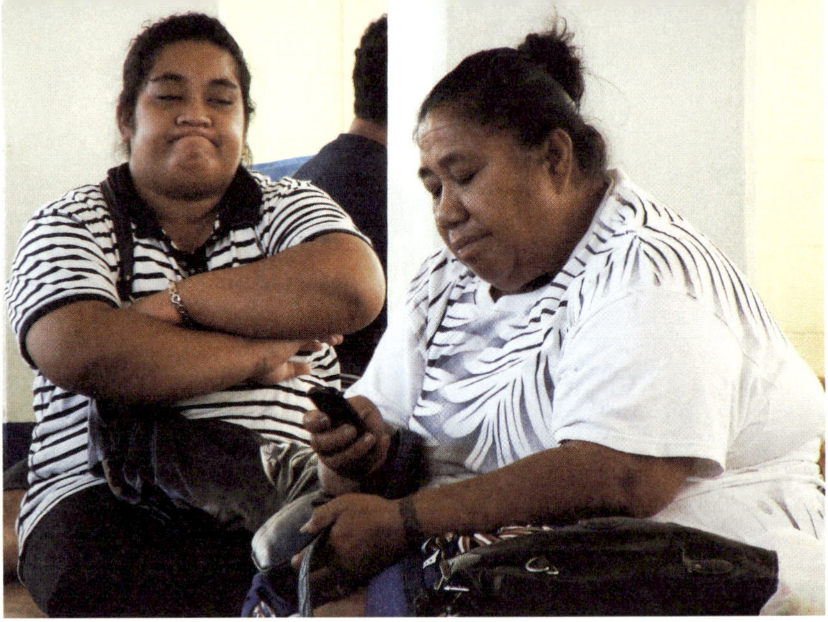

Upolu, Samoa: An dem Terminal für die Fähre nach Savaii warten zwei samoanische Damen auf das Schiff.

Bei Apia: Fehlende Wände

Rugby-World-Cup

Die Neuseeländer sind Weltmeister geworden, Gott sei Dank! Sie brauchten das! Australien war zweimal, Südafrika war zweimal, selbst die Poms (Prisoners of Her Majesty) waren es einmal. Wie konnte Gott, der Gerechte, zulassen, dass die „All Blacks", die Begnadeten, die Gottgesandten, es bisher nur einmal waren? Aber jetzt sind sie es! Vier lange Jahre lang! Mit einem heldenhaften 8:7 gegen Frankreich im Finale!

Dabei ist eigentlich Rugby-Union, so heisst die Sportart, um die es ging, nur in Neuseeland Sportart Nummer eins. Die Australier haben noch Aussie-Rules (Australian Football), die Südafrikaner echten Fussball, die Engländer Sarkasmus und die Franzosen die Tour de France, mit und ohne Doping.

Rugby-Union, die unattraktivste aller Rugby-Arten, wird gegen 15 Spieler und einen Schiedsrichter gespielt, der immer dann pfeift, wenn es niemand erwartet und auch niemand sehen kann, weil gerade zehn Männer aufeinander liegen. Was sie da machen, weiss eigentlich keiner so genau, denn der Ball liegt dann meist irgendwo daneben. Dann pfeift der Schiedsrichter und entscheidet mit seinen Entscheidungen das Spiel. Das würde ich an seiner Stelle auch so machen, denn dann kann ihn keiner widerlegen. Das ist keine böse Unterstellung von mir, denn die Fans und Experten neben mir im Pub, die alle aus Rugby spielenden Ländern stammen, jubeln auch erst dann, wenn der Schiri gepfiffen *und* angezeigt hat, welche Mannschaft jetzt den Penalty kriegt, und nicht etwa vorher, weil sie etwas gesehen hätten. Schiedsrichterentscheidungen werden aus Prinzip nicht angezweifelt, schliesslich ist es ja, im Unterschied zu Fussball, ein Gentlemansport und, wie es ein Franzose im Pub ausdrückte: „Wir müssen ja glauben können, dass es jemanden gibt, der es gesehen hat und der die Regeln versteht."

Rugby-Sevens ist ähnlich, aber mit sieben Spielern und deshalb etwas schneller. Besser ist Rugby-League, weil dort das Spielfeld schmaler ist und weil man den Ball nach maximal sechs „Tackles" nach vorne, d.h. zum Gegner, kicken muss. Das führt dazu, dass es viel dynamischer ist als Rugby-Union. Ausserdem gibt es dort nicht dauernd diese „Scrums" bei denen acht „Bröckerln" der einen Mannschaft versuchen, acht „Bröckerln" der anderen Mannschaft wegzuschieben, und das ganze Spiel steht.

Von den „Eier-Sportarten" (Sportarten, die mit einem Ei gespielt werden) gibt es dann noch Australian Football, das in einem Oval gespielt wird und wo der Ball auch nach vorne und nicht nur seitwärts oder zurück gespielt werden darf wie beim Rugby.

Ach ja, und dann gibt es noch American Football, der, entgegen dem Namen, auch mit einem Ei in den Händen und in einer Art mittelalterlicher Rüstung für Weicheier gespielt wird. Worum es da geht, habe ich nie begriffen, ich komme da ja auch erst hin.

Die mit Abstand geilste und dynamischste Sportart, bei der der Ball mit der Hand gespielt werden darf, ist Gaelic Football, das nur in Irland praktiziert wird; aber da, und das macht den Unterschied, ist der Ball ja auch rund.
Wenn Gott mit einem Ei hätte spielen wollen, hätte er die Welt nicht rund gemacht!

Ein Ozzie im Pub beim Rugby World Cup zum Spiel England gegen Frankreich: „I don't like the French ... nobody likes the French ... not even the French like the French!"

Ein Kiwi beim Spiel Australien gegen Südafrika: „We Kiwis support two teams: The All-Blacks and ev'rybody who plays Australia!"

Und etwas später über einen ausgewanderten Kiwi, der für Australien spielt: „You know what happens, if a Kiwi emigrates to Australia? The IQ-level in both countries rises!"

Kommentar zu einem besonders harten Spieler: „He would kill for a Peace Nobel Prize!"

Mister Travel

Ich gab dem Rezeptions-Mädel im South Seas Hotel in Suva, der Hauptstadt von Fidschi, eine Visitenkarte und bat sie, die Quittung auf das Reisebüro auszustellen. Sie war eine naive, pummelige Fidschianerin, die mich jeden Morgen nervte, weil sie mich mit ihrem hysterischen Lachen (siehe das untenstehende Fidschi-Kapitel) aufweckte. Sie erinnerte mich täglich daran, dass Dummheit schlimmer ist als Bosheit, denn bei Bosheit gibt es die Hoffnung, dass sich der Protagonist bessert.
Ich gab ihr also meine Karte und erklärte ihr: „Reisen, that means Travel." Und sie schaffte es: Sie stellte mir die Quittung aus und sagte, als sie mir das Papier aushändigte, fröhlich: „Have a nice day. Goodbye, Mr. Travel." Sie nannte mich fortan Mr. Travel. Ich hatte keine Lust, es ihr noch einmal zu erläutern, und fand es eigentlich eh einen netten Namen: Mr. Adrian Travel!

Fidschi

Fidschi gibt es zweimal. Damit meine ich nicht, dass Fidschi eigentlich aus zwei Hauptinseln, Viti Levu und Vanua Levu (die übrigens die schönere der zwei ist), besteht. Es gibt da nämlich auch noch 331 kleine und winzige Nebeninseln. Nein, damit meine ich, dass sich Fidschi aus zwei Völkern, zwei Gesellschaftsschichten zusammensetzt, die sich verhalten wie Öl und Wasser. Zum einen sind das die eigentlichen Fidschianer, zum andern die Inder, eigentlich Indo-Fidschianer, die die Engländer ins Land gebracht haben.

Die Fidschianer sind entweder Melanesier oder Polynesier, aber meistens Mischlinge aus beidem: dick und selbstbewusst, rücksichtslos rudernd die ganze Breite des Gehsteigs einnehmend beim Gehen, lächelnd und lachend, zufrieden mit sich und ihrer Nahrung und laut „Bula!" (Willkommen!) rufend, wenn sie eines weissen Touristen ansichtig werden. Männer tragen Röcke, was oft besser aussieht als Hosen bei ihrer Körperfülle, Polizisten übrigens weisse, unten gezackte Röcke.

Wenn Fidschianer sich miteinander unterhalten, hört man immer einen etwas sagen und der andere lacht laut dazu. Es scheint dieses Lachen, das man überall beständig hört, eine Art gesellschaftlicher Zwang zu sein; alle machen es, und es hat definitiv nichts mit Lustigkeit zu tun. Es wird von den Touristen, die sich oft nur ein bis zwei Wochen oder überhaupt nur für den Stopp eines Kreuzfahrtschiffes während eines Nachmittags in Fidschi aufhalten, als allgemeine Fröhlichkeit der Südsee missverstanden. Das ist es nicht: Es ist wahrscheinlich nur Höflichkeit und heisst soviel wie das deutsche „hmh...", das bestätigend dazwischengestreut wird, wenn einer was erzählt.

Wenn die Fidschianer einen Weissen sehen, und nur bei dem, bei chinesischen oder japanischen Touristen nicht, brüllen sie laut: „Bula!" (Betonung auf dem u, aber das a fast so laut und lang gehalten). Das heisst „Willkommen!", aber nur an der Oberfläche, darunter heisst es: „Schau her, hier bin ich der Chef! Dir erlaube ich allenfalls hier dein Geld auszugeben! Aber du bist der Trottel, der das für einen fröhlichen Südseegruss hält!" Die richtige Antwort auf das einem aufgezwungene „Bula!" wäre eigentlich: „Fuck you too!"

Bula! heisst nicht nur: „Willkommen!", sondern auch: „Wir sind gut drauf!"

Ich war aber nicht gut drauf, man ist nicht immer gut drauf, und ich hatte Malaria, die ich mir auf meinen geliebten Salomon-Inseln zugezogen hatte. Ich war müde und fertig und genervt. Und mit Sehnsucht erinnerte ich mich an die unfreundlichen und grantigen Russen, die einen nicht zwingen gut drauf zu sein; die Russen, die alles sind, aber nie scheissfreundlich, dafür aber echt!

Mit Bula! nehmen die Fidschianer auch lautstark das Recht für sich in Anspruch, den Gast für die ganze fidschianische Gesellschaft willkommen zu heissen. Sie betonen damit auch den Anspruch auf ganz Fidschi. Dieses Bula! richtet sich somit auch gegen die andere Hälfte von Fidschi, die nie „Bula!" ruft: die Indo-Fidschianer.

Die Inder wurden von den britischen Kolonialherren im 19. Jh. nach Fidschi gebracht, weil sie jemanden brauchten, der arbeitet. Es ging vor allem um die Arbeit auf den Zuckerrohrplantagen. Es waren die Ärmsten der Armen, oft untere Kasten, oft Kastenlose, die kamen. Dass daher die Kasten keine grosse Rolle spielen, ist ein Kennzeichen der indofidschianischen Gesellschaft bis heute. Sie behielten aber ihre indische Sprache bei, ebenso wie Kultur und Religion. Da sie arbeiten, sind sie reich, oft reicher als die Fidschianer: Jeder, der ein Geschäft, Restaurant, Internetcafé betreibt, ist ein Inder, der Taxifahrer genauso wie der Zahnarzt, der mir mit modernster 3D-Computertechnik eine Zahnkrone verpasste und dafür am gleichen Tag, an dem ich in seine Praxis trat, einen Termin fand. Das grosse Cineplexx-Center und das Shopping-Center gehören Indern. Die Schneiderei und das Shipping-Unternehmen gehören Indern.

Sie machen etwa 35 Prozent der Gesamtbevölkerung von Fidschi aus. Die Inder sind so, wie ich sie kenne: geldbewusst, schlitzohrig, schnell im Kopf, humorvoll und musikalisch. Beide Gesellschaftsschichten leben und lieben nebeneinander und mischen sich nicht: Sie formen zwei komplett getrennte Fidschis.

Die Putschs, die seit über zwanzig Jahren regelmässig alle paar Jahre stattfinden, dienen nur dazu, die Inder von der Macht fernzuhalten. Das war beim ersten Putsch in den Achtzigern ganz klar zu sehen, als die „indische" Partei die Wahlen gewann. Seither ist es, oft weniger durchschaubar, aber immer auch der wahre Grund für die Machtergreifung, denn die Fidschianer leben von den Indern, und da ist es besser, wenn man die nicht an die Macht lässt.

Diese undemokratische Praxis hat Fidschi die Ächtung von Grossbritannien und den Ausschluss aus dem Commonwealth eingetragen.

Warum hat dann Fidschi immer noch den Union Jack im Wappen und die Queen auf den Münzen? Das scheint im ersten Augenblick unlogisch, wird aber verständlich, wenn man die Geschichte etwas genauer ansieht: Als Fidschi im 19. Jh. Teil des Empires wurde, übertrugen die Chiefs, inklusive des Königs Cakobau, die Macht per Vertrag an die Briten, mit Unterschrift jedes Einzelnen von ihnen. Die englische Verwaltung richtete dann einen „Great Council of Chiefs" ein, und jeder Gouverneur arbeitete eng mit diesem Council zusammen. Selbst die noch junge „Queen Mom" musste bei ihrem Staatsbesuch mit diesen Chiefs Kava trinken und durfte dabei kein Gesicht verziehen, die Arme.

Als die Kolonialmacht abtrat, gab es diesen Council immer noch als eine Art traditionellen Senat mit viel „moralischer" Macht. Diese Chiefs sind natürlich nicht gewählt und übertragen ihre Macht von Vater auf Sohn, und selbstredend haben die Inder dort nichts zu sagen. Es ist also zutiefst undemokratisch und eigentlich entgegen der Macht des gewählten Parlaments. Aber es war und ist die Tradition von Fidschi, und der Council kontrollierte unter anderem auch die Landbesitzverhältnisse und das damals neue Grundbuch und schaute, dass das Land den Fidschianern gehört, die es an die Inder verpachten und dafür schön an den Einnahmen des indischen Fleisses beteiligt werden. Meistens sind solche „Beteiligungen" der Grund, warum es trotzdem reiche Fidschianer gibt.

Als Grossbritannien Fidschi in die Unabhängigkeit entliess, übertrug es die Macht quasi zurück an den „Great Council of Chiefs". Von der Monarchie zum Feudalismus.

Nun ist es aber so, dass die Inder, wie ihr grosser Mutterstaat, demokratisch und republikanisch gesinnt sind, die Fidschianer aber traditionell monarchistisch und undemokratisch. Das ist der Grund, warum die Queen entgegen ihrem Willen immer noch auf den Münzen und der Union Jack immer noch auf dem Wappen Fidschis ist, obwohl es sich mittlerweile zur Republik erklärt hat und obwohl es wegen der Putschs und des undemokratischen Verhaltens aus dem Commonwealth rausgeschmissen wurde. Die Queen auf den Münzen sichert die Tradition und hält die Inder von der politischen Macht fern.

Die aber arbeiten inzwischen unverdrossen weiter und werden immer reicher. Ich glaube nicht, dass sie irgendwann protestieren und Unruhen auslösen werden. Es wird Unruhen in Fidschi geben, aber sie werden von den Fidschianern ausgelöst werden, die gegen den „ungerechten" Reichtum der Inder protestieren werden. Sie werden „Fidschi den Fidschianern!" und „Inder raus!" rufen.

Schade, denn Fidschi ist eigentlich ein schönes Land. Trotzdem war Fidschi für mich, neben Indonesien, der Tiefpunkt der Reise.

Die Seglerwelt

Ich hasse die Seglerwelt! Der durchschnittliche Jachtbesitzer ist 50- bis 70-jährig, geschieden und desperat auf der Suche nach dem schnellen Fick. Graumelierte Männer, die ihren Komplex mit etwas zu lauter Stimme, etwas zu derben Sprüchen und etwas zu cooler Kleidung überspielen. Glauben die im Ernst, dass man Frauen kriegt, nur weil man eine Jacht besitzt? Wahrscheinlich ja, und wahrscheinlich funktioniert es auch manchmal, dementsprechend schauen die Jachtie-Frauen auch aus.

Alle suchen sie Crew, dafür gibt es eigene Websites wie „www.findacrew.net". Die Ehrlicheren schreiben: „... preferably female...". Es gibt natürlich auch Ausnahmen, die mit ihrer eigenen Frau unterwegs sind und manchmal sogar interessante Typen, wie Gerd oder Ernst, denen wir auf unserer Reise begegneten. Aber in der Mehrheit hängen sie alle in irgendeiner Marina oder im dazugehörigen Jachtclub, trinken Bier und erzählen sich tolle Frauengeschichten auf einem Niveau, dass es einem die Zehennägel aufrollt. Und wenn sie zu denen gehören, die nichts zu erzählen haben, sind sie frustriert.

Alle, aber wirklich alle, die in der Südsee unterwegs sind, machen exakt dieselbe Route mit denselben Stopps. Zum einen liegt das an den Tradewinds, die halt alle in derselben Richtung, von Ost nach West, blasen. Zum anderen liegt es aber auch daran, dass sie sich ja auch einsam fühlen (das würden sie natürlich nie zugeben, das wäre uncool), und sie hoffen insgeheim darauf, in der nächsten Marina, auf der nächsten Insel wieder Jachties zu treffen, die sie von der vorletzten Marina her kennen.

Dieser sogenannte „Milky Way", auf der alle (und meistens auch innerhalb weniger Monate, wegen der langen „Cyclone-Season") unterwegs sind, geht so: Europa, Kanarische Inseln, Kapverden, Karibik, Panamakanal, Galapagos, Marquesas, Tuamotus, Tahiti, Rarotonga, Niue, Tonga, Fidschi, Neukaledonien, Brisbane. Dort verkaufen dann die meisten ihr Boot, weil sie mit ihrem Latein am Ende sind und nicht wissen, wie sie an den somalischen Piraten oder am Kap der Guten Hoffnung vorbeikommen. Es gibt ein paar, die segeln dann noch an der australischen Küste entlang und nach Bali rauf oder verkaufen ihr Boot in Thailand.

Sie sehen nichts von den Ländern, die sie bereisen, denn sie bleiben in der Marina, nahe beim Boot und beim Bier. Ausserdem gibt es dort ja am Samstagabend eine Folkloreshow (Folklore ist, was die Einheimischen glauben, was die Fremden glauben, was sie tun), bei der die Eingeborenen, barbusig und mit Baströckchen bekleidet, ihr „wahres" Leben vorführen und mit dem Po wackeln zu hawaiianischer Musik. Das genügt; so genau, wie das Leben auf Fidschi zum Beispiel ausschaut, wollen sie es ja auch gar nicht wissen. Lieber mit Freunden über vergangene Erlebnisse in Tahiti reden. Prost!

Nein, die Seglerwelt ist nicht meins! Das Meer schon, Schiffe schon, aber nicht die Jachties! Die kennen sich nicht mal in ihrer eigenen Welt aus: Wir crewten auf einem Zweimaster von Fidschi nach Neuseeland, Ligia als Deckhand und ich als Koch. Don, der Besitzer der Jacht, und Paul, der Kapitän, der von ihm engagiert und bezahlt wurde, hielten doch tatsächlich einen Maskentölpel für einen Albatros, und als dann, Tage später und viel weiter südlich, wirklich ein Albatros zu sehen war, sahen sie auch nicht den Unterschied. Ein Wal ist ein Wal. Welcher? Keine Ahnung! Sie waren beide in Mexiko, aber nur an der Baja California. Das Landesinnere haben beide nie betreten! Kiribati, Tokelau, Samoa, Tuvalu, Nauru, Vanuatu, die Salomon-Inseln kennt keiner dieser Jachties, sie liegen ausserhalb ihrer Milchstrasse!

Ich werde in Zukunft versuchen, so wie bis nach Fidschi, wie in Indonesien, in Vanuatu oder auf den Salomonen, grössere, kommerzielle Schiffe zu benützen, für die man dann halt als Passagier zahlen muss. Nicht nur, weil ich auf diesem Törn von Fidschi nach Neuseeland, zum ersten Mal in meinem Leben, seekrank wie ein Okapi wurde, sondern auch, weil die Seglerwelt eine ganz kleine Welt mit vielen Zwängen ist. Sie reden davon, dass das die grosse Freiheit sei, und schaffen sich eine kleine Welt von Gleichgesinnten, gleichen Ritualen und Anschauungen, eine Welt mit dem ständigen Zwang, so tun zu müssen, als ob man gut drauf sei. Man höre sich nur einmal im Südpazifik auf dem Kanal 16, in der Früh um 7.30 Uhr, die Funkdurchsagen der Jachten an: Alle geben sie ihre Koordinaten, Kurs, Geschwindigkeit, Windrichtung und -stärke an, und allen geht es prächtig. Alle sind sie gut gelaunt und fit und jung und schön! Was für eine Lüge! Was die sich die Hose volllügen!

Nur einmal hörte ich einen ehrlichen Ami, der 49 Tage lang schon zwischen Neuseeland und Fidschi herumirrte, weil seine Dieselpumpe kaputt war und er deswegen bei Windstille nicht weiterkam, sagen: „I broke my finger ten days ago and I hate the everchanging winds, I think I am getting too old for this crap!" Das war der einzige Anfall von Ehrlichkeit, den ich in vierzehn Tagen hörte. Sonst ist alles bei allen immer super.

Jemand nannte die Jacht ein „Hole in the sea, in which the owner drops a lot of money". Ich nenne es Camping zu exorbitanten Kosten auf beengtem Raum, der nie stillhält. Wie nett ist ein Klo, das sich nicht bewegt!

Neuseeland

Neuseeland ist ein nettes Land. Es hat zwar auch zu viele Regeln, „do's and dont's" wie in Australien, aber etwas weniger penetrant. Es ist zwar auch zu teuer, wie alle angelsächsischen Länder, aber etwas weniger. Sie haben zwar auch etwas Angst vor Überfremdung, aber nicht so sehr, dass nicht in den Backpackerhostels Flyer aufliegen, die erklären, wie man vorgehen und an wen man sich wenden soll, wenn man bleiben will und um eine Arbeitsbewilligung ansuchen möchte.

Die Nordinsel, und nur die erkundeten wir mit einem gemieteten Campervan, ist sehr grün und sehr fruchtbar. Es gibt Kiwi- und andere Obstplantagen: Orangen, Mango, Äpfel. Die Kiwis werden gezogen wie der Wein in Südtirol: Hochpfosten, die oben waagrecht oder schräg verlaufen. Daran rankt sich dann die Kiwipflanze empor. Ich hatte plötzlich die Idee, dass die Kiwis wohl besser sein würden, wenn man sie im Lande ässe, wo sie an der Pflanze reifen können, und hielt vor einem Supermarkt und kaufte welche. Und richtig, sie waren besser, aber nur ein bisschen. Besser schmeckten die Erdbeeren, die jetzt im November, im Südfrühling, gerade reif waren.

Das Innere der Nordinsel besteht aus tausenden Quadratkilometern Aufforstungen mit Kiefern in Reih und Glied. Ich glaube, Neuseeland hat vor, ganz China mit billigem Saunaholz zu versorgen.

Sonst schaut es aus wie das schweizerische Voralpengebiet, nur ohne Autobahnen und Hochspannungsleitungen. Na ja, Seen gibt's auch weniger, dafür mehr Platz, also eher wie der französische Jura. Nur, warum sollte man so weit fahren, wenn man das im französischen Jura haben kann? Die Südinsel, habe ich mir sagen lassen, sei fast so schön wie Norwegen!

Eine Freundin von mir, die in den achtziger Jahren Neuseeland bereiste, sagte damals, Neuseeland sei so wahnsinnig abgelegen, so weit weg von der Welt... Es sei wie das Gefühl, irgendwo sei eine Party, aber man sei nicht eingeladen dazu.

Ich habe das eigentlich nicht so empfunden. Auckland ist eine richtige Stadt, und die Kiwis sind ganz schön cool! Natürlich freuen sie sich etwas zu lang über den Gewinn des Rugby-Worldcups. Aber das ist doch bei allen kleinen Nationen so, dass sie sich etwas zu lange über ihre sportlichen Erfolge freuen: Córdoba: 3:2!

Neuseeland ist definitiv sympathisch!

Weiterflugticket

Eine der Hauptschwierigkeiten unserer Art des Reisens war, dass wir uns nie festlegen wollten. Das wird aber von quasi allen Südseestaaten inklusive Neuseeland und Australien gefordert, und zwar in Form eines Weiterflugtickets, das zeigt, wann und wie und dass man das Land auch wieder verlässt. Meistens kontrollieren das schon die Fluglinien; aus dem einfachen Grund, dass sie die Passagiere, die die Vorgaben des Einreiselandes nicht erfüllen, selber wieder zurück befördern müssen, und zweitens, und wichtiger, weil sie herausgefunden haben, dass quasi bei jedem Einchecken ein oder zwei dumme Touristen dabei sind, die kein Weiterflugticket haben, und die müssen dann für teures Geld schnell noch eines kaufen. Oder noch besser: Wenn die das nicht bis zum Schliessen des Gates schaffen, müssen die das Ticket, dass sie schon einmal bezahlt haben, am nächsten Tag, wenn sie dann endlich das Weiterflugticket besitzen, für den gleichen Flug noch einmal kaufen, diesmal aber von einem Tag auf den nächsten und deshalb zum teuerstmöglichen Preis: ein gutes Geschäft für die Fluglinien und bequem für die Immigrationsbehörden.

Nur im Fall der USA konnte ich die Fluglinien austricksen, indem ich uns im Internet Weiterreisetickets für den Greyhoundbus von San Diego nach Tijuana im Wert von USD 11.25 gekauft habe. Niemand kann einem vorschreiben, dass man ein Flugzeug benützt, um das Land zu verlassen, wenn es anders geht. Der Witz daran war, dass wir diese Bustickets dann auch wirklich verwendet haben.

In der Südsee gibt es natürlich noch eine andere Möglichkeit: Man findet ein Segelboot, das garantiert, dass man auch wieder geht. Was aber nicht in jedem Fall und zu jeder Zeit geht, wegen der vorherrschenden Passatwinde, und natürlich funktioniert das nur für das nächste Land, wo man mit dem Boot ankommt und mit Hilfe des Kapitäns auch glaubhaft versichern kann, dass man das Land innerhalb der erlaubten Frist auch wieder per Seeweg verlässt.

Im Oktober/November schauen alle Segler im Pazifik, dass sie die Zyklongegend so schnell wie möglich verlassen, – so fanden wir ja auch das Segelboot, mit dem wir von Fidschi nach Neuseeland fuhren.

Wir hofften ja immer, irgend ein Schiff oder Boot zu finden, das uns weiter mitnimmt, und legten uns deshalb praktisch nie auf ein Timing bzw. einen effektiven Weiterflug fest. Also buchten wir pro forma einen Weiterflug, den wir dann nach Ausdruck des Tickets jeweils wieder aus dem Computer löschten. Das gab uns die Freiheit, immer Open-End in einem Pazifikland sein und nach Booten Ausschau halten zu können.

Zweimal scheiterte die Weiterfahrt per Schiff allerdings an anderen Umständen. Einmal, weil Ligia ein Visum für American-Samoa brauchte und das amerikanische Visum, das sie da bereits hatte, für dieses Territorium nicht gültig ist, nur für die USA. American-Samoa ist eben kein Bundesstaat der USA. Die haben aber absurderweise auch kein Konsulat im unabhängigen Western-Samoa, obwohl es einmal wöchentlich ein Fährschiff von dort nach American-Samoa gibt. Im Zuge dieser Recherchen fand ich aber dann noch heraus, dass es paradoxerweise viel billiger ist, von Samoa nach Hawaii zu fliegen als von American-Samoa. Niemand hat behauptet, dass Fluglinien logisch handeln.

Das andere Mal, wo wir ein Schiff nicht nehmen konnten, war ich selbst schuld, und das war tragischer, denn es hätte uns von Fidschi nach Tuvalu und, falls wir wollten, weiter nach Nauru und Kiribati gebracht. Es war ein Frachter, der einmal alle zwei Monate von Suva (Fidschi) aus Tuvalu versorgt. Den konnten wir nicht nehmen, weil ich eine Malaria bekam, die ich lieber im viel entwickelteren Fidschi auskurieren wollte. Da kam dann auch noch dazu, dass Tuvalu wegen akutem Wassermangel den Notstand ausrief, und ich dachte, die brauchen jetzt nicht auch noch einen kranken „Weissarsch“. Und so crewten wir dann eben später auf dem Segelboot nach Neuseeland.

Es ist also nicht ganz leicht, in der Südsee mit Schiff von Land zu Land zu kommen. Innerhalb der Länder geht es, da gibt es meistens einen Linienverkehr. Wesentlich leichter ist es, wie ich jetzt weiss, in der Gegenrichtung und zur richtigen Jahreszeit mit den Seglern, auf dem sogenannten Milky Way, aber da liegen dann eben Samoa, Tuvalu oder die Salomon-Inseln nicht drauf.

Samoa – fehlende Wände

Das Erste, was einem in Samoa auffällt, ist, dass die Wände fehlen. Die Häuser bestehen nur aus einem Sockel, einem Boden, der meist ein paar Stufen erhöht ist, und einem Dach. Dieses wird gehalten von vielen Säulen, bei alten, billigen Häusern aus Holz, bei neuen, modernen Villen aus Beton. Man nennt so eine Wohnplattform auf samoanisch „Fale". Das Fehlen der Wände schaut besonders in der Nacht seltsam aus, wenn die Familie im voll erleuchteten Haus drinnen, d.h. draussen, in Polstermöbeln sitzt und fernsieht. Es hat wohl den Vorteil, dass es im immer heissen Samoa im wahrsten Sinne des Wortes die Luft durchlässt.

Es weist aber noch auf etwas Anderes hin: Es scheint wohl nicht viel Kriminalität zu geben hier, und „privacy" scheint keine Kategorie im Leben eines Samoaners zu sein. Natürlich gibt es hie und da auch schon „westliche" Häuser, aber besonders in den Dörfern im Landesinnern von Upolu fehlen die Wände. Das ist nicht nur bei den traditionellen Gemeinschafts- und Versammlungshäusern so, sondern auch bei privaten Häusern, ja sogar bei den Touristen-„Fales" am Strand, bei denen man nur eine Plattform mit Matratze und Bettwäsche und ein schattenspendendes Dach aus Palmblättern mietet. Es ist etwas gewöhnungsbedürftig, wenn man eine ganze Weltreise lang so sorgfältig auf seine Wertsachen aufgepasst hat.

190 000 Samoaner leben auf den zwei Inseln Upolu und Savaii. Etwa 130 000 weitere in Neuseeland. Es gibt täglich sehr billige Füge von Aukland nach Apia, weil in Neuseeland so viele samoanische Gastarbeiter leben. Neuseeland und Australien sind die wichtigsten Handelspartner. Das ist der Grund dafür, dass Samoa, sechs Tage, nachdem wir es in Richtung Hawaii verliessen, über die Datumslinie gehüpft ist: Sie sprangen vom 29. Dezember direkt auf den 31. Dezember 2011. Für alle Zeiten werden die Samoaner den 30. Dezember 2011 verloren haben: einfach weg. Sie werden ihn nie erlebt haben und auch nie nachholen können. Aber sie werden in Zukunft auf der ganzen Welt im Fernsehen als die Ersten zu sehen sein, die Neujahr feiern. Eine Ehre, die früher Tonga allein zufiel. Und sie drehen sich von American Samoa (und den USA) weg, hin zu ihren natürlichen Verbündeten und Nachbarn: Neuseeland und Australien. Sie änderten dafür sogar die Fahrseite.

Der Anreiz reich zu werden ist bei den Samoanern, sagen wir mal, nicht so ausgeprägt wie anderswo. Grund dafür ist die „Aiga", die Familie, meistens eine Grossfamilie, die vom „Matai", dem Oberhaupt, regiert wird. Das kann in seltenen Fällen auch eine Frau sein. Wir haben so einen Fall erlebt auf der Nachbarinsel Savaii, wo die Grossmutter, eine unwahrscheinlich charismatische, lustige und starke Persönlichkeit, die Familie regierte und zum Beispiel durchsetzte, dass die ganze Familie und das Dorf ihren schwulen, minderjährigen Grossneffen in seiner Art respektierte.

Alles, was man erwirbt, gehört der „Aiga", der Grossfamilie. (Ein System, das übrigens eklatant dem Besitz- und Wirtschaftssystem der vorkolumbianischen Quechua-Indianer Perus gleicht. Thor Heyerdahl sei gegrüsst!) Es gibt kein „Ich", nur ein „Wir", wie es ja auch keine Privatsphäre gibt. Da eine Aiga im Normalfall riesig ist und viele Häuser, oft ein ganzes Viertel oder einen Dorfteil, umfasst, ist ja auch immer wer zuhause, der aufpasst, und es braucht keine Wände. Alles ist Familie, und der einzige Weg, ihr zu entrinnen, ist, nach Neuseeland oder Australien auszuwandern und dort reich zu werden. Wenn die Samoaner dann das Heimweh plagt, fliegen sie auf Urlaub nach Hause und wohnen dann lieber im Hotel etwas abseits der fordernden Familie.

Das Zweite, was einem auffällt, ist, dass vor jedem Haus, praktisch vor den Treppenstufen, Gräber der verstorbenen Familienmitglieder sind: betonierte Gräber, oft ganze Stufenpyramidchen aus Beton, manchmal in die Veranda vor dem Haus integriert, manchmal mit Sockel und Dach, aber vorgebaut. Diese Gräber befinden sich immer vor, niemals hinter dem Haus. Jeder Besucher sieht als erstes die verstorbene Grossmutter oder den verstorbenen Grossvater. Manchmal wird darauf Wäsche getrocknet oder ganze Kinderhorden turnen darauf herum und spielen sozusagen auf dem Grossvater. Er ist so auf jeden Fall noch Teil der Aiga und permanent präsent. Eigentlich tröstlich, dass man nach dem Tod nicht einfach weg, sondern noch Teil der Familie, Teil des Hauses ist, auch wenn es für unsere ungeübten Augen etwas makaber anmutet, wenn ein Teil der Veranda oder des Vorgartens von den Toten bewohnt wird. Man wird so aber sicherlich nicht so schnell vergessen und lebt im dauernden Erinnern der Familienmitglieder quasi doch weiter nach dem Tod, zumindest solange noch jemand lebt, der sich an einen erinnern kann.

Das Dritte, nein, eigentlich das Allererste, was einem in Samoa auffällt ist, wie dick die Menschen sind. Vor allem die Frauen sind rund und fett und rudern beim Gehen mit den Armen. Das kann nicht nur am Schönheitsideal liegen, das hat garantiert genetische Ursachen. Polynesier über zwanzig sind fett!

Hab ich bei meinen ersten Geschichten über Nordgriechenland noch geschrieben, die Einwohner von Edessa, der ehemaligen Königsstadt der Mazedonier, seien deswegen so fett, weil sie die Nachkommen derjenigen seien, die Alexander der Grosse zurückliess, weil sie nicht auf die Boote über die Dardanellen passten, so vermute ich hier das Gegenteil: Als die polynesischen Inseln vor dreitausend Jahren von Asien her besiedelt wurden, waren die Distanzen so gewaltig, die Zeit auf den Auslegerbooten so unendlich lang, dass, wenn der Proviant ausging, wohl nur diejenigen überlebten, die die genetische Voraussetzung mitbrachten, sich genügend Fettreserven für die lange Überfahrt anzufressen. Die anderen starben an Auszehrung. Dabei muss man aber sagen: Die Samoaner und Fidschianer und Tahitier sind zwar fett, dabei aber oft erstaunlich fit. Man schaue nur mal zu, wie Frauen mit einem Meter Durchmesser sich auf die Ladefläche eines Pickups hieven. Alle Achtung! Oder man schaue den weltweit spielenden samoanischen Legionären im Rugby zu: Wunderbröckerln, 140 Kilo in elf Sekunden auf hundert Meter! Die europäischen Spieler fliegen nur so weg wie die Slalomstangen seinerzeit bei Alberto Tomba!

Die grösste Gefahr für einen Reisenden in Samoa besteht wohl darin, im Bus von einer Samoanerin erdrückt zu werden!

Die Samoaner lieben das Wasser. Oft haben sie den kleinen Bach im Dorf ein paar Meter vor der Mündung ins Meer gestaut und zu einem kleinen Becken mit Steinverkleidung ausgestaltet, einem Swimmingpool fürs Dorf oder für die Aiga. Da sitzen dann die kolossalen Frauen drin und waschen ihre langen, schwarzen Haare. Sie erinnern eher an Maillol als an Gauguin und scheinen gern da im Wasser zu sitzen. Ich verstehe das gut: Nilpferde sitzen ja auch gern in ihrem Hippo-Pool!

Die samoanischen Männer haben ihre Oberschenkel und Ärsche tätowiert und zeigen das auch gerne her, sehr zur Freude von Ligia. Das Tätowieren stammt von hier.

Nachtrag: Der real existiert habende Sozialismus in der Geschichte des europäischen Ostens scheiterte meines Erachtens daran, dass der Anreiz, etwas zu tun oder gar etwas gut zu tun, geschmälert wurde durch die Aussicht, dass die Belohnung dafür einem anonymen sozialen Ganzen, dem Staat oder der Klasse, zugute kam. Und wenn dann jeder nur fünf Prozent weniger tat, multiplizierte sich das exponentiell, bis am Schluss die ganze Wirtschaft darnieder lag und alles „bröselte".

Hier in Samoa wird die Entwicklung ebenfalls geschädigt dadurch, dass das, was der Einzelne kriegt, ja dann allen in seiner Grossfamilie, in seiner Aiga zugute kommt. Man sieht, der Anreiz zu arbeiten ist hier deutlich weniger vorhanden als zum Beispiel in Neuseeland, aber die Leute tun genug, um das Ganze in Gang zu halten. Sie geniessen das Leben, möglicherweise sogar beim Arbeiten, und tun, was nötig ist. Oder, wie würde Hubert von Goisern sagen: „D' Leit san oam, und das Bier is woam, aber an am woamen Bier is no kaner gschtoam." Samoa funktioniert.

Wahrscheinlich ist eine Familie einfach eine verstehbarere Grösse als eine anonyme Artbeiterklasse oder ein Staat.

Badefreuden

Die Samoaner lieben das Wasser. Ich sitze auf der Veranda und schaue aufs Meer. Wenn ich schwimmen gehe, habe ich immer den Zwang etwas zu tun: Schnorcheln, Schwimmen, Waten, Liegen und dabei den Himmel anschauen, Fische oder Frauen beobachten, gegen die Wellen oder die Strömung ankämpfen, etc. Samoaner sitzen einfach nur im Seichten, das Wasser reicht ihnen bis zum Bauchnabel, manchmal robben sie etwas höher auf den Strand und liegen auf der Seite. Es gibt fast keine Wellen, weil die sich schon dort draussen am Riff brechen. Dort, wo ich jeweils in meinem protestantischen Arbeitseifer mit den Wellen und der Strömung rumkämpfe. Hier ist Lagune, alles ist ruhig, und so sitzen sie stundenlang in T-Shirts und Shorts im Wasser und reden. Um sich zu bewegen sind sie ja auch viel zu fett.

Ein paar von den kleinen Kindern tollen noch herum und verbrennen Kalorien, die anderen tun's den Erwachsenen gleich und sitzen und liegen auch im Seichten. Manchmal plantscht und lacht Jung und Alt und erinnert mich an Robert Louis Stevenson: Er lebte mehrere Jahre in einem wundervollen englischen Haus am Hügel hinter Apia, der Hauptstadt von Samoa. Hier schrieb er seine stimmungsvollen „Südsee-Nachtgeschichten". In einer davon schreibt er: „Wenn man sich einen Kanaken (er gebraucht diese Bezeichnung, die heute eigentlich nur noch für die Einwohner von Neukaledonien verwendet wird, für alle Südseebewohner) vorstellen will, braucht man sich nur in die Zeit zurückversetzen, als man selber so zwischen zehn und fünfzehn Jahre alt war, und schon hat man den durchschnittlichen Kanaken."

Heute gälte das wohl als „politisch unkorrekt". Warum eigentlich? ... Wenn man Kinder liebt!...

Regensonne

Wir befinden uns hier in Samoa in der Regenzeit, das ist auch gleichzeitig die heisse Jahreszeit. Es regnet zwei-, dreimal am Tag mit einer unwahrscheinlichen Heftigkeit. Wenn man sich in einer wellblechgedeckten Hütte befindet, und man befindet sich eigentlich immer in einer wellblechgedeckten Hütte, wenn es regnet, trommelt der Regen so unerbittlich laut aufs Dach, dass alle Gespräche verstummen. Dann sitzen alle da, schweigend, fast meditativ, denn für jede Konversation wäre es eh zu laut, man würde kein Wort verstehen. So abrupt, wie er anfing, hört der Regen dann auch wieder auf, und zwanzig Minuten später glüht die Sonne mit all ihrer Solarpower auf die dampfende Erde nieder. Wenn die Sonne so scheint, genügen drei Stunden, um alle Kleider auf der Wäscheleine zu trocknen, man muss nur schauen, dass man sie vor dem nächsten Regenguss reinholt.

Ich liebe solches intensives Wetter: Sonne, Regen, Blitz und Donner, Sonne, Sturmwind, Regen und wieder Sonne. Es tut sich immer was. Womit ich echt Mühe habe, ist, wenn es gar kein Wetter gibt. In Wien kann es manchmal kein Wetter haben, nur jeden Tag grau. Vor allem im Winter ist das manchmal der Fall. Ich nenne das Suizidwetter.

Wenn man hingegen eine Wasserfläche hat, z. B. den Zürichsee, sieht man immer etwas sich bewegen: Wolken, Regenschwaden, Wind, ja sogar der Nebel bewegt sich. Es verändert sich; nichts ist schrecklicher als keine Veränderung. Vielleicht ist es aber auch nur der tiefliegende Horizont an einem See oder Meer, der natürlich den Himmelsanteil an der Aussicht erhöht und dadurch den Sinn schärft für die Launen des Himmels.

Es gibt hier eine Art Sonnenschein, der ohne Wolken (die können binnen Minuten plötzlich da sein) den Regen ankündigt. Es ist eine brennend heisse, glitzernde, schwüle Sonne. Ich nenne sie „Regensonne".

Tala

Samoa war vor dem Ersten Weltkrieg ein paar Jahre lang deutsche Kolonie. Die Währung heisst bis zum heutigen Tag „Tala". Irgendwie ist es nicht nur der Name, der mich beim samoanischen Umgang mit Geld an Entenhausen erinnert. (ohne Dagobert natürlich)

Haus am Meer

Immer träumte ich von einem Haus am Meer. Da geh' ich dann in der Früh als Erstes schwimmen, dann frühstücke ich auf der Veranda und lese eine gute Zeitung, bevor ich, ebenfalls auf der Veranda, gegebenenfalls zu arbeiten beginne.

Heute weiss ich: Das ununterbrochene Rauschen der sich brechenden Wellen muss ich nicht haben. Ich hätte gerne wenigstens die Möglichkeit zur Stille. Das Gleiche gilt übrigens für ein Haus am Bach oder an der Autobahn. Also wenn, dann ein Haus an einer Lagune (aber nicht der von Venedig), und die Wellen müssten sich so weit draussen brechen, dass man sie nicht hört.

Stille ist ein Segen!

Musik

Mein Gott, wie freue ich mich auf Mittelamerika, wo wir im Einflussgebiet von Kuba hoffentlich endlich gute Musik hören werden.

Lieber Gott, mach bitte, dass das so ist. Nimm mir bitte nicht die letzte Hoffnung in die Kultur der Menschheit und mach, dass sie dort nicht auch diesen seichten Computerschrott hören, den wir auf unserer Reise überall östlich der Türkei anhören mussten. Iran geht noch, aber ab Zentralasien, in Russland, China, Südostasien und leider auch in der Südsee ist es eine Katastrophe. Überall, im Bus, im Supermarkt, sogar am Strand wird man zwangsbeglückt mit so was von schlechter Musik: Lady Gaga und Rihanna sind schon langweilig, und heuer ist sicher kein glückliches Jahr für die internationale Popmusik, aber noch ärger sind ihre lokalen Kopien; die sind dann noch einmal vereinfacht. In Indonesien und in Fidschi und auf Samoa ist das am schlimmsten.

Nördlich von Südostasien denkt man: O.k., die Chinesen, die sind halt unmusikalisch. Wie hätten sie auch in ihrer gelenkten Staatskultur eine Musikalität entwickeln können, und jetzt haben sie halt, wie die Russen und Zentralasiaten, dreissig Jahre Rückstand und kopieren die westliche Popkultur auf dem tiefsten denkbaren Niveau. Das klingt dann so dermassen vereinfacht, miserabel und hintendrein, dass es weh tut: Der neueste Schrei sind koreanische Boy-Groups, die aber nie so gut sind wie die „Backstreet Boys" vor zwanzig Jahren, geschweige denn „Take That".

Ab und inklusive Südostasien, in Indonesien und in der Südsee, befinden sich die Menschen auf dem musikalischen Niveau von Fünfjährigen. (O.k., ausgenommen Australien, dort befinden sie sich auf dem Niveau von Fünfzehnjährigen, siehe „AC/DC", „Kylie Minogue" oder „Nick Cave".)

Es dürfen nur zwei, maximal drei Harmonien sein, die sich nach acht Takten spätestens wiederholen müssen. Die Melodieführung gleicht einem Kinderlied, und die Schlagzeug-Programmierung erinnert an „Trio" in den frühen Achtzigerjahren, nur mit dem Unterschied, dass das „Trio" damals lustig gemeint hatten. Und alle Vokalstimmen werden durch eine „Pitch-Control" geschickt (ça fait chic!), so dass es nach Computerstimme klingt. Nicht mal die diesjährigen Weihnachtslieder werden verschont. „Uarrrgh...!! Bitte spülen!!"

Lieber Gott, nimm mir bitte nicht den Glauben an die Kubaner!

USA

Wie gebildet sind Amerikaner! Nein, das ist nicht ironisch gemeint, das ist echt so, es hängt nur vom Blickpunkt ab.

• Blick von Osten: Rückblende1: Moskau 2003.

Ich hatte den Job, auf einem russischen Fluss-Kreuzfahrtschiff, das von Moskau über die Kanäle zur Wolga und weiter über die grossen russischen Seen und die Newa nach St. Petersburg fuhr, amerikanische Touristen zu betreuen. Meine Gruppe umfasste 40 Personen, alle zwischen 70 und 100 Jahre alt, wie es sich gehört für ein Kreuzfahrtschiff, organisiert von Vantage- (nicht Vintage!) Tours in Boston, die auf Kreuzfahrten spezialisiert sind. Die Tour begann in Moskau. Drei Tage gefüllt mit Essen, Kreml, Essen, U-Bahn-Besichtigung, Essen, Lenin-Mausoleum, Essen, Roter Platz, Essen, Souvenirs kaufen, Essen, Bolshoi-Theater, Essen usw.

An einem dieser Tage stand, zwischen den Mahlzeiten, eine Besichtigung des Puschkin-Museums auf dem Programm. Da ich eine lokale Moskau-Führerin namens Mascha (die Verkleinerungsform von Maria), eine pensionierte Englischlehrerin von 130 Kilogramm, resolut und ausgestattet mit dem „Charme der Aeroflot-Stewardessen“ (aber der Breshnev-Ära!), zu meiner Unterstützung hatte, überliess ich meine Gruppe ihr. Ich hatte irgendetwas Wichtiges zu erledigen, so was wie Rückholen eines vergessenen Pullovers aus dem Restaurant soundso oder Verlorenmelden einer vergessenen Kreditkarte oder etwas Ähnliches (Amerikaner vergessen immer etwas!). Ich holte die Gruppe nach dem Besuch des Puschkin-Museums wieder ab und führte sie zum Bus zurück. Masha und ich gingen vorneweg, sehr langsam (eine Kreuzfahrt-Gruppe schafft nicht wesentlich mehr als 350 m/h), als eine rüstige Amerikanerin zu uns aufschloss und Mascha ansprach. Es entspann sich folgender Dialog:

"Sorry ma'am, may I ask you something?"
"Yes!" antwortete, wie immer kurz und bündig, die lokale Führerin.
"Well, ummh, do the people like Pushkin?"
"Yes, of course, why?"
"Well, I just wondered, where is he now?"
"What do you mean, where is he now?" antwortete einigermassen überrascht meine russische Matrjoschka.
"Well, what is he doing now?"
"He's dead!"
"Oh no! Really?!" sagte die ältere Dame aus den Weiten des mittleren Westens.
Masha antwortete trocken: "Yes, really!"
"Oh, how did it happen?"
"He got killed!"
"Oh, no!"
Masha mit Inbrunst: "Oh, yes!"
"But how?"
"In a duel."
Die amerikanische Lady war entsetzt: "Oh, no!"
"Oh, yes!"
"But, when did it happen?"
"In 1837."

Und dann wurde klar, dass Pushkin und Putin zwei verschiedene Personen sind.

• **Rückblende 2: Australien 2011:**

Im Gespräch:

„Ja und der Leonardo!... hmmh... Ich weiss jetzt den Namen nicht!... Einer ist der Schauspieler und einer ist der Maler... Ich weiss jetzt nicht, welcher welcher ist!"

(Anmerkung: Es handelte sich um den Maler.)

• **Rückblende 3: Neuseeland 2011:**

„Was ist der Unterschied zwischen einem Airbus und einem Aircraft?"

(Anmerkung: Das fragen sich die in Toulouse wahrscheinlich auch!)

• **Rückblende 4: Samoa 2011:**

„... die Erde dreht sich im Uhrzeigersinn..."

(Anmerkung: Das kommt darauf an, wie besoffen man auf welchen Pol schaut!)

Wenn man, anstatt von Europa aus, von Asien, über Indonesien, Australien, die pazifische Inselwelt kommend, Amerika betrachtet, aus einem westlichen Blickpunkt sozusagen, sind die Amerikaner sehr gebildet: Sie wissen sogar, wo die Schweiz liegt.

Die Redewendung: Der Staat ist schlecht/unsympathisch, aber die Leute sind nett/gastfreundlich; früher gern gebraucht im Zusammenhang mit dem Ostblock, heute z. B. auch für den Iran, trifft wohl nirgends so treffend zu wie für die Vereinigten Staaten.

Wie mühsam ist es für die Staatsbürger von „Zweitklasse-Staaten" ein amerikanisches Visum zu kriegen! Es ist schon für Europäer im Visa-Waiver-Programm entwürdigend, die Einreiseberechtigung online zu beantragen. Die offizielle Website der amerikanischen Regierung ist ekelhaft, und man beginnt schon nach alternativen Flugrouten, die Amerika auslassen, zu suchen. Man verliert die Lust, sein Geld dort auszugeben, bevor man auch nur das Anmeldeformular ausgefüllt hat!

Das Busticket in Honolulu kostet 2.50 Dollar; wenn man es umdreht, steht dort kleingedruckt: Man darf damit einmal umsteigen, aber man darf es nicht weitergeben. Es ist persönlich, und wer damit Missbrauch treibt, wird mit maximal 2000 Dollar oder einem Jahr Gefängnis bestraft! Ein Jahr! Was für ein Verhältnis ist das?!

Wer sich also nicht für 2000 Dollar freikaufen kann, wandert für ein Jahr in den Knast! Das heisst demnach: Das Gefängnis ist für die Armen! Wer 2000 Dollar zahlen kann, erspart sich ein ganzes Jahr Knast! In keinem Land der Welt sitzen prozentual so viele Menschen hinter Gittern wie in den USA: 2,4 Millionen Menschen! (... Land of the free! ...) Ein Prozent der Bevölkerung! Dreimal so viel wie im Iran, fünfmal so viel wie in Tansania (zugegeben: China veröffentlicht keine Daten!). 3,1 Prozent der Schwarzen,

1,2 Prozent der Latinos, aber nur 0,48 Prozent der weissen Bevölkerung der Vereinigten Staaten sitzen momentan im Gefängnis. Könnte man eventuell sagen, dass das Rechtssystem der USA rassistisch sei?

Oder können sich die vielen, auch weissen Outcasts, die man unterwegs trifft, einfach nicht der amerikanischen Lebensweise und den unzähligen Gesetzen anpassen? Der Staat ist gefährlich: Stell dir vor, du wirst von der Polizei angehalten wegen eines Missverständnisses. Die Polizei ruft: „Freeze!" und du verstehst kein Englisch, weil du z. B. aus Burkina Faso oder aus Frankreich bist. Du verstehst: „Cheese!", und weil du schon lange keinen guten Käse mehr gegessen hast, rennst du los auf der Suche nach dem Käse. Du wirst glatt erschossen! Doppelt tragisch, denn es gibt keinen guten Käse in den USA.

Der Staat ist gefährlich: Wenn am Strand von Waikiki alle 50 m eine Tafel steht: „Alcohol prohibited!", dann gehst du besser nicht am Abend mit einer Weinflasche oder einem Bier an den Strand, auch nicht am Neujahr. Wer weiss, wie viele Jahre Gefängnis das zur Folge hätte?!

Der Staat ist bös und gefährlich! Aber die Menschen in den USA sind nett und hilfsbereit. Autostoppen macht richtiggehend Spass, du lernst viele humorvolle, interessante Typen kennen. Jeder redet dich sofort an: an der Bushaltestelle, im Walmart, überall. Der Angestellte im Konsulat in Auckland überreichte Ligia ihr Visum und sagte: „This is a multiple-entry, ten-year-visa, so you just have to go to Mexico or Canada for dinner to be allowed back to the United States!"

Die Menschen versuchen den Staat zu entschärfen: Die Busfahrer in Honolulu, die die Tickets mit der Ein-Jahr-Gefängnis-Drohung ausgeben, sind extrem nett und hilfsbereit und erklären einem die ganze Welt!

Jeder Amerikaner nimmt sich Zeit für ein kurzes, manchmal auch langes Gespräch. Sie sind, wenn man aus Asien und Ozeanien kommt, sogar gebildet. Es macht Spass, mit Amerikanern über Politik zu reden! Manche wissen sogar, dass Obama und Osama zwei verschiedene Personen sind.

Outcasts

Man begegnet in den Vereinigten Staaten überall seltsamen Gestalten, Freaks. Ich nenne sie Outcasts. Wahrscheinlich ist der Anpassungsdruck so stark, dass diejenigen, die nicht Teil der „normalen" Gesellschaft sein wollen, wirklich wie Aussenseiter leben. Nie habe ich so viele Einheimische gesehen, die an ein und derselben Stelle jahrelang ein Campingdasein leben und alle ihre wenigen Habseligkeiten in einem alten Rucksack mit sich rumtragen.

Oahu, Hawaii, USA: Weihnachten

U.S. & A.

Santa Monica, USA: Ist das humorvoll gemeint?

San Diego, USA:
Rosecrans Ave.

Napali-Coast, Kauai, USA:
Hier wurde angeblich das exjugoslawische Dinosaurierepos „Jurasić-Park“ gedreht.

Hollywood, USA: Die Museen sind echt toll!

Die Autobahn zwischen Los Angeles und San Diego: Wir fahren Richtung Süden!

San Diego: Alles was das Herz begehrt

San Isidro, USA: Nur noch 40 Schritte bis zur Freiheit!

Viele haben Drogen- oder Gesetzesprobleme, aber nicht alle. Es genügt, keine Arbeit und deswegen keine Kreditkarte zu haben, dann kann man bereits vieles nicht kaufen, wie zum Beispiel Tickets und Dienstleistungen. Ohne Kreditkarte kann man auch nicht in ein Hotel einchecken und viele Preise sind in Cash höher als online.

Diese Leute sind auch nicht gemeldet und dürfen auch nicht wählen. Manchmal sind sie verwahrlost und sind einfach Sandler/Clochards. Aber was heisst einfach. Jeder hat seine Geschichte, und da sie ja doch Amerikaner sind, reden sie auch gerne und erzählen einem willig die ihre.

Die meisten von ihnen sind aber eben nicht verwahrlost, sondern einfach anders als die Mehrheit. Wenn man sich auf sie einlässt und sie dann in Fahrt kommen, fällt einem meistens auf, dass sie auf etwas hängen geblieben sind: LSD, Magic-Mushrooms, Kerouac, Mescal, Castaneda, Gras, Grateful Dead, Crosby, Stills, Nash and Young, oder einfach nur der fixen Idee einer humanen und gerechten Welt. Das führt natürlich zwingend dazu, dass man anders als die Mehrheit ist. Sie werden wohl von der arbeitenden, Kleinfamilie gründenden Mehrheit als abnormal betrachtet. Dabei fällt mir dann ein, dass das Wort „normal" vom Lateinischen „nach dem Winkelmass gemacht" abstammt. Normal ist, was in eine vorgegebene Form passt.

Diese Menschen am Rande der mehrheitsfähigen Gesellschaftsform gibt es in Europa auch, sie gehören aber bei uns (gerade) noch zur „Gesellschaft". In den USA gehören sie nicht mehr zur „Gesellschaft" und fallen uns deshalb auf. Auch leben sie auf der Strasse, im Wald oder in der Wüste, in einem Zelt, unter einer Plastikplane oder in einem Pick-up oder einem Motorhome, bevorzugt in Hawaii oder Arizona, Nevada, Colorado, New Mexico oder (natürlich) Kalifornien.

Wenn schon arm, dann wenigstens in einer warmen Gegend!

Sie sind so viele, dass sie, und das ist eine positive Seite daran, eigentlich den Amerikanern kaum mehr auffallen. Sie gehören zum Bild und stellen eine eigene Kulturform dar, die durchaus auch Stoff von Literatur und Film sein kann und dann sogar romantisiert wird. Lustig ist ihr Leben aber sicher nicht, sonst würden sie nicht so verhärmt und paranoid sein.

Dadurch aber, dass der amerikanische Staat als solches und seine Repräsentanten in Uniform und Zivil ebenfalls verhärmt und paranoid sind, kann man sie eigentlich als die „wahren und echten" Amerikaner bezeichnen. Die Mehrheit der sich diesem militanten und übergriffigen Staat unterordnenden Bürger sind nicht „arme Schweine", sondern „arme Schafe" (ohne den Schafen unrecht tun zu wollen, die wahrscheinlich individualistischer als die Amis sind). Sie insbesondere, und nicht die Outcasts, sehnen sich nach Freiheit.

Keiner der republikanischen Anwärter auf die Nomination zum Obama-Herausforderer, egal ob Romney, Gingrich, Paul, Santorum, Huntsman oder Perry, verzichtet darauf, das heilige Wort „Liberty" zumindest in jedem zweiten Satz zu verwenden. Die grösste Schande, den grössten Schlammbatzen, den sie Obama vorwerfen können, ist, dass er das „heilige Gut der Freiheit" verraten habe.

Warum ist den Amerikanern die Freiheit so heilig? Weil sie so wenig davon besitzen! Nirgendwo kontrolliert und entmündigt der Staat seine Bürger so komplett, wie in den USA. Die einzige Art, sich dem zu entziehen, ist, im „Wald" zu leben: das Leben als „Outcast".

Hollywood frisst seine Kinder

Wir wohnten eine Woche im Zentrum von Hollywood, am Hollywood Boulevard.

Alles ist kleiner, als man es sich vorstellt. Die Kinos, die Clubs, der Gehsteig vor dem Kodak-Theatre, wo die Oscars verliehen werden, und, weniger posh, auch American Idol mit der müden JayLo und dem noch müderen Steven Tyler aufgezeichnet werden. Was man jeweils nicht sieht im Fernsehen, sind die Kebabstände und Shops neben dem Kodak-Theatre (sie werden für die Academy Awards abgedeckt), die Junkies vor den Seven-Eleven-Minimärkten, die zwar die ganze Nacht offen haben, aber leer sind, so dass der Araber an der Kasse gelangweilt mit seinem Handy spielt, die Rostflecken auf den aufgemotzten Sportwägen der schwarzen Rapper und die Securitys vor den Pubs und Clubs, die von allen, und zwar von wirklich allen, weil es das Gesetz verlangt, einen Ausweis verlangen müssen, sich dafür fünfmal entschuldigen und ausschauen wie jeder „russische Security" überall sonst auf der Welt. Wenn man dann mit ihm redet, stellt sich heraus, dass er tatsächlich Russe ist, und wenn man ihm erzählt, dass man seine Stadt kennt, wird er ganz weich und lässt seiner Enttäuschung über Hollywood freien Lauf.

Wir haben es trotzdem genossen, haben gut geraucht und gegessen, sind mit unserem Mietwagen alle sensationell schlechten Strassen, vom Sunset Boulevard (weil es einer meiner Lieblingsfilme ist) bis nach Malibu (ein desolates, tristes Seebad mit dem Charme von Rimini im Februar, nur viel kleiner), abgefahren und haben sehr schöne Museen besucht, vom Getty-Center bis zum LACMA (sehr empfehlenswert!), und alles in allem LA nett gefunden.

Das Grundgefühl ist Mitleid/Sympathie mit den Armen, die da in diesem überreglementierten Staat leben müssen und einem Ideal von Freiheit/Stardom/Reichtum nacheifern müssen und einer absoluten Fakewelt von „I am o.k., you are o.k., we are fancy..." anheimfallen und nicht so frei lästern können wie ein russischer Türsteher, weil sie den

Rest der Welt gar nicht wahrnehmen können oder wollen, weil sich sonst vielleicht herausstellen würde, dass sie am falschen Ort sind, und das darf nicht sein. Lieber hält man die Illusionen aufrecht.

Eine aufgetakelte Alte, offensichtlich Ex-Schauspielerin, zeigte dem Postschalter-Beamten vor mir Fotos, und er spielte mit: „Oh, that's you with Elizabeth Taylor, I didn't know that you worked with her!“ Dazwischen zwinkerte er uns Wartenden zu. Illusionen und der Kampf, sie aufrechtzuerhalten! Ein offensichtlich altes Thema in Hollywood/ Beverly Hills, siehe Billy Wilders „Sunset Boulevard“.

Die Klubs und Pubs sind fad. Die Party ist definitiv anderswo, vielleicht in New York, Paris oder in Rio de Janeiro, aber nicht hier!

Was hat die arme Whitney am Abend vor ihrem Tod in dem elenden Klub gesucht? Illusionen? Den schnellen Schuss? Spass? Das pralle Leben? „Come on, Whitney, du kennst die Scheisse doch!“ Dein Tod schmerzt mich, wie der von Michael Jackson. So viel Talent und Können, und was hat Hollywood aus euch gemacht?! Ich hätte mich so sehr auf ein abgeklärtes, echtes Alterswerk von euch beiden gefreut, nicht mehr dieses Fake-Weltrettungs-Getue und dieses Fake-Liebeslieder-Geschmuse. Dein Tod, Whitney, im hässlichen „Beverly Hilton“, um die Ecke von da, wo wir wohnten, so, auf diese Art und Weise, in diesem schlechtesten Moment deiner Karriere, tut mir echt weh.

Arme Whitney, armer Michael. Armes Amerika.

Amerikanisches Fernsehen

Man sieht viel fern in amerikanischen Hotelzimmern. Das ist zum Teil sehr interessant und aufschlussreich: So sieht man zum Beispiel, dass Fox News gar nicht um Berichterstattung bemüht ist, geschweige denn um ausgewogene Berichterstattung, es ist nur ein 24 Stunden langes Obamabashing mit allen Mitteln, auch mit Lügen und ohne Scham.

Es gibt zum Beispiel ein CNN-United States, so wie es CNN-Mexico, CNN-Turkey oder CNN-International, etc. gibt. Dieses lokale amerikanische CNN ist ganz anders als das CNN, das man in den Hotelzimmern weltweit sonst so sieht: Es ist viel mehr rechts und republikanischer ausgerichtet als CNN-International und hat ganz andere Werbung: viel Pharmazie, viele Produkte zum Abnehmen, viel Direktverkauf: „Call 0800... call now and you get one device for free!“

In diesem lokalen CNN vergeht kein Tag ohne protektionistische Attacken auf ausländische Produkte: Einmal ist es Toyota, weil sich die Fussmatten verschieben. Das Thema wird so lange bearbeitet, bis es der Firma wirklich schadet. Einmal ist es tagelang brasilianischer Orangensaft, der angeblich Konservierungsmittel beinhaltet, die irgendeine

Norm knapp übertreffen. Dann wieder ist es Novartis, weil die Firma selber davor warnte, dass ein (!) Produkt eventuell Spuren eines anderen Produktes, das aber nicht schädlich sei, enthalten könne. Was dazu führt, dass die CNN-Sprecherinnen verschiedene Novartis-Produkte in die Kamera halten und dann die eine Sprecherin die andere fragt: „And what should you do, as an American customer, if you discover such a product in your medicine kit?" Und die andere sagt: „If you see that there's Novartis written on it..." und dann nimmt sie alle verschiedenen Novartis-Medikamente, die sie auf dem Studiotisch aufgebaut hat, fotogen in die Hand und schmeisst sie in den Studio-Papierkorb! Und dann wird („Stay here!") unterbrochen für Werbung für amerikanische Medizin-Produkte.

Die Attacken auf Novartis haben übrigens mitten am zweiten Tag urplötzlich, anders als beim brasilianischen Orangensaft, aufgehört. Wahrscheinlich hat Novartis Muskeln gezeigt.

Nächstes Opfer: Mercedes, wegen irgendwelchen Sicherheit-Issues, to be continued!

Meine Konsequenz: Kauf keine amerikanischen Produkte, wenn's anders geht! Andere Produkte sind oft nicht nur billiger, sondern sehr oft auch besser! – Eine Folge vom amerikanischen Protektionismus!

Warum gibt es diesen eklatant auffälligen US-Protektionismus? Weil sie sonst überhaupt nicht konkurrenzfähig wären! Deswegen sind die Amis auch so empört über den chinesischen Protektionismus. Weil sie es selber tun!

Was machen eigentlich die fast drei Millionen Mitarbeiter der sechzehn amerikanischen Geheimdienste? Sicher nicht Arabisch lernen! Sie sind im Wesentlichen mit Wirtschafts- und Datenspionage beschäftigt: Amerika klaut! Amerika stiehlt und betrügt, und Diebe und Betrüger misstrauen natürlich allen Anderen!

In keinem Land auf unserer gesamten Weltreise, ausser den USA, muss man an einer bemannten Tankstelle zuerst zahlen und darf dann erst tanken! Das gibt es nur in den USA, in protestantischer Rechtschaffenheit!

Selbstbehalt

Was einem noch so auffällt in den USA ist der Unterschied in der Funktion des Staates verglichen mit Europa: Der Staat ist vor allem dazu da, die Geheimdienste, die Polizei und das Militär zu finanzieren: alles, was mit „Sicherheit" zu tun hat.

Sonst wird möglichst kein Geld ausgegeben. Die Strassen sind in einem miserablen Zustand, voller Löcher und Schrottmüll, oft einfach nicht ausgeschildert, oder die Schilder sind uralt und nicht mehr aktuell. Manchmal hören Strassen aber auch einfach auf an einer Leitplanke, die quer über die Fahrbahn geht. Manchmal sieht man am

Strassenrand Schilder, die darauf hinweisen, dass dieser Strassenabschnitt von dieser oder einer anderen Privatperson oder Firma gesponsert wurde: „...adopt a highway!..." heisst es dann. Ohne Schmäh: „Highway 78 is sponsored by the Ronald Reagan Foundation" oder: „This road is sponsored by Qualcomm!", etc.

Die Spitäler zum Beispiel sind private, sich selbst finanzierende Unternehmen, die völlig frei ihre Tarife festlegen können. Wenn es einem nicht passt, kann man ja zur Konkurrenz gehen (falls es eine in der Nähe gibt). Und obwohl der Warteraum voll ist mit Tafeln, die die Namen der Wohltäter auflisten, die das Spital finanziell unterstützt haben, kostet dann eine Untersuchung mit Computertomografie 10300 Dollar (in Worten: zehntausenddreihundert!). Wenn man mit Ihnen dann handelt, gehen sie auf die Hälfte runter, aber nur, wenn man sofort zahle, o.k., am nächsten Tag, aber spätestens! Ein Schmerzmittel, verabreicht von der qualifizierten Krankenschwester, kostet 650 Dollar. Der Arzt ist noch nicht dabei, nur die Krankenschwester, denn der Arzt mietet sich quasi ins Spital ein und wird vermittelt durch eine Agentur. Seine Rechnung kommt dann noch dazu und muss extra bezahlt werden. Für arme Menschen, die nachweisbar arm sind und natürlich auch die richtigen amerikanischen Papiere besitzen (also nicht für illegale mexikanische Plantagenarbeiter), gibt es dann auch noch die Möglichkeit in ein Charity-Programm zu kommen, das nochmal bis zu 1000 Dollar übernimmt (also quasi das Schmerzmittel und das dazugehörige Glas Wasser).

In Europa klagen wir über den Selbstbehalt, die Kostenbeteiligung, die die Krankenkasse vom Patienten verlangt. Davon können Amerikaner nur träumen. Zumindest solange die Health-Care-Reform von Obama im Kongress von den Republikanern blockiert wird. Und da wird im Wahljahr 2012 sicher nichts mehr gehen. Was kommt danach? Der republikanische Kandidat Rick Santorum will, falls er gewählt würde, sogar Abtreibung bei Vergewaltigung und Inzest verbieten! Er kritisiert den ebenfalls republikanischen Anwärter Mitt Romney dafür, dass der auch mal früher so was wie Health-Care gefordert hatte, damals als Gouverneur von Massachusetts. Der schweigt darüber aber heute ganz still und verschämt.

Dafür kontrolliert der Staat, wer Alkohol kaufen darf im Supermarkt und wer nicht. Bei der Kasse im Walmart hängt ein Schild, das besagt, wer jünger als 40 Jahre alt ausschaue, müsse sich ausweisen, um Alkohol kaufen zu können (und ja, auch für eine Dose Bier).

Wenn man mit der Strassenbahn (der einzigen!) von San Diego bis an die Endstation fährt, ist man an der Grenze in San Isidro, dort steigt man aus und geht über eine Art Fussgängerbrücke und kommt an die mexikanische Grenze. Wer alt genug ist und sich noch an die Ostblockgrenzen erinnern kann, dem muss ich es nicht erklären, den Anderen kann ich es nicht erklären! Das Gefühl ist wie damals, nur umgekehrt: Man fühlt sich frei, wenn man drüben ist! Vielleicht so, wie in den alten Western, wo sich der Räuber nach Mexiko in Sicherheit und Freiheit bringt. „Uff, ich habe es geschafft über die Grenze, ich bin entkommen!“ Wieso eigentlich? Bin ich ein Räuber?

Drüben ist Tijuana, wir haben es genossen und sind am Abend sogar ins angeblich gefährliche Viertel ausgegangen, haben mexikanisch gegessen, Bier ohne Ausweis getrunken, uns mit den Einheimischen unterhalten und uns dazu gehörend gefühlt.

Von Tijuana auf dem Festland nach Süden geht es erst mal Hunderte Kilometer an der amerikanischen Grenze entlang. Man fährt stundenlang an einer Metallwand entlang. Ungefähr zu der Zeit, als in Europa die Mauer fiel, haben die Amerikaner hier eine neue gebaut. Sie ist im wahrsten Sinne des Wortes ein „Eiserner Vorhang“, denn sie ist aus Eisen, und man sieht nicht hinüber. Könnte man hinüberschauen, würde man wahrscheinlich auch nur Wüste sehen, nur mit dem Unterschied, dass es auf der amerikanischen Seite als „Military-Test-Zone“ deklariert ist, was immer das auch heisst. Dieser Zaun schneidet übrigens auch (und ich weiss, dass das niemanden interessiert) das Stammes- und Wandergebiet von Indianerstämmen entzwei, die ja zum Teil noch immer existieren und nun plötzlich nach Tausenden von Jahren von ihren Brüdern auf der anderen Seite abgeschnitten sind.

Reagan hat uns von der Mauer befreit! Dass ich nicht lache!

Wir fuhren mit luxuriösen Langstreckenbussen durch die Sonorawüste im Norden von Mexiko. Brav immer nur am Tag. Am Abend suchten wir uns, wenn möglich vor Einbruch der Dunkelheit, ein Hotel oder Motel in den gefährlichen nordmexikanischen Städten. Einmal, in Hermosillo, fanden wir ein nettes Hotel in der Nähe des Busbahnhofes. Als wir in die Rezeption hineintraten, war die leider schon besetzt mit vier Maskierten mit Maschinenpistolen im Anschlag, die uns genauso verdutzt anschauten wie wir sie. Wir drehten uns einfach um und spazierten hinaus: „Sorry, wir haben uns in der Adresse geirrt. Auf Wiedersehen.“

Wir fuhren dann ziemlich schnell weiter. Über Los Mochis und den Kupfercanyon gelangten wir nach Mazatlán, einem ausgestorbenen Seebad an der Pazifikküste und, da sich Sinaloa in den letzten Monaten einen etwas zwiespältigen Ruf erworben hat, gleich weiter nach Guadalajara und D.F.

Nun sind wir bereits seit zwei Wochen in Mexico City und wohnen sehr nett und direkt am Zocalo, dem Hauptplatz mit Kathedrale und Gouverneurspalast, im Zentrum der Stadt, für 20 Euro ohne Frühstück. An vier (!) Tagen hintereinander besuchten wir das anthropologische Museum, und ich konnte endlich einmal alle die anderen Kunstwerke und Säle besichtigen, die ich auf meiner normalen, sechsstündigen Führung, wenn ich als Reiseleiter hier bin, nicht sehen kann, weil es dafür jeweils einfach nie genug Zeit gibt.

Ich liebe Mexiko! Die Leute sind so nett, hilfsbereit und höflich, wenn sie dir nicht gerade den Kopf abschneiden.

Der Kupfercanyon

Im Norden Mexikos, da wo die Amis ihre alten Schusswaffen entsorgen und der Himmel bleiern ist, befindet sich eine der grössten Sehenswürdigkeiten der Welt: die „Barranca del Cobre", der Kupfercanyon. Er ist grösser, tiefer und schöner als der Grand Canyon, nur weniger bekannt und weniger touristisch. Und er ist belebt: Hier leben die Tarahumara-Indianer in ihren Pueblos unter überhängenden Felsvorsprüngen ein karges Leben mit ihren Ziegen und leiden unter der diesjährigen Dürre, die sie an den Rand ihrer Existenz gebracht hat – was für eine Formulierung, wenn man so einen Canyon vor Augen hat.

Die Spanier nannten ihn Kupfercanyon, weil sie wieder mal etwas nicht verstanden und die grüne Farbe, die in Wirklichkeit von Flechten herrührt, für Kupfervorkommen hielten.

Man fährt mit dem Zug von Los Mochis in Sinaloa, benannt nach dem berühmten Kartell, hinauf in die Berge von Chihuahua, benannt nach einem andern berühmten Kartell, und hat eine spektakuläre Aussicht nach der anderen. Dieser Zug, der „Chepe", ist eigentlich für die Touristen gemacht, ist aber im Moment jeweils komplett leer, weil Nordmexiko hat hoit a bisserl a schlechte Presse. (Wer will schon als abgeschnittener Kopf am Strassenrand kleine Schulmädchen erschrecken?)

Das hatte zur Folge, dass sie uns zum halben Preis mitfahren liessen, und dann stellte sich heraus, dass wir zwei die einzigen Fahrgäste im ganzen Zug waren. Wir wurden bewacht von fünf Militärpolizisten, ganz vermummt, in Schwarz und bis an die Zähne bewaffnet, was den Ausflug zum weltgrössten Canyon noch eindrücklicher machte.

Wir übernachteten oben in einem Bergchalet mit Kaminfeuer und unternahmen wunderschöne Wanderungen.

Kuba

Für die, die keine Ohren haben: Kuba ist nichts Besonderes: Just another, am Kleinegoismus gescheitertes Sozialismusexperiment.

Es gibt: Kolonialbauten (Guatemala ist schöner), Strand (Belize ist besser), alte Autos (mit nachträglich eingebauten, stinkenden Dieselmotoren), Sextourismus (kann ich nicht wirklich beurteilen, aber ich habe mir sagen lassen, das gibt es in anderen Ländern auch), das Essen ist miserabel (verglichen mit Mexiko) und die Landschaft ist nichts Besonderes.

Kuba ist definitiv keine Reise wert! Der nachfolgende Bericht ist nur für diejenigen bestimmt, die Ohren besitzen:

Der Himmel

Halleluja! Ich bin im Paradies! Gott sei Dank! Der liebe Gott hat meine Bitte erhört! Ich habe in der ersten Nacht in Havanna mehr gute Musik gehört als in anderthalb Jahren, im Rest der Weltreise, zusammen.

Jetzt sind wir neun Tage in Havanna und jeden Abend ausgegangen und dabei kaum weitergekommen als einen Kilometer im Quadrat. Die Altstadt, „Havanna Vieja", erstreckt sich vom Malecon, der Promenadenstrasse am Meer, bis zum Bahnhof und vom Prado, beziehungsweise vom Hotel Inglaterra, bis zum Hafenbecken. (Das „Centro" erstreckt sich von der anderen Seite des Prado in Richtung Westen.) In diesem Geviert sind fast alle Häuser alt, die Gassen eng, die schmiedeeisernen Gitter der abbröckelnden Balkone und die Barockverzierungen an den Fassaden schön, die Farben pastell. Die Autos sind mehrheitlich alte Amerikaner aus den 40er und 50er Jahren.

Aber genug des Visuellen! Das Visuelle ist ja nicht der Grund, warum sich in Havanna der Himmel auf Erden befindet. Sicher nicht! Sonst könnte man ja genauso gut nach Perugia oder Salzburg fahren – auch schöne Städte!

Um gleich ein paar Klischees über Bord zu werfen:

1. Klischee:

Die Vorstellung, dass es irgend eine andere Stadt der Welt eventuell schaffen würde, auch nur annähernd musikalisch an Havanna heranzureichen, kann man sich getrost abschminken: Nicht mal annähernd! London nicht, Paris nicht, Wien und L.A. schon gar nicht, Berlin, Kairo, Delhi, Rio de Janeiro – keine Chance! Glaubt mir, ich weiss, worüber ich rede! Es gibt hier kaum Konservenmusik, alles ist hier live: Allein in der Calle Obispo befinden sich etwa fünfzehn Lokale, in denen täglich live Musik gemacht wird: Bars, Restaurants, Hotellobbys, Klubs, Discos, sogar in Parks und auf der Strasse, alles live!

An einem Abend wurde mir aller Lady-Gaga-, Britney-Spears-, Enrique-Iglesias-, Katy-Perry-Scheiss, alles Konserven-dumpf-dumpf-dumpf-dumpf aus den Ohren gespült! Ich bin glücklich! Ich bin euphorisch!

Lieber Gott, hab Dank, Danke für Kuba. Es ist noch nicht alles seicht und dumpf-dumpf dumm! Vielleicht ist die Menschheit ja noch nicht ganz verloren!

Jeder zweite Kubaner trägt ein Musikinstrument unterm Arm; sie beginnen früh damit, als Kleinkinder, und bis sie in einer Bar spielen dürfen, haben sie ein Niveau erreicht, das sie auf ihrem Instrument zu einem der Weltbesten macht. Natürlich kommt nichts von nichts!

Die Musikhochschule hier zählt zu den besten der Welt, und alle können auch klassische Musik spielen und Noten lesen. (Arturo Sandoval von Irakere zum Beispiel hat die besten Trompetenkonzerte der klassischen Musikliteratur, wie das Haydn-Konzert, eingespielt.) Aber Noten lesen und richtig spielen können Koreaner und Zürcher auch – da beginnt es ja erst – da kommt dann das „Musizieren", die Musikalität dazu. Es ist schon erstaunlich, mit welcher Sicherheit und Leichtigkeit Kubaner zwischen Son, Rumba, Mambo, Beguine, Guajira, Bolero, Son Montuno, klassischem Salsa mit allen dazugehörigen Descarga-Formen, Cha-Cha-Cha, Trova, Kalypso, Merengue, Afro-Cuban, mit seinen unzähligen Yoruba-Rhythmen, Bomba, Casino, Bachata, Guaguanco, etc., etc., herumswitchen können, ohne auch nur für eine Sekunde an Groove zu verlieren.

2. Klischee:

Die Annahme, dass die Dominanz Kubas in der Welt irgendwann demnächst aufhören würde – vergiss es!

Kuba erfindet sich ständig neu!

Bereits im 19. Jahrhundert nannte Bizet sein groovigstes Thema in seiner Carmen „Habanera". Wahrscheinlich hatte er es jemandem geklaut, der es von jemandem in Havanna geklaut hatte. Und warum nannte Ravel seinen grössten Hit Boléro?

So etwa alle zwanzig Jahre kommt aus Kuba eine neue Welle über die Welt: So geschehen in den 1910er und 20er Jahren, und dann wieder in den 30ern. Und wieder in den 50ern: Cha-Cha-Cha, Rumba, Mambo, Beguine. Um nur ein paar Namen zu nennen: Pérez Prado, Los Compadres, Sonora Matancera, Bola de Nieve, Benny Moré, Celia Cruz, Monguito, Ismael Rivera, Chocolate Armenteros, Arsenio Rodriguez und viele, viele mehr. Jahrzehnte später verstanden die Brasilianer eines der schönsten Liebeslieder von Pablo Milanés, Yolanda (in der zugegeben sehr schönen Version von Chico Buarque), und ebenfalls Jahrzehnte später verstanden die Deutschen den Mambo Nr. 5 von Pérez Prado (in der zugegeben sehr hässlichen Version von Lou Bega).

Wegen dieser frühen Wellen kubanischer Stile heissen die Tänze der peinlichen Tanzweltmeisterschaften und der noch peinlicheren Dancing Stars „Lateinamerikanische Tänze".

Weiss jemand, dass der grosse Duke Ellington seinen grössten Hit „Caravan" nicht selber komponierte, sondern Juan Tizol verdankt, dass Louis Armstrong bereits 1930 eine Version von „El Manisero" aufgenommen hat, dass Leonard Bernsteins „West Side Story" ohne kubanische Rhythmen wohl kaum in „America" sein würde?

Dann kam die fantastische „Fania-" und „SAR-All-Stars"-Zeit der späten 60er und frühen 70er Jahre in New York und Johnny Pacheco, Mongo Santamaría, Ray Baretto, Alfredito Valdés, Tito Puente, und Rubén Blades, und Eddie Palmieri, etc., etc., nicht alles Kubaner, aber alle beeinflusst von Kuba natürlich. Irakere und Chucho Valdés und Arturo Sandoval haben alle überlebt.

In den Jahrzehnten danach kamen viele neue Gruppen wie Los Van Van, Grupo Folklorico y Experimental Nuevayorquino, Manny Oquendo, Cubanismo, etc.

Heute sind es: Charanga Habanera, Manolito Simonet, Pupy y los que Son Son, Lázaro Valdés y Bamboleo, immer noch Van Van und immer noch das Septeto National und Sonora Matancera und auch viele neue Stars, die ich nicht kenne.

Ausserdem strahlte Kuba so stark auf den afrikanischen Kontinent aus, dass eine der meistverkauften Salsa-CDs die All-Stars-Aufnahme der westafrikanischen Formation Africando wurde. Bereits in den 60er Jahren gab es den Begriff „Rumba Congolaise", ursprünglich beeinflusst durch die kubanischen Soldaten im Kongo und Angola, heute die erfolgreichste Musikrichtung in ganz Afrika.

Ebenfalls in den 90er Jahren kam die bis heute anhaltende Kommerzialisierung der Latino-Musik mit Gloria Estefan, Exilkubanerin in Miami, Jennifer Lopez, Marc Anthony, Ricky Martin und dann natürlich dem Buena Vista Social Club, der erbarmungslosen Ausquetschung der letzten noch lebenden Relikte aus den 50er Jahren. Alles Millionenseller. Aber Achtung: Vor allem in Mexiko und in den USA wird viel Latino-Schrott produziert, denn die Märkte ausserhalb von Kuba sind um ein paar hundert Millionen grösser, und ausserhalb von Kuba sind auch die Latinos im Schnitt musikalisch genauso dumm wie alle andern auf der Welt. Am liebsten ist mir noch Shakira.

Heute Nachmittag gingen wir ins grosse Teatro America und sahen uns „Pupy y los que Son Son" an. Der Eintritt für Extranjeros betrug 5 CUC (= 4 Euro), für Kubaner 10 Pesos (= 0.40 Euro). Das Konzert war eine Sonntagnachmittagsmatinee: Theateratmosphäre, Plüschbestuhlung, die Zuschauer nur Kubaner. (Die Touristen schliefen wahrscheinlich noch ihren Rausch vom Vorabend aus oder gingen erst später aus, wenn die Flittchen unterwegs sind.) Punkt fünf Uhr: Das Licht ging aus, der Vorhang auf, und elf Musiker plus vier Sänger legten los mit einer Kombination von ultraschnellem Son und Hip Hop, wie ich ihn noch nie gehört hatte: Präzisest und sehr schnell, und der ganze Saal (Theatersessel hin oder her) sprang auf und begann zu tanzen, als Erste die etwa 70-jährige Grossmutter mit Enkel neben uns: „Hip Hop? Bitte her damit, aber geil!"

Wie gesagt: Kuba erfindet sich ständig neu!

Zwischen Tijuana und Nogales, Mexiko: Der „Eiserne Vorhang" von der mexikanischen Seite

Barranca del Cobre, Chihuahua, Mexiko: Weiter und tiefer als der Grand Canyon, nur ohne Touristen

Barranca del Cobre: Hier leben Tarahumara-Indianer...

Barranca del Cobre: ... und so wohnen sie.

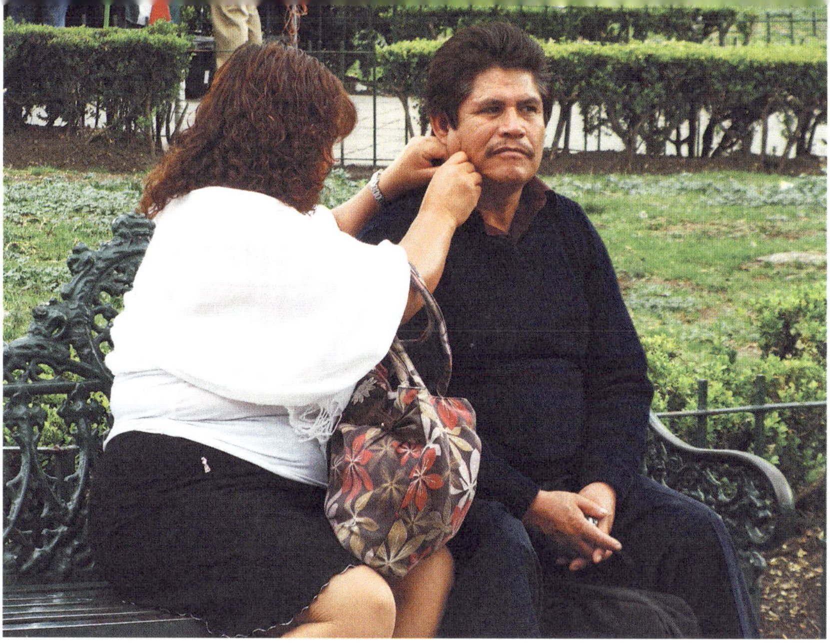

Alameda Park, Mexico City, DF: Liebe ist...

Guadelupe, Mexico City: Die beiden nähern sich dem Heiligtum auf Knien. Was haben sie verbrochen?

Anthropologisches Museum in Mexico City:
Eines der schönsten Museen der Welt

Anthropologisches Museum in Mexico City: Kunst braucht Musse

Havanna, Kuba: Sonnenuntergang vor dem Malecón

Havanna:
Unser
Freund
Leonardo
Pedroso

Teatro America in Havanna Centro:
Hier erlebten wir ein grossartiges Konzert von Pupi y los que Son Son.

Havanna: Calle Obispo. Kuba ist ein Audio-Erlebnis.

Havanna: Analoge Kommunikation

Güines, Kuba: Kubaner können jede Hautfarbe haben: Sabor no tiene color!

Am Malecón, Havanna: Letztes Bild vor dem Einfall der amerikanischen Touristen

Havanna Centro: Schaut aus wie Beirut nach dem Bürgerkrieg.

Havanna Centro: Am Malecón gäbe es noch billige Immobilien.

Calle Aguacate, Havanna Vieja: Zwei Viejitas unterhalten sich.

Havanna: Der Himmel über...

3. Klischee:

Dass nur Schwarze Rhythmusgefühl hätten. Aber nein! Unter den 15 Bandmitgliedern Pupys war auch ein Weisser! Weisse dürfen auch mitmachen, wenn sie denn das Niveau der anderen mithalten können. Gute Musik kennt keinen Rassismus!

In Kuba spielt die Hautfarbe keine grosse Rolle: Arm sind alle (von den zehn bis fünfzehn Familien, die das Land oligarchisch regieren, einmal abgesehen). Schwarz, Weiss und Farbig, alles sitzt gemeinsam am Abend auf den Türschwellen ihrer abbröckelnden Häuser und geniesst das Leben in der Gasse, wo sie den Groove und den Rhythmus Havannas von klein auf lernen.

Schwarze Amerikaner schaffen es, den Off-Beat von Soul und Gospel mitzuklatschen. Europäer und Asiaten schaffen nicht mal 1,2,3,4 im Takt mitzuklatschen. (Deutschsprachige kennen eh nur Marschmusik beim Klatschen.) Als die jungen Sänger von Pupy, alle so zwischen zwanzig und dreizig, ihr Publikum, das zum Teil viel älter war als sie, zum Mitklatschen aufforderten, klatschten die: Clave! Bitte: CLAVE!! Das ganze Publikum klatscht Clave! Aber präzis! Zu einem ultraschnellen, kompliziertest-synkopierten Son-Rhythmus!

Was soll ich sagen? Der Rest der Welt verhält sich zu Kuba musikalisch ungefähr so wie der FC Gramatneusiedel-Ost zum FC Barcelona!

Ein paar Gedanken zur musikalischen Überlegenheit Kubas

Durch das amerikanische Embargo, aber mehr noch durch die Armut, besitzen die Kubaner kaum elektronische Geräte: Ich habe in drei Wochen in Havanna und Trinidad de Cuba vielleicht zwei Menschen telefonieren oder SMS schreiben gesehen. Es ist extrem mühsam und teuer, an einen Telefonchip zu kommen. Man steht auf der Strasse vor dem Geschäft von Telepunto, der staatlichen Telefongesellschaft, zwei bis drei Stunden in einer langen Schlange an, bis der Security einen einzeln ins Lokal einlässt, wo sich die einzige Verkäuferin eventuell, nachdem ihre Fingernägel-Lackierung getrocknet ist, dazu herablässt, einen Chip oder Telefonkredit für sündteures Geld zu verkaufen, aber nur, wenn man ganz lieb bittet. (Die grauslichen langen Fingernägel der Kubanerinnen sind wahrscheinlich das einzige Kulturgut, das von der jahrzehntelangen Freundschaft mit der Sowjetunion übriggeblieben ist.)

Eine SMS ins Ausland, erfolgreich oder nicht erfolgreich übermittelt (egal, wird trotzdem vom Kredit abgezogen), kostet pro Versuch einen CUC, was ca. dem Tageslohn einer Putzfrau entspricht. Das Gerät selber ist sowieso unerschwinglich. Ein iPod, iPhone, oder iPad haben nur die Touristen; Computer zu Hause ebenso.

Es gibt ein kubanisches Intra-net, das aber nicht mit der Welt verknüpft ist, damit die Kubaner möglichst keine unliebsamen Informationen über die Welt da draussen kriegen können. Wi-Fi gibt es nur in den Hotel-Lobbys der teuren Fünfstern-Hotels für Touristen, in die normale Kubaner gar nicht eingelassen werden. Man muss sich den Losungscode dazu an der Rezeption kaufen. Er kostet 8 CUC für eine Stunde Wi-Fi, also acht Tageslöhne für eine Putzfrau, und es ist so gebrechlich und langsam, dass man oft die Hälfte der Zeit dafür braucht, seine Mails auch nur zu öffnen.

Fernseher sind ebenfalls selten und teuer und kriegen oft nur eineinhalb Sender, die nur brasilianische Telenovelas oder kubanische Musikshows bringen.

Da es also keine elektronische Gadgets und Unterhaltung gibt, leben Kubaner auf der Gasse, reden und spielen mit ihren Nachbarn analog und musizieren auch analog. Wenn es keine Computer gibt, wird die Musik händisch gemacht. Also keine krude Hausmeister-Elektronik, sondern Musikalität.

Dazu kommt dann natürlich noch die sozialistische, d.h. staatlich finanzierte Musikausbildung dazu, die, wie einst in der Sowjetunion, ein höchstes Niveau erreicht und nicht glaubt, Musik als unnötiges Orchideenfach durch Wirtschaftsarithmetik und Börsenkunde ersetzen zu müssen.

Es gab, währenddem wir in Havanna waren, mehrmals einen Stromausfall in der ganzen Stadt. Interessant, was dann passiert: Die Lichter gehen aus, aber die Musik geht weiter, weil alles, inklusive der Tres (der typischen kubanischen akustischen Gitarrenart mit drei mal zwei Saiten), und auch der Gesang, eh unverstärkt gespielt werden. Die Trompeter benützen oft einen Dämpfer, um den unverstärkten Gesang nicht zu übertönen. Aber wenn nicht, sind die Bläserriffs so geschickt dazwischen gesetzt, dass es die anderen Stimmen nicht stört. Da spielt nicht einfach jeder drauflos und schrummelt die Harmonien; da gibt es rhythmische und musikalische Gesetze. Jeder weiss, was er in einem Son-Montuno zu tun hat und vor allem, was nicht.

Die Pause ist oft das Wichtigste in einem musikalischen Arrangement!

Und wenn sieben gute Rhythmusinstrumentalisten: ein Conga-, ein Bongo-, ein Clave-, ein Tres-, ein Bass-, ein Guiro- und ein Cowbellspieler, alle wissen, was sie tun; bei weitem mehr könnten, aber das, was sie tun, mit Überlegtheit und Überlegenheit tun, entsteht etwas für den Normaleuropäer Unverständliches und Ungeheuerliches, nämlich: Groove!

So wie es keine elektronisch programmierte Musik gibt, gibt es auch keine elektronisch programmierten Freundschaften in Kuba: also kein Facebook, sondern echte miteinander gelebte Freundschaften, alles live und händisch! Analoge Musik und analoge Freundschaften!

Zu Beginn des letzten Jahrhunderts war es, laut einem Bericht aus dem New York der Zwanzigerjahre so, dass die Musiker so angesehen waren und so gut verdienten, dass sie jeweils die Stars in einer Runde waren und öfters mal die anderen zum Essen und Trinken einluden. Noch in meiner Kindheit und Jugend war das Idol ein Mick Jagger oder ein Frank Zappa, und wir Jugendlichen wollten so sein wie sie.

Wenn heute einer in Europa einen Gitarrenkasten durch die Strasse trägt, ist er ein Loser. Heute heissen die Idole Cristiano Ronaldo, Gisele Bündchen oder Miley Cyrus. Reich wird man nicht durch das mühsame Erlernen eines Instruments. Musik wird elektronisch von einem Produzenten gemacht und dann eine synthetische Puppe wie Rihanna davorgesetzt, mal von Betriebsunfällen, wie den Foo Fighters abgesehen, die tatsächlich noch selber Musik machen können, unnötigerweise.

In Kuba ist das anders: Wenn eine Band live auf der Strasse oder in einer Bar spielt, reicht sie von Zeit zu Zeit ein Körbchen herum, in das die Touristen gönnerisch einen CUC (ca. 85 Eurocent) legen. So kommt pro Körbchenrunde oft 20 bis 30 CUC zusammen, immerhin ca. 20 bis 30 Putzfrauen-Tageslöhne. Gegenrechnung: Wie lange muss ein Musiker in Europa spielen, bis er einen Putzfrauen-Tageslohn zusammenhat. Das Körbchen macht aber an einem Abend ca. zehnmal die Runde (sic!), und in dem Körbchen befinden sich selbstproduzierte und kopierte CDs der Gruppe, das Stück zu sieben bis zehn CUC, je nach Verhandlungsgeschick und weil die Musik so gut ist, kauft man auch.

Ich kaufte eine Unmenge CDs, ohne sie anhören zu können. Aber was soll ich machen? Ich bin auch dauernd gerührt und euphorisch! Nach anderthalb Jahren miserabler Konservenmusik komme ich mir vor wie einer, der nach eineinhalbjähriger Krankheit genesen ist: Ich habe gelitten, und jetzt bin ich geheilt und glücklich!

Ich glaube, ich muss das euch Europäern erklären: Als Europäer hört man dann Musik, wenn man will. Man wohnt zu Hause und hat seine eigene Schallplatten- oder CD-Sammlung. Und wenn man nicht mehr will, stellt man es einfach ab. Wenn man im Ausgehlokal keine Musik haben will, geht man halt in ein Kaffeehaus ohne Musik. Und wenn einen der Nachbar mit Musik belästigt, kann man die Polizei rufen; etwas, das ich früher immer belächelt habe. Ich glaube, nach dieser Reise sehe ich das anders!

Und wenn man im Urlaub etwas hören muss, was man nicht will, zum Beispiel Julio Iglesias, ist es ja nach zwei bis drei Wochen vorbei. Aber wenn man eineinhalb Jahre lang ununterbrochen und überall gezwungen wird, etwas anzuhören, was man nicht will: im Zug, auf dem Schiff, im Bus, im Taxi, im Hotel, im Restaurant, am Tag und in der Nacht, vor und in den Geschäften, im Lift, in der Bar, auf der Strasse, sogar im Nationalpark (Vietnam!), vom Fernseher, von der Stereoanlage, vom Handy; ständig und überall, dann ist das wie Folter, wie eine Krankheit.

Ich spasse nicht: Es war mein grösstes Problem auf dieser Reise. Und es sind ja nicht die Intelligenten, die einen mit Musik terrorisieren, es sind ja die musikalischen Idioten, und die hören Scheisse. Die hören Computermusik, beziehungsweise: Die hören ja gar nicht zu, die hören es ja gar nicht mehr. Aber ich höre es! Ich besitze die Fähigkeit nicht, nichtzuhören! Und vor allem nicht schlechte Musik nichtzuhören! Und das ist das Hauptproblem: Dass es schlechte Musik ist, die ich hören muss, dass sie nicht von mir ausgewählt wurde und würde. Ohrstöpsel helfen übrigens gar nichts, denn sie machen die Musik nur leiser, aber nicht besser! Man hört es trotz der Ohrstöpsel noch.

In Kuba ist auch überall Musik, aber es ist gute Musik, von Menschen gespielt und nicht von Computern! Und das ist wie eine Erlösung! Ich bin so erleichtert, so gerührt von der Schönheit der Musik hier, dass ich oft nahe den Tränen bin. Ich weiss nicht, ob man das versteht, wenn man es nicht selber erlebt hat.

Es macht mir hier in Kuba immer eine diebische Freude, Geld ins Körbchen zu legen: Musiker sollen verdienen, sie haben ein Leben lang geübt, sie sollen überproportional verdienen; nicht nur die Banker mit ihren Boni und Abfindungen für ihre katastrophale Bilanz, nicht nur die Anwälte für einen Abschluss eines Formvertrags für einen Firmenmerger, der ohne sie genauso schlecht funktioniert hätte. Nein, Musiker sollen verdienen, für richtige Intonation, guten Groove oder ein gelungenes Trompetensolo! Gutes Geld! Überproportionales Geld! Und da das so ist in Kuba, hat der Musiker hier ein gutes Image. Das hat natürlich auch mit der allgemeinen Basisarmut der Kubaner zu tun. (Gott erhalte Fidel den Kubanern!)

Wenn ein kubanischer Musiker gut ist und Glück hat, kann er auch mal ins Ausland kommen und am Jazzfestival in Kopenhagen oder Luzern spielen, eine Kopenhagerin oder Luzernerin heiraten und dort bleiben und am Kopenhagener oder Luzerner Groove unglücklich werden. Hunderttausend Möglichkeiten haben Musiker durch ihre Musik.

Und wenn einer ganz, ganz gut ist, kann er, wie Los Van Van oder Irakere, das ganze Jahr durch die Welt touren und selbst für auswärtige Verhältnisse gutes Geld verdienen, natürlich nicht so gutes wie der Banker oder Firmenmerger-Anwalt, aber welcher Kubaner wird schon Anwalt? Also: Noch eine CD! Her damit! Und noch ein CUC ins Körbchen! Auf dass es eine Alternative gibt zur Firmenmerger-Anwalts-Welt!

Santería

Als wir in Havanna ankamen, überlegte ich mir, wie wir es anstellen könnten, an gute Events und Locations zu kommen; nicht die Touristenbars, wo angeblich schon Hemingway gesoffen hat. Erstens, weil ich schon als Teenager gelangweilt war vom alten

Mann und dem Meer und von dem, dem die Stunde schlug, und zweitens, weil diese Bars voll von französischen, deutschen und slowenischen Greisengruppen sind, die sich begeistert die 1128ste Version von Guantanamera, Chan Chan, Besame Mucho und The Girl from Ipanema anhören. Dass das nicht kubanisch ist, merken die ja eh nicht.

Überall wird die Musik von Buena Vista Social Club gespielt, als ob Kuba erst mit diesem Film zu existieren angefangen hätte. Für Reisegruppen ist es oft das Einzige, was sie über Kuba wissen. Sie trinken ihren Mojito für den doppelten Preis in den Hemingway-Bars. Es gibt davon mindestens zwei, die sich den Ruf streitig machen, die einzige und originale Hemingway-Bar zu sein: das „Floridita" und die „Bodeguita del Medio". Und die Musiker sind nicht blöd und wissen: Reisegruppe und „Al cavallo vamos pa' l monte..." gibt noch mehr CUC ins Körbchen. Und wenn die Reisegruppen kommen, gibt es mehr Geld im Tourismus (Kuba verzeichnete im letzten Jahr eine zwanzigprozentige Zunahme im Tourismus, Krise hin oder her). Schon werden ganze Stadtteile von Havanna Vieja totrenoviert, touristengerecht. Lieber Prince Charles: „Buena Vista Social Club hat Havanna mehr zerstört als die Architekten London!"

Aber diese musikalische Fadesse war es ja nicht, was wir suchten, und so rief ich meinen Bruder an, um ihn um Rat zu fragen, da er einen Freund hat, der schon zwanzig Jahre vor Buena Vista Social Club der Musik wegen nach Havanna kam und hier jahrelang eine Wohnung hatte.

Auch überlegte ich mir, die Adresse von Toni Mühlhofer, grossartiger Percussionist und Lehrer am Konservatorium Wien, zu googeln. Toni lebt halbjährlich in Kuba und hat eine wundervolle Salsa-CD mit dem Titel „Sabor no tiene color" mit kubanischen Musikern herausgebracht. Ich habe mit ihm ein paar Percussions-Tracks für die Didier-CD aufgenommen, seinerzeit.

Während ich also auf der Suche nach dem Hintereingang zum musikalischen Leben Havannas war, sprach uns ein eleganter, schwarzer Kubaner an und sagte zu Ligia: „Du bist Brasilianerin." Das erstaunte uns einigermassen, denn normalerweise hielten die Kubaner sie für eine Einheimische. Dann meinte er, er wohne in Wien, und ich dachte: „Ja, ja, sicher. Du Schmähführer!" Aber dann konnte er alle meine Fragen beantworten. Er kannte sich wirklich gut aus in Wien, und es stellte sich heraus, dass er eben jener Typ war, den wir vor Jahren schon öfters im Havana-Club gesehen hatten; der beste aller Tänzer dort, immer perfekt gestylt mit eleganter Kleidung und Hut, war er sowas wie der Vortänzer für alle angehenden Salsa-Enthusiasten in der Stadt, damit die sehen konnten, was sie selbst in ihrem Leben nie schaffen würden. Er heisst mit bürgerlichem Namen Leonardo Pedroso (mit Künstlernamen: Sarabanda), ist mehrfacher Judo-Landesmeister Kubas und Senioren-Judoweltmeister. Ausserdem vermittelte er oft kubanische Musikgruppen nach

Europa. Glück muss man haben: Er kennt die Szene hier wie kaum ein anderer. Er kennt überhaupt jeden, was es oft langwierig macht mit ihm durch Havanna zu gehen, weil er alle zehn Meter angesprochen wird und natürlich kurz auf einen Schwatz stehenbleibt: alles Brüder, Schwestern, Kusinen, Onkel und Tanten – sehr afrikanisch!

Wir sind praktisch jeden Abend mit ihm ausgegangen.

Einmal nahm er uns mit in sein Heimatdorf, nach Güines, 40 km von Havanna entfernt, ein absolut schwarzes Dorf, Zentrum der Santería, der Religion der afrikanischen Sklaven. Er stammt aus ärmlichsten Verhältnissen, das sind wirklich eine Art Slums dort, obwohl sein Vater der Oberpriester der Santería-Gemeinschaft ist. Wir durften den Schrein im Hinterhaus besuchen, mit uralten Statuen und Federn, die vom vielen Opferblut der Hühner ganz schwarz waren. Viele Leute verstehen hier noch Yoruba, die Sprache ihrer Sklaven-Vorfahren aus Nigeria.

Die Spanier haben eben etwas nicht gemacht, was die Engländer in Nordamerika konsequent gemacht haben. Sie haben nicht die Familien und Dorfgemeinschaften getrennt, so dass sich die Sprache, die Musik, Religion und Kultur zum Teil noch erhalten haben. Den Orisha-Kult der Yoruba Nigerias gibt es übrigens fast ident auch im Nordosten Brasiliens, vor allem in Bahia, dort heisst er Orixá.

Der Vater war ein freundlicher, stiller, würdevoller Alter, der während unseres Besuches ununterbrochen ein Fahrradpedal reparierte. Sarabandas Bruder Luis hat ein Percussions-Projekt, eine Art Schule für die schwarzen Strassenkinder von Güines. Er wohnt im ehemaligen Haus von Tata Güines, einem der besten Percussionisten der Welt, der dieses Projekt vor ein paar Jahren, noch vor seinem Tod, zusammen mit ihm gegründet hat.

Am Haus gegenüber erinnert eine kleine Gedenktafel daran, dass hier Arsenio Rodriguez, einer der besten Bandleader und Komponisten der Welt, lebte.

Soviel Talent in so ärmlichen Verhältnissen in den Slums von Güines bei Havanna! Ich war schon wieder gerührt!

Die Zukunft

Wie wird es weitergehen mit Kuba? Der kubanische Kommunismus wird (natürlich) scheitern. Er ist ja jetzt schon gescheitert: Die meisten Kubaner wollen eine Veränderung und hassen das System, wenn sie ehrlich sind. Wird es sich zum Besseren ändern? Zuallererst wird es ein eklatantes Ansteigen der Kriminalität geben. Im Moment ist Havanna sehr sicher. Man kann um drei Uhr nachts durch die dunkelsten Gässchen nach Hause gehen, obwohl man kaum einen Polizisten sieht. Wenn, dann sind es fast immer Polizistinnen, und die sieht man auch nur tagsüber. Ganz anders in Mexiko: Dort stehen nicht nur an jedem Häuserblock, sondern buchstäblich an jeder Ecke des Häuserblocks ab sieben Uhr abends ganze Gruppen von Polizisten, ganze Bataillone. Ich habe noch nie in meinem Leben so viele Polizisten gesehen wie jetzt in Mexiko, nicht mal in Kairo kurz nach dem Sadat-Attentat, und das will was heissen. Trotzdem hat Mexiko eine katastrophale Kriminalitätsstatistik, wie wir wissen: 50 000 Tote in vier Jahren, und Kuba nicht. Warum? Weil die Kriminalität nichts mit der Anzahl der Polizisten zu tun hat. (Sonst müsste Österreich mit fast doppelt so vielen Polizisten wie die Schweiz eine bessere Kriminalitätsstatistik haben, hat es aber nicht.) Nein, es hat eben nichts mit der Menge der Polizisten zu tun (sonst wäre Mexiko das sicherste Land der Welt) und auch nichts mit der Härte der Strafen (siehe USA), nichts mit dem Inseldasein (Jamaika ist eines der gefährlichsten Länder der Welt), nicht mal mit dem Vorhandensein von Aufstiegschancen, denn die gibt es für die jungen Männer im jetzigen Kuba sicher nicht.

Es hat eben, meiner Ansicht nach, nur mit einem zu tun: mit sozialer Gerechtigkeit! Und hier sind, noch, alle arm. Aber das wird sich ändern, und dann wird die Kriminalität exponentiell ansteigen. Es wird sein wie in Moskau nach der Wende, und wir werden uns sehnsüchtig an den heutigen Zustand erinnern und sagen: „Kannst dich erinnern? 2012 sind wir noch nachts um drei am Malecón spazieren gegangen ohne uns zu fürchten!"

Aber die Kubaner wollen die Veränderung. Und nur so aussenstehende, egoistische Ignoranten wie ich wünschen sich ein Überleben dieser Alternative zur Facebook- und Anwältewelt. Wer bin ich, dass ich mir das Überleben von gespielter Musik und gelebten zwischenmenschlichen Beziehungen wünschen darf? Ich muss ja nicht hier leben! Armut schaut nur von aussen malerisch aus!

Das Centro von Havanna sieht zum Teil aus wie Beirut nach dem Bürgerkrieg: Alles bröselt, alles voller Ruinen. Für die Kinder sind Ruinen toll, hab ich mir von denen erzählen lassen, die deutsche Städte nach dem Krieg als Kinder erlebt haben. Aber wie toll findet man es, wenn es in der Apotheke nur zehn verschiedene Medikamente gibt, darunter kein Antibiotikum, kein Insulin und kein blutdrucksenkendes Mittel?

Wie romantisch ist es, wenn es zwei Währungen nebeneinander gibt: Den kubanischen Peso (CUP) für die Armen und den Peso convertible (CUC) für die Reichen und Privilegierten und für die Touristen? Viele Dinge kann man nur gegen CUC kaufen, an vielen Orten zum Beispiel das Bier oder die Mahlzeiten im Restaurant. Der CUC ist 25 mal teurer als der CUP und kann selbst von Kubanern nur mit Verlust eingewechselt werden. Wie toll würde ich das finden, wenn ich meine eigene Währung nur gegen Kommission einwechseln könnte?

Gegen die Moneda Nacional, den CUP, gibt es nur billige Softdrinks, für frisch gepressten Fruchtsaft braucht man CUC, für Milch ebenso, geschweige denn für gutes

Essen und guten Alkohol. Das ist alles für die reichen Touristen, Kubaner kriegen 2. Klasse. Sogar die Busse und die Busbahnhöfe sind getrennt. Die modernen Luxus-Überlandbusse mit Sicherheitsstandards sind in CUC zu zahlen. Für die Einheimischen gibt es die viel billigeren und klapprigen (und gefährlicheren) Einheimischenbusse gegen Moneda nacional.

Die Folge ist ein kleiner täglicher Kampf ums Überleben, kleine Tricksereien. Man wird dauernd angehauen, irgend etwas zu kaufen. Wenn einen ein Kubaner anspricht, will er am Ende immer Geld: für ein Foto, für eine Auskunft, für einen Schmäh, für ein Lied, für eine Euromünze. Man hat ein nettes Gespräch mit einem Beamten, und am Schluss fragt er ganz leise, ob man ihm einen CUC für Essen geben kann. Ligia wurde bereits im Gate(!) im Flughafen von Mexico City von einer geschminkten Kubanerin mit Beauty-Case-Handtäschchen um Geld für Essen angehaut.

Kubaner betteln immer. Es scheint dies eine Art Volkssport zu sein. Sie sind aber nicht bös, wenn man ablehnt. „Versuchen wird man es ja wohl dürfen!" Eine übliche Sache ist es, Touristen kennenzulernen, sich dann anzuhängen und zu erwarten, dass man auf einen Eintritt in ein Nachtlokal eingeladen wird oder zumindest auf die Drinks. Das hat noch nicht unbedingt mit Prostitution zu tun, denn es gibt auch Paare, die darauf spezialisiert sind, Paare anzusprechen. Sextourismus gibt es in Kuba übrigens mindestens so oft umgekehrt: Ich habe ganze Heerscharen von hässlichen, fetten und alten Europäerinnen gesehen, die sich die feschen schwarzen Tänzer in den Clubs aufreissen. Ich glaube, da geht es dann weniger um konkretes Geld als um Eintritt, Drinks und eine Ausreisemöglichkeit; sagen wir mal um einen weiblichen Sponsor. Prostitution hat fliessende Übergänge!

Kapitalismus (Thailand): „Mister, Hashish? Bum-bum?" (geflüstert, wenn die Ligia drei Schritte vor mir geht);

Kommunismus (Kuba): „Mister, Cohiba? Bum-bum?" (unter denselben Voraussetzungen).

Das grosse Los ist es, einem dummen Touristen gefälschte Cohibas als echte anzudrehen. Der tägliche Kleinkampf und die kleinen Egoismen erinnern mich sehr an den ehemaligen Ostblock; es sind nicht nur die langen Fingernägel. Der Sozialismus funktionierte nicht, weil die Menschen im Kleinen kleine egoistische Würstchen sind. Wie wir im Moment sehen, funktioniert der Kapitalismus nicht, weil die Menschen im Grossen grosse egoistische Würstchen sind.

Wie wird man Millionär?

Als Richard Branson vor in paar Jahren gefragt wurde, wie man Millionär würde, antwortete er: „Das ist ganz einfach, man wird erst Milliardär, und dann gründet man eine Fluglinie." Das ist viel zu umständlich, in Kuba geht es leichter und schneller, und hier ist mein Vorschlag:

Raúl Castro hat in den letzten Jahren Kapitalismus im Kleinen zugelassen. Kubaner können jetzt ihre Wohnung an Touristen vermieten, das heisst dann „Casa Particular". Meistens kostet eine Nacht in Havanna 30 CUC (= 25 Euro). Unsere Wirtin hat drei Zimmer zu 30 CUC, macht 90 CUC am Tag. Sagen wir, sie ist an 20 Tagen ausgebucht (als wir dort waren, war sie allerdings ständig ausgebucht), macht 1800 CUC im Monat. Abgaben und Steuern und tote Monate abgerechnet, ach ja, und nicht zu vergessen den einen CUC für die Putzfrau, schätze ich, dass immer noch 1000 CUC im Monat übrigbleiben. Eine Hundertquadratmeter-Wohnung in Havanna Vieja, im touristischen Zentrum der Stadt, kostet ca. 15 000 bis 20 000 CUC. Nach ein paar Jahren hat man dann mehrere Wohnungen beisammen. Und wenn sich Kuba öffnen wird, und das wird es, und dann die amerikanischen Touristen einfallen und hier, eine knappe Flugstunde von Miami entfernt, Immobilien kaufen werden, hat die Wohnung schlagartig nicht mehr 20 000 Euro wert, sondern das 15- bis 20-fache. Laut meiner Rechnung wird man so durch Wiederinvestition in 40 bis 50 Monaten zum Euro-Millionär. Das ist schneller, als es Richard Branson in der Gegenrichtung geschafft hat!

Einen Haken hat die Geschichte allerdings: Ausländer können, entgegen allen anderslautenden Gerüchten, nach wie vor keine Immobilien in Kuba legal erwerben. Aber sie können ja eine(n) KubanerIn heiraten und das Gegenteil von dem machen, was hier alle denken und wollen, nämlich in Kuba bleiben. Oder anders ausgedrückt: Jeder Kubaner, der zum jetzigen Zeitpunkt davon träumt, Kuba zu verlassen und ins kränkelnde und xenophobe Europa auszuwandern, macht das Dümmste, was er tun kann. Denn eines ist gewiss: Die Wende kommt bestimmt. Vielleicht erst, wenn die Castros gestorben sind, aber Fidel ist jetzt 86 und Raúl 81, vielleicht schon, wenn Obama wiedergewählt ist und er die Wählerstimmen von Florida nicht mehr benötigt, vielleicht erst ein paar Jahre später.

Bei jeder Systemänderung gibt es Sieger und Verlierer! Schon gibt es Chinesen, die hier mal vorsondieren und sich leere Ladenlokale und Ruinen und Geschäftsmöglichkeiten anschauen. Sie haben nicht nur Spanisch gelernt, sondern auch einen Salsa-Tanzkurs gemacht und haben schon kubanische Freunde: Man weiss ja nie!

Schon wird die Altstadt Stück für Stück privatisiert und renoviert. Ganze Teile sind schon totrenoviert: Hübsche Kopfsteinpflaster-Gässchen mit Souvenirshops, Cafeterias mit Illy-Kaffee und Musikgruppen, die Besame Mucho oder Guantanamera spielen; alles nur für die Touristen! Ohne bröselnde Ruinen, ohne Hundescheisse, ohne Kubaner, die dort ihre tropfende Wäsche aufhängen, und ohne spielende Kinder – ohne Leben. Kubaner nur noch als Kellner und als „zigarrenrauchender Alter", das Buena-Vista-

Social-Club-Fotomotiv für Gruppenreisende: „Einen CUC bitte!" Es ist dort so fad wie in Salzburg oder in Prag nach der Wende!

Gott sei Dank ist es aber nur ein kleiner Teil der Altstadt, in anderen und vor allem in Havanna-Centro bröseln die Ruinen noch, man tritt noch in Hundescheisse, die Kinder spielen noch in der Strasse und in der Hundescheisse, die Menschen schreien noch von Stockwerk zu Stockwerk und von der Strasse hinauf und von oben herunter, weil es, genauso wenig wie Handys, auch keine Gegensprechanlagen gibt. Es hängt auch noch die Wäsche vor der Hausfassade und tropft einem auf den Kopf, und die Musikgruppen spielen noch was anderes als Buena Vista Social Club. Dort kennen wir Lokale, wo Kubaner noch für Kubaner Musik machen. Dort kennt man uns nach drei Wochen in Havanna schon auf der Strasse. Wir gehören dazu und werden gegrüsst. Schon bleiben wir auch alle zehn Meter auf einen kurzen Schwatz stehen und kennen die Eigenheiten und Geschichten der Leute. Man fühlt sich wie auf dem Dorf und wir gehören zur Dorfbevölkerung. So schnell funktioniert die Integration, glaube ich, in keinem Ort der Welt. Die Herzlichkeit ist entwaffnend. Und es passieren uns Dinge wie ein Besäufnis mit Einheimischen mit billigem lokalen Fusel aus der Plastikflasche (oh, mein Schädel!) bis fünf Uhr früh, auf einem Mäuerchen sitzend und übers politische System von Kuba diskutierend.

Dort hat der alte, achtzigjährige Klomann, dem ich kein Geld geben kann, weil ich kein Kleingeld habe, noch den Charme zu sagen: „Macht nichts, ist nicht wichtig!", und dann erzählt er mir über seine Kindheit in Camagüey und ich höre ihm zu und wir reden und reden und dann sage ich ihm, dass er das nächste Mal ganz bestimmt was kriege, und er lächelt mit einer Würde, die kein Politiker oder Anwalt bei uns besitzt.

Freunde, besucht Havanna jetzt, es eilt! Es ist einmalig und es wird nicht wiederkommen, wenn es einmal weg ist. Genausowenig wie das London der 60er Jahre!

Besucht Havanna vor allem so lange ihr noch könnt! Solange ihr es noch schafft, jeden Abend auszugehen, solange ihr noch jeden Abend fünf Daiquiris, zwei Biere, zwei Mojitos und eventuell eine Cohiba vertragt! Solange ihr noch genügend Saft in den Beinen für die kubanische Musik und fürs Tanzen habt! Besucht Havanna solange ihr noch jung genug dafür seid! Besucht Havanna jetzt! Sofort! Das ist ein Befehl!

Die besten Sätze in Zentralamerika:

• Belize:

"2012, you will see, it's the end of the world. September 11th,
global warming, the financial crisis, the Jews and the Masons,

you know man, it's going down the drain, man! You know it, man! Look at Guatemala, this country is a mess!"
(Rasta, Mp3- und Musikkassetten-Verkäufer, im Busbahnhof von Dangriga, Belize)

• Guatemala:
„Den Dreck finden die Kids cool, das gibt ihnen das Gefühl, sie hätten eine Party und die Mutter ist nicht zu Hause!"
(Ligia, zu einem besonders versifften Backpacker-Hostel)

• El Salvador:
„Mein Land ist klein, so unsäglich klein, dass ich nicht weiss, wo wir alle unsere Toten bestatten wollen."
(Anonymer Salvadorianer)

• Nicaragua:
„Nicaragua ist arm, da rauben die Armen die Armen aus."
(Taxifahrer in Managua)

• Costa Rica:
„Costa Rica hat mehr Vogelarten als die USA und Kanada zusammen."
(Costa Rica – Lonely Planet)

• Panama:
"La vida te da sorpresas, sorpresas te da la vida, ay dios!"
(Rubén Blades in Pedro Navaja)

• Honduras:
„Honduras scheint eine sehr niedrige Kinderarbeitslosigkeits-Rate zu haben."
(Von mir)

Und als Einleitung zu Untenstehendem, der beste aller Sätze zu Mexiko:

• Mexiko:
„Armes Mexiko, so weit weg von Gott und so nahe bei den Vereinigten Staaten."
(General Santa Ana, ca.1860)

Der Hinterhof der USA

Zentralamerika ist eine amerikanische Kolonie: El Salvador und Panama haben gleich ihre finanzielle Unabhängigkeit aufgegeben und verwenden den US-Dollar. (Und übrigens Ecuador ebenfalls.) Sie besitzen gar keine eigene Währung mehr. Belize hat sein Geld an den Dollar gekoppelt, was auf dasselbe rauskommt. Costa Rica und Belize haben ihren Grundbesitz an amerikanische Bürger verkauft. In Panama Citys Altstadt, dem Casco Viejo, sind nahezu alle Häuser in den letzten Jahren an amerikanische Besitzer verkauft worden, die sie, zugegeben sehr liebevoll, totrenovieren. Selbst im „sozialistischen" Nicaragua werden alle Preise in Dollar angegeben und müssen, wenn man darauf besteht, in der nationalen Währung zu zahlen, sehr mühsam in Córdoba umgerechnet werden.

Absurderweise ist eigentlich das den USA am nächsten gelegene Land noch am unabhängigsten, nämlich Mexiko. Es hat noch einen Teil seiner Identität und Kultur bewahrt.

Belize: Protestantische Unverfrorenheit

Kleine Betrügereien sind uns in vielen Ländern zugestossen oder, besser gesagt, an uns versucht worden. Von Vietnam, wo man immer handeln muss, bis Guatemala, wo sie zwei Busse zusammenlegen, weil sie zu wenig Tickets verkauft haben und dann die Sitzplätze zum Teil halt doppelt verkauft sind. Aber die mit Abstand grössten Räuber und Ganoven sind die US-Amerikaner.

Belize ist eine amerikanische Kolonie. Es war mal eine englische und hiess damals British-Honduras, dann wurde es unabhängig und von den Amerikanern übernommen. Der Belize-Dollar ist im Verhältnis 1:2 an den US-Dollar angebunden. Die Koralleninseln vor der Küste befinden sich in amerikanischem Grundbesitz, nicht nur Leonardo di Caprio besitzt eine, auch amerikanische Normalbürger haben welche, zum Teil mitten in Marine Reserves, wie dem Glover's Atoll.

Um zum Glover's Atoll zu kommen, muss man vorher im Internet oder per Telefon buchen und seine Kreditkartendetails angeben, dann wird das Geld abgezogen und die Buchung ist vollzogen; ein übliches amerikanisches Verfahren, damit man später freie Hand fürs Betrügen und niemand eine Chance zu reklamieren oder klagen hat.

Man fährt dann mit dem Boot für eine Woche, in Wirklichkeit am Sonntag hin und am Samstag zurück, also nur fünf Tage, aufs Atoll. Man hat auch für eine Woche bezahlt, denn nur einmal pro Woche fährt das Boot der Besitzer hin und ist im Preis inbegriffen. Will man weniger lang dort bleiben oder vorher weg, hat man den Preis für

La Unión, El Salvador:
Diese Bucht ist ziemlich schmutzig und trist, aber wir haben hier Ibisse und Löffler gesehen.

San Salvador, El Salvador:
Eine der gefährlichsten Städte der Welt

San Miguel, El Salvador: Keine Tourismus-Destination

Managua, Nicaragua: Kein Eintritt ins Shopping Center mit Waffen!

Selva Negra, Matagalpa, Nicaragua: Der Märchenwald von Eddy Kühl

Granada, Nicaragua: Guter Helm!

Monteverde, Costa Rica: Kolibris heissen auf brasilianisch „Blumenküsser".

Corcovado-Nationalpark, Costa Rica: Spinnenaffe

Corcovado-Nationalpark, Costa Rica: Man muss in den Park zu Fuss hineingehen, immer am Strand entlang: 20 km! Ziemlich anstrengend!

Panama: Colón ist der Ausgang auf der Karibikseite des Kanals und ziemlich heruntergekommen und gefährlich.

Puerto Obaldía, Panama: Der Grenzort zu Kolumbien an der Karibik. Wir wählten diese Küste, weil wir die Narcotraficantes an der Pazifikküste nicht in ihrer mühevollen Arbeit stören wollten.

Salento, Kolumbien:
Aus diesen Bergen kommen der beste Kaffee der Welt und noch andere Genussmittel.

eine Woche schon bezahlt, und der vierstündige Bootstransfer kostet dann zusätzliche 360 US-Dollar.

Die Besitzer haben das Monopol, sie verkaufen in ihrem Restaurant das Essen für 18 Dollar pro Person. In Belize üblich sind ungefähr vier Dollar für den gleichen Fisch. Ein Zehn-Liter-Wasserkanister kostet 12,50 Dollar, sonst in Belize: drei Dollar! Es gibt sonst kein Wasser, nicht mal zum Abwaschen in der Gemeinschaftsküche. Diese Gemeinschaftsküche hat auch kein Licht, wie auch die Bungalows nicht, und sie ist total versifft: „Please clean the Kitchen after use!" – Ohne Wasser! Das Klo ist ein einziges für alle elf Bungalows und das Dormitory und alle Zelte, und es ist ein stinkendes, self-composting Container-Klo.

Die Bungalows kosten, ohne Essen, 300 Dollar pro Person, pro Woche. Camping kostet 99 Dollar pro Person, plus 99 Dollar für die Zeltmiete. Alles dann plus Tax und Kreditkartengebühr von 10% (!) und alles in US-Dollar selbstverständlich.

Die Insel ist eine Müllhalde (auf der Website schaut es natürlich anders aus, denn das Einzige, in dem die Amis wirklich gut sind, ist das Wegdesignen der Realität), alles ist lieblos und masslos zu teuer, aber du hast ja schon bezahlt und: „Hey, that's what it is, it's more adventurous holidays, not 5-star!"

Sie sind die billigsten auf den Inseln vor Belize, und die Unterwasser-Fauna ist sehr schön. Das liegt aber nicht an den Amis, denn die Besitzer fischen für ihr Restaurant mitten in der Marine Reserve.

Wenn du deine Facility nicht putzt vor dem Verlassen der Insel, wird eine „Cleaning-Fee" von 25 Dollar (für den versifftesten und verflohtesten Ort der Welt!) fällig, die nachträglich von deiner Kreditkarte abgezogen werden kann, denn du musstest ja alle Details vorher angeben, damit du in Belize überhaupt auf ein Atoll kommst.

Nordamerikanische, protestantische Unverfrorenheit!

Wenn du im Internet die Website anschaust, ist alles so paradiesisch schön, aber eigentlich ist es glatter Betrug! In Europa würden sie auch geklagt, aber klag mal gegen einen US-Amerikaner mit Niederlassungsbewilligung und Geld in Belize.

Verglichen mit der US-amerikanischen Art zu betrügen und einen dann vor vollendete Tatsachen zu stellen und auf die Macht zu pochen, sind alle die kleinen Tricks und Betrügereien von Indonesien bis Kuba harmlose Taschenspielertricks. Man hat eine Chance zu reklamieren und zu streiten und sich dann auf einen Kompromiss zu einigen.

Die protestantische, angelsächsische Art und Weise zu betrügen, die es übrigens abgeschwächt auch in England, Australien und Neuseeland gibt, ist: „So ist es, und du hast dich dem zu fügen! Ich habe das Recht und die Macht auf meiner Seite und du bist ein Nobody!"

Meine Konsequenz: Geniess es anderswo! Meide „American-owned Businesses". Es gibt auch lokale Besitzer, die sich Mühe geben.

Leider halten die Amis Mittelamerika immer noch ziemlich fest im Griff, während ihnen Südamerika, Gott sei Dank, immer mehr entgleitet!

Selva Negra

Fünfzehn Kilometer westlich von Matagalpa in Nicaragua gibt es eine alte Kaffeeplantage, die einem deutschstämmigen Nicaraguaner gehört: Eddy Kühl. Sein Grossvater wurde reich durch die Erfindung einer Maschine, die das Fruchtfleisch von den Kaffeebohnen trennt. Die Familie Kühl hatte fast hundert Jahre, bevor es ein Thema wurde, die Idee, den Kaffee nur auf der Hälfte ihres riesigen Grundbesitzes anzubauen und den Rest im Urzustand als tropischen Regenwald zu belassen. Mit echt deutschem Fleiss legte der Vater vor fünfzig Jahren Wege an, die durch den Bergregenwald führen, etwa sieben oder acht Rundwege von einem bis zu acht Kilometern Länge, und gab ihnen Namen wie „Romantico", „Canal", „Quetzal", „Peter and Hellen".

Alle paar hundert Meter laden Sitzbänke, zum Teil schon von Moos bewachsen, zum Verweilen und Birdwatchen ein; ein Hauch von mitteleuropäischem Schlosspark im tropischen Regenwald.

Eddy Kühl überwarf sich mit dem letzten Diktator von Nicaragua und musste ins Exil flüchten. Als die Sandinisten gewannen, war er ihr Held, nicht zuletzt, weil er einen der Ihren in einer halsbrecherischen Aktion und mit persönlichem Mut vor dem Verhaftetwerden rettete, und sie liessen deshalb den Grossgrundbesitz seiner Familie unangetastet. Er wurde ihr Sprecher in Deutschland und ein paar anderen mitteleuropäischen Staaten. Aber als Grossgrundbesitzer war er natürlich ein Klassenfeind, was ihn wiederum für die Amis als Kontaktperson zu den Sandinisten interessant machte. Die Amis schützten ihn vor den Contras, die sonst alles in diesem Gebiet, was nicht explizit für sie war, dem Erdboden gleich machten. Und so blieb Selva Negra, wie die Kühls ihr Paradies nannten, als einer der ältesten Naturschutz-Parks Mittelamerikas erhalten.

Wir verbrachten drei Nächte im Gästehaus dort und sahen viele Arten von Vögeln und Affen, und eines Morgens entdeckte Ligia in einem abgestorbenen Baum die Bruthöhle eines Quetzals. Einen Quetzal, das Wappentier Guatemalas, zu sehen gilt für Birdwatcher als der Lotto-Sechser. Er ist der heilige Vogel der Mayas und fast ausgestorben. Man schätzt, dass heute in Mexiko weniger Quetzals leben, als für die Federkrone des Montezuma im Wiener Weltmuseum notwendig waren.

Wir konnten der Familie Kühl „ihren" Quetzal zeigen, weil wir ja die Bruthöhle kannten. Wir führten sie am nächsten Morgen um halb sechs Uhr dorthin und fanden an der gleichen Stelle neben dem Quetzal auch noch mehrere Tukane.

Aras im Corcovado

In den Corcovado-Nationalpark in Costa Rica kann man nur zu Fuss hineingehen oder mit dem Flugzeug hineinfliegen, dann verpasst man allerdings, was dieses Naturparadies so einmalig macht: die Verbindung von nur dem Meer entlang zu erwandernden Meeresbuchten aus schwarzem vulkanischem Sand, Gezeiten und direkt dahinter aufsteigendem Regenwald.

Der Fussmarsch ist so anstrengend, weil die zwanzig Kilometer zum Teil im Sand der unberührten Strände zurückgelegt werden müssen. Dabei muss man aber die Gezeiten kennen und ihrem Zeitplan genau folgen, denn man muss mehrere Flüsse an deren Mündung durchqueren, die sich dann bei Flut stauen und unpassierbar werden.

Dafür braucht man kein Wasser zu schleppen, denn man findet überall am Weg Quellen, aus denen glasklares Trinkwasser sprudelt.

Und man wird belohnt mit schönstem tropischem Regenwald, wilder Meeresküste, allen Affenarten Mittelamerikas, bunten Vögeln, Nasenbären und rotgelben Krabben, die im Wald spazieren gehen. Einmal flogen über uns auf einen Schlag etwa fünfzig Aras über eine Lichtung von einem Fruchtbaum zum nächsten.

Kolumbien und seine Kokser

Die Panamericana, die Strasse von Alaska nach Feuerland, ist nicht durchgehend. An der Grenze von Panama und Kolumbien fehlt ein Stück, der sogenannte Darién Gap, und wird auch wohlweislich nicht gebaut.

Wir haben es geschafft, mit Booten von Panama nach Kolumbien zu gelangen. Und das nicht, wie die Mehrheit der Traveller, schön behütet mit einer Segelboot-Package-Tour durch die sicheren und touristischen San-Blas-Inseln für 550 Dollar pro Person als All-Inclusive-Tourismus für Rich-Kids, sondern mit dem Lokalboot für 15 Dollar von Puerto Obaldía (Panama) nach Capurganá (Kolumbien), wo wir total durchnässt vom Regen und Spritzwasser am 20. Mai ankamen.

Wir erholten uns erst mal zwei Nächte und einen ganzen Tag lang in diesem Ort an der Karibikküste, wo es keine Autos, nur Maultiere und Pferde, gibt, weil auch dort keine Strasse hinführt. Deswegen ging es von dort auch nur mit einem Lokalboot, aber mit immerhin zwei 200-PS-Aussenbordmotoren (wozu wohl brauchen die so ein schnelles Motorboot?!) weiter über den Golf von Urabá. Das Boot bretterte, voll mit Einheimischen und uns, hart auf den Wellenkämmen aufschlagend, über eine gelbschäumende See. Drei Stunden Bootsflug ohne Stossdämpfer (au, meine Bandscheiben!) in eine der angeblich gefährlichsten Städte Lateinamerikas: Turbo. Nomen est omen.

Ausser uns war in der ganzen Stadt Turbo gerade noch ein anderer Tourist, ein süsser Junge namens Benjamin aus Buenos Aires, der seit Wochen versuchte, von dort ein Transportmittel für sein Motorrad und sich in der Gegenrichtung nach Panama zu finden: ein Argentinier auf Weltreise.

Eine viel zu heisse und verschwitzte Nacht in einem versifften Hafenhotel später ging es mit dem Bus zehn Stunden durch die Berge Kolumbiens weiter nach Medellín: viel Militär, kleine Bergdörfer mit Checkpoints, viele Erdrutsche, nur notdürftig von der Strasse geschaufelt, immer wieder mannshohe Felsblöcke mitten auf dem Weg. Hinter jedem Berg vermutet man im nächsten unzugänglichen Tal, ausserhalb der Sicht von der Stasse und nur mit dem Maultier erreichbar, wohl zu Recht, armselige Hütten mit dazugehöriger Kokapflanzung.

Am 23. Mai erreichten wir die sichere Grossstadt Medellín.

Medellín ist eine riesige Stadt in einem viel zu engen Tal, so dass sich unzählige Hochhäuser an beiden Bergflanken emportürmen, und dahinter ziehen sich noch bis zu den Bergspitzen die Slums der Ärmsten, immer höher und höher. Seit dem Ende des Drogenkrieges boomt Medellín: Es ist eine der zehn am schnellsten wachsenden Städte der Welt. Das U-Bahn-Netz besteht aus einer Linie entlang des Talgrundes und drei Seilbahnen links und rechts auf die Berge. Die Seilbahnen gehören aber auch zum U-Bahn-Netz, und man muss für sie kein extra Ticket lösen.

In der Rushhour stehen die Einwohner der Bergslums von Medellín ganz gesittet in langen Schlangen für die Seilbahn an, die sie von ihrer Arbeit nach Hause in ihre Hütten mit dazugehöriger atemberaubender Aussicht bringt. Es gibt fast keine Kriminalität in dieser schwebenden U-Bahn. Was für eine Erleichterung für die Menschen, verglichen mit den Minibussen und dem langen Fussmarsch von früher.

Das einzige Problem ist, es brauchte zehn solcher Seilbahnen, nicht nur drei, für alle die Slumstädte auf den Berggipfeln rund um Medellín. Die Seilbahn ist fast kriminalitätsfrei, wie überhaupt diese Stadt eine der sichersten Lateinamerikas geworden ist. Wer hätte das gedacht! Medellín boomt wie ganz Kolumbien.

Die Kolumbianer sind sehr hilfsbereit und nett, so wie ich sie schon vor zwanzig Jahren erlebt habe. Trotzdem gibt es eine erkleckliche Anzahl von unangenehmen Typen, ich schätze so ungefähr zehn Prozent. Es sind die Kokser.

Ein Kokser ist ein Busfahrer, der mit einem vollbesetzten Autobus ohne Automatik eine Passstrasse hinunterfährt und dazu mit einer Hand am Handy telefoniert. Ein Kokser ist ein Autofahrer in Medellín, der einfach nie, unter keinen Umständen, auch nicht, wenn zehn Meter weiter vorne eine Ampel ihn eh zum Stehenbleiben zwingt, für einen Fussgänger bremsen würde. Ein Kokser redet zu laut und will auch nur sich selber reden hören. Ein Kokser zwingt seinen Nächsten, seine unsäglich dumme Reggaeton-Musik vom Handy anzuhören, nicht weil er es bös meint, sondern weil er gar nicht merkt, dass er stört, weil er es gar nicht merkt, dass sein Nächster existiert. Ein Kokser ist ein Kleindealer, der mit aggressivsten Methoden sein Geld einzutreiben versucht, genauso wie ein Hedgefondsmanager oder Banker, der Milliarden, die ihm nicht gehören, auf ein bestimmtes Termingeschäft oder auf Wetten für Kreditausfallrisiken setzt und, wenn er gewinnt, als Genie gepriesen wird und, wenn er verliert, noch stolz auf seine Nachrichtenberühmtheit ist. Oder verständlicher gesagt: Ein Kokser ist einer, der in einer nebligen Oktobernacht mit einem grossen, dicken Phaeton mit 150 Sachen durch ein Kärntner Dorf brettert, sich derstesst und nur durch Glück keinen anderen dabei umbringt.

Kokser nehmen keine Rücksicht auf andere, denn andere existieren nicht. Mein Bruder nennt Kokain die „Arschlochdroge“, denn sie mache aus Freunden Arschlöcher! Elton John erzählte, dass er durchs Koksen alle seine alten Freunde verloren habe und sich dann vor die Frage gestellt gesehen habe, ob er so weitermachen und als einsamer, alter Mann enden oder sich ändern wolle.

In Medellín gibt es eine schicke Ausgehzone, „El Poblado“ genannt. Dort reiht sich eine gestylte Bar an die andere, plus Discos, Boutique-Hotels, Cafés, Nouvelle Cuisine-Restaurants und Gassen- bzw. Gartenlokale mit grossen Flachbildschirmen, auf denen MTV-Latino oder eine Doku über den FC Chelsea flimmert. Es schaut aus wie in jeder schicken Ausgehmeile in Europa auch, nur die Mädchen sind etwas hübscher. Dort gehen die Upperclass-Kinder aus und trinken ihre Shots oder Ice-Biere. Dort sitzen am Gehsteig auch ambulante Zigaretten- und Kaugummiverkäufer mit kleinen Klapptischchen oder Bauchläden, meistens ältere Männer aus den Slumvierteln am Berg. Jeder von ihnen verkauft auch kleine Säckchen mit Kokain, die er unter den Zigaretten versteckt hat, das Sachet zu einem Gramm für sechs Dollar! Kein Wunder, dass so viele hier koksen; es ist so billig!

Kolumbien ist leider voll von Koksern. Wie schade! Eigentlich ist es ein traumhaft schönes, fruchtbares, grünes Land mit majestätischen Bergen und weiten Tälern mit grossen, wilden Flüssen, Urwäldern voll mit Tieren und einer der liebenswürdigsten Bevölkerungen der Welt!

Vicunas am Chimborazo

Wir mieteten uns in Riobamba in Ecuador ein Taxi und fuhren auf den Chimborazo, das heisst, bis zum Parkplatz bei der ersten Hütte auf 4800 m Höhe. Dann schleppten wir uns die 250 Höhenmeter bis zur Whymperhütte hinauf, damit ich noch einen Fünftausender meiner Sammlung hinzufügen konnte. Alexander von Humboldt kam auch nicht höher als wir, aber er und seine Zeitgenossen glaubten damals noch, der Chimborazo sei der höchste Berg der Welt. Sie wussten noch nichts über die Höhe des Himalaya und in einem gewissen Sinne hatten sie ja Recht: Da der Chimborazo ziemlich genau am Äquator liegt und höher ist als der Kilimandscharo und da die Erde rotiert und dort, wo die Zentrifugalkräfte am grössten sind, also am Äquator, weiter ist als an den Polen, ist der Gipfel des Chimborazo der am weitesten von der Erdmitte entfernte Punkt der Welt. Hut ab, Herr Humboldt!

Aber das war nicht der Höhepunkt der Fahrt auf den Chimborazo, sondern dass wir auf einer Grasweide neben der Strasse, die hinauf zur zweitletzten Berghütte führt, eine ganze Herde wilder Vicunas sahen. Die Vicunas sind die zierlichsten, hübschesten und seltensten der Kameloiden Südamerikas und in freier Wildbahn fast ausgestorben.

Isla de la Plata

Ich erkundigte mich in Quito (Ecuador), was ein Ausflug auf die Galapagos-Inseln kosten würde: Also für mich, und nur weil ich's bin, 2000 US-Dollar pro Person für eine Woche! Wir verzichteten und fuhren statt dessen für 35 Dollar von Puerto Lopez aus auf die Isla de la Plata, genannt „Galapagos für arme Leute". Das Eiland liegt rund zwanzig Kilometer vor der Küste und hat seinen Namen von dem britischen Seeräuber Sir Francis Drake, weil der hier angeblich seinen Silberschatz versteckte.

Wir sahen beinahe alles, was die Galapagos zu bieten haben (ich war ja schon mal vor zwanzig Jahren als Reiseleiter auf den Galapagos und kann es also vergleichen): Blaufuss-, Rotfuss- und Nazcatölpel, nistende Fregattvögel und, wunderschön im Wind vor den felsigen Klippen tanzende, schneeweisse Tropikvögel, Delfine und Mähnenrobben und, was ich damals auf den Galapagos nicht gesehen habe: Buckelwale, direkt neben dem Boot, so nah, dass ich Sorge hatte, sie würden das Boot umwerfen.

Das Schöne an der Isla de la Plata, genauso wie an den Galapagos, ist, dass die Tiere keinen Fluchtreflex haben, da sie bis vor kurzem keine Raubtiere und vor allem nicht den Menschen kannten. Man kann bis auf einen Meter zu nistenden Tölpeln oder Fregattvögeln hingehen: Sie bleiben sitzen. Ein Paradies für Kurzsichtige!

Isla de la Plata, Ecuador: Die Delfine begleiteten unser Boot zur Insel.

Isla de la Plata:
Die ganze Insel ist ein Nationalpark und wird „Galapagos für arme Leute" genannt: Ein Nazcatölpel

Chimborazo, Ecuador: Wenn man genau schaut, sieht man im Mittelgrund eine Berghütte: Sie ist auf 5020 Metern Seehöhe. Und wenn man noch genauer hinschaut, sieht man oben uns beide in ebenjener Hütte beim Koka-Tee trinken.

Cuenca, Ecuador:
Die Indios des Altiplanos sind im Allgemeinen eher ernst.

Cuenca:
Relativierter Katholizismus

Cuenca: Gelebter Katholizismus

Nambale, San Ignacio, Peru: Falls sich jemand wundert, warum sein Kaffee nach Hundepisse schmeckt.

Zwischen Balsa und San Ignacio: Strassen in Peru brauchen viel Zeit und viel Nerven.

Kuelap, Peru: Die Festung der Chachapoyas in Nordperu ist so grossartig wie Machu Picchu, aber niemand ist dort, weil es viel zu mühsam zu erreichen ist.

Die Strasse nach Kuelap: ... sehr viel Nerven!

Archäologische Zone von Chan Chan bei Trujillo, Peru:
Man sieht, die Chimu-Kultur kannte bereits den VW-Käfer.

Lima, Peru: Dejeuner dans l'herbe

Lima: Wohlverdiente Nr. 1

Ica, Peru: Paracas-Kultur.
„Kiffen gefährdet Ihre Gesundheit!“

Cusco, Peru: Anruf für Evo Morales

Peru: Der 5000er Veronica am Hintereingang nach Machu Picchu

Die Hitparade der hässlichsten Städte der Welt

Um eine gute Platzierung in meiner Hitparade der hässlichsten Städte zu erreichen, muss eine Stadt etliches erfüllen: Sie muss absolut fad sein, darf keine alten oder architektonisch interessanten Gebäude aufweisen, darf keinen eigenen Stil oder Flair haben und auch keine Szenerie besitzen.

Also zum Beispiel: Colón, die Hafenstadt an der Karibikseite des Panamakanals, ist eine abgefackte Müllhalde, aber sie hat alte, kaputte Kolonialgebäude: die Chance auf eine gute Platzierung in der Hitparade der hässlichsten Städte ist verspielt.

Nowokusnezk, die Schwerindustrie-Stadt in Sibirien, ist hässlich, schwarz von Russ und Dreck, aber sie hat alte interessante Industriearchitektur und Fabrikschlote, in Ruinen zwar, aber mit eigenem Flair: Verspielt!

Stuttgart und Salzburg erfüllen von der Langweiligkeit her alle Wünsche, aber sie haben zu viel Szenerie. Gerne hätte ich auch San Diego dazugenommen, aber es hat Meer und Autobahnkreuzungen. Bukarest? Eigener Stil. Leider! Wiener Neustadt? Zu klein! Ganz knapp gescheitert, aber in guter Position und mit aufsteigender Tendenz sind: Casablanca, Gelsenkirchen, Teheran, San Salvador, Birmingham und Hermosillo. Tut mir leid, aber vielleicht wird's ja in Zukunft was.

Hier ist sie also: Meine ultimative und ganz persönliche Hitparade der hässlichsten Städte der Welt:

- Platz 10: Ivano-Frankowsk

Die Stadt aus der Westukraine besteht aus Betonplattensiedlungen der übelsten 50er und 60er Jahre, aber sie ist nicht abgefackt genug, um schon wieder interessant zu sein. Sie hat Leipzig erfolgreich aus den Top 10 verdrängt.

- Platz 9: Hannover

Die Seele der Stadt wurde im Zweiten Weltkrieg zerstört und nie wieder gefunden: beste deutsche Platzierung.

- Platz 8: Madras

Eine englische Erfindung: Eine Stadt zu bauen, wo es kein Wasser gibt; nicht für hunderttausend Menschen damals und auch nicht für zehn Millionen heute. Kürzlich wurde die Stadt bei der bemühten Städteumbennungs-Aktion der indischen Regierung von Madras in Chennai umgetauft; das hat sie aber auch nicht schöner gemacht.

• Platz 7: Pescara

Man stelle sich vor: Eine italienische Stadt ohne Altstadt, höchstens Mussolini-Bauten!

• Platz 6: Jakarta

Der Mega-Müllhaufen aus der Zukunft!

• Platz 5: Guayaquil

Die grösste Stadt Ecuadors ist eine ewige Baustelle und liegt auch nicht am Meer, sondern an einem trägen, stinkenden Fluss.

• Platz 4: Zhengzhou

Chinesische Billigarchitektur, ohne Gesicht, aber dafür mit Smog, so dicht wie Londoner Nebel, nur weniger romantisch.

• Platz 3: Managua

Die Hauptstadt Nicaraguas wurde 1972 von einem fürchterlichen Erdbeben zerstört. Die Bretterbuden, die seither als Ersatz aufgebaut wurden, atmen noch etwas von dem Leichengeruch von damals.

• Platz 2: Amman

Eine Stadt ohne Zentrum, man kann ja die Kreuzung vor der Hussein-Moschee nicht als Zentrum bezeichnen, nur Wohnviertel mit kalksteinverkleideten Betonbauten auf vielen Hügeln, ohne Infrastruktur und ohne Leben.

And now, Ladies and Gentlemen, the No. 1! (Fanfare!)

• Platz 1: Lima!

Die Stadt vereint alles, was es braucht: Sie liegt in der Wüste, hat aber keinen Sonnenschein. An 360 Tagen im Jahr ist es bedeckt, regnet aber nie. Sie besteht hauptsächlich aus armseligen Slums, deren Hütten mit Strohmatten und Wellblech errichtet sind. Sie besitzt weder Stil noch Charme und ist absoluter architektonischer Wildwuchs. Das Stadtbild, das einem in Erinnerung bleibt, sind unfertige ein- oder zweistöckige, kaputte Häuser aus grauen Betonziegeln und oben herausstehenden Armierungseisen, mit rostigen Werbetafeln geschmückt. Lima hat keine interessanten Gebäude, geschweige denn kulturelles Leben, nur reiner kapitalistischer Kampf ums Überleben. Es liegt nicht am Meer, und die Berge sieht man auch nicht. Lima hat nicht mal eine U-Bahn. Die Luft ist verpestet, Wasser gibt es zu wenig. Die Leute sind krank, gestresst vom ständigen Lärm bis zur motorischen Störung und auch nicht freundlich!

Gratulation: Platz Eins der Top Ten der hässlichsten Städte der Welt, redlich verdient.

Der Bär von Machu Picchu

Die Peruaner sind schlau: Weil die UNESCO gedroht hat, Machu Picchu würde den Status als Weltkulturerbe verlieren, wenn täglich mehr als 2500 Touristen den sensiblen Boden der Inkastätte zertrampelten, haben sie den Eintrittspreis auf ca. 50 Euro, die zweistündige Zugfahrt von Ollantaytambo nach Aguas Calientes auf mindestens 130 Euro und den Minibus hinauf auf ca. 15 Euro angehoben, was einen Tagesausflug von Cuzco nach Machu Picchu auf jeden Fall teurer als 200 Euro macht. Den malerischen Lokalzug für Einheimische in der Früh gibt es immer noch. Er kostet ca. fünf Euro, ist aber für Nichtperuaner „aus Sicherheitsgründen" verboten.

Das Ticket für die Stätte und den Zug ist im Internet Wochen im Voraus per Kreditkarte zu bezahlen, es sei denn, man bucht in einem der lokalen Reisebüros in Cuzco, was nochmals eine Buchungsgebühr von 20 Euro zur Folge hat. Welcher Tourist bereist Peru ohne Machu Picchu?

Heute besuchen ca. 4000 Touristen täglich den Ort, ohne dass sich die UNESCO getraut hätte..., mehr noch: Ma-Pi wurde zu einem der Sieben Neuen Weltwunder gewählt! Jetzt kommen auch noch die Chinesen und die Amis!

Aber es gibt eine Alternative: Man bucht von Cuzco eine Minibusfahrt über Sta. Theresa nach Hydroelectrica am Urubamba, lässt sich von einem Reisebüro in Cuzco die Tickets und nur die Tickets nach Ma-Pi ausstellen und geht (sozusagen durch die Hintertür) zwei Stunden entlang der Gleise durch das wildromantische Urubambatal nach Aguas Calientes. Man schläft dort und besucht am nächsten Morgen, bevor der Touristenzug ankommt, die archäologische Stätte. Das Schönste daran ist die Wanderung entlang der Geleise im Tal. Es ist eben und leicht, wie halt eine Bahntrasse so ist, angeblich sicher, und man muss nicht Monate vorher buchen, wie den Inka-Trail, den die Jurastudenten Europas als Kurz-Ersatz für den Jakobsweg entdeckt haben.

Und wenn man, so wie wir, ganz viel Glück hat, steigt aus dem Ufergebüsch des Urubambas ein Anden-Brillenbär und überquert die Gleise und klettert den Urwaldabhang hinauf und lässt sich dabei auch noch filmen. Ligia sah ihn zuerst und rief: „Bär!" Und ich, taub wie ich bin, verstand: „there", und wunderte mich, warum sie auf englisch rief; der Effekt war der gleiche: Ich sah ihn!

Der Brillenbär ist der einzige Grossbär Südamerikas und schon sehr selten. Unserer war vermutlich ein juveniler Einzelgänger auf der Suche nach einem neuen Territorium. Warum er sich aber ausgerechnet Machu Picchu ausgesucht hat, ist mir ein Rätsel.

Lago Sandoval

Wir wollten ohne zu fliegen durch Amazonien reisen und nahmen also einen Bus von Cuzco über einen 4750 m hohen Andenpass, den Abra Pirhuayani hinunter nach Puerto Maldonado in den peruanischen Regenwald.

Wir taten etwas, was wir sonst nie machten: Wir kauften das Busticket schon am Vorabend und schafften es dadurch, die Panoramaplätze ganz vorne oben, über dem Fahrer (es war ein doppelstöckiger Bus), mit Blick auf die Strasse zu kriegen, was bei der atemberaubenden Fahrt über die Anden natürlich spektakulär war. Mit viel Kampf schaffte ich es sogar, den Ton des Nicolas-Cage-Filmes so weit herunterzuverhandeln, dass mit Zukleben der Lautsprecher über uns, Ohrstöpsel und Pullover über den Monitor, einem Landschaftsgenuss nichts mehr im Wege stand. Auf der Fahrt hinunter durch den Bergregenwald sahen wir eine riesige Boa Constrictor auf der Strasse, ausnahmsweise nicht überfahren.

Puerto Maldonado liegt am Madre de Dios, der fliesst nach Bolivien und dort in den Beni, der dann nach Brasilien abbiegt und in den Madeira mündet, einen der grössten Zuflüsse des Amazonas. Der Madre de Dios ist bei Puerto Maldonado bereits so breit wie der Rhein an seinem Unterlauf. Eineinhalb Bootsstunden flussabwärts, in Richtung bolivianischer Grenze, gibt es eine wackelige Anlegestelle, von wo ein Weg etwa drei Kilometer durch den Urwald führt. Am Ende erreicht man einen stillen See, der von Buritipalmen gesäumt ist. Eigentlich ist es ein Altarm des Madre de Dios, tief im Dschungel. Er heisst Lago Sandoval.

In diesem Gewässer leben noch die letzten der fast ausgestorbenen Amazonas-Riesenotter. Lobo de Río (Fluss-Wolf) nennen die Einheimischen den bis zu zwei Meter grossen Fischotter. Im spiegelglatten See, in dem sich die Bäume des Urwalds reflektierten, waren die Otter und unser Ruderboot die einzigen Wellenproduzenten.

Im Ufergebüsch turnten Hoatzins herum, urtümliche Vögel, die von den Zoologen in eine eigene Gattung platziert werden, in der sie die einzige Art sind. Auf deutsch heissen sie Schopfhühner, und die Jungen haben noch eine Kralle an den Flügeln, die sie benützen, wenn sie sich bei Gefahr in den See fallen lassen, um damit wieder ins Ufergehölz zu klettern. Das macht den Hoatzin eventuell zum Bindeglied der Vögel mit dem prähistorischen Archäopterix.

Wir verbrachten zwei Tage am Madre de Dios, dann nahmen wir ein Colectivo (Sammeltaxi) über die Carretera Interoceanica an die brasilianische Grenze. Auf dieser an sich faden Fahrt durch weitgehend gerodetes Gebiet überquerte ein kleines Jaguarbaby, kaum grösser als eine Hauskatze, die Strasse. Es war ein Schwärzling. Die Mutter war wahrscheinlich schon drüben und versteckte sich im Gebüsch.

Der Purus

Jetzt sind wir schon mehr als eine Woche in Brasilien. Es ist herrlich: ein Volk ohne Nicolas-Cage-Filme, überhaupt keine Filme in den Bussen. Wenn einer Musik hören will, benützt er Kopfhörer; ein Traum! Das Essen ist gut. Fleisch, richtiges Rindfleisch! In Peru gibt es zwei Gerichte: Huhn mit Reis und Reis mit Huhn! In Brasilien gibt es Steaks und Bohnen und Gemüse und Farofa und Früchte und, und.

Die Brasilianer haben keine Komplexe: Niemand fragt dich, wie dir ihr Land gefällt, und du musst auch nicht rumdrücken oder lügen: „Ja, super! Sehr schön!" Sie wissen selber, dass sie im schönsten Land der Welt sitzen: Gott ist Brasilianer!

Ich bin nun zwei Jahre um die Welt gereist und habe festgestellt: In Brasilien ist der Wald am grünsten, die Flüsse am breitesten, der Transport am leichtesten, die Klos am saubersten, das Essen am besten, das Bier am kühlsten, die Frauen am schönsten (wer hätte das gedacht!) und das Leben am angenehmsten. Und das alles in einer sehr relaxten Atmosphäre: Man kann Preise verhandeln, aber man muss nicht so tun, als ob man das Ding nicht will, man kann auch einfach sagen: „Hey, ich hab' nicht soviel Geld, kannst du's nicht etwas billiger machen?"

Wir überquerten die Grenze ganz im Süden von Peru, am Dreiländereck mit Bolivien, und als wir aus dem peruanischen Tuk Tuk stiegen und zu den brasilianischen Zöllnern hinübergingen, coole Uniformierte mit Sonnenbrillen aus dem 4000 km entfernten Nordosten, und Ligia erzählte, dass sie durch mehr als 40 Grenzen gereist war, um hierher nach Hause zu kommen, reagierten die so menschlich, dass ihr die Tränen aufstiegen und sie sich beherrschen musste, die Zöllner nicht zu umarmen. Sie waren sehr fürsorglich und boten ihr gleich ein Glas Wasser an.

Da unser ursprünglicher Plan, nicht zu fliegen, natürlich auch für Brasilien galt, ging es von dort über Brasiléia und einen kurzen Abstecher in die bolivianische Grenzstadt Cobija nach Rio Branco und von dort weiter nach Porto Velho.

Von Porto Velho aus gibt es drei Wege nach Manaus: der schnellste mit dem Minibus in zwei Tagen über die BR 319 (nur in der Trockenzeit), der mittlere mit dem Schiff den Madeira runter und dann den Amazonas rauf oder die langsamste Variante: mit dem

Bus nach Humaitá, von dort auf der Transamazônica bis Lábrea und von dort in vier Nächten und fünf Tagen den Purus und dann den Amazonas runter bis Manaus. Natürlich entschieden wir uns für die langsamste Variante. Und bereuten es keine Sekunde. Ich glaube, es war die schönste Schifffahrt meines Lebens.

Als ich unser Schiff, die „Commandante Maya II" zum ersten Mal sah, dachte ich: Oh Gott, was für ein alter, klappriger Seelenverkäufer! Es war ein typischer dreistöckiger Amazonasklipper: eine Ebene für die Güter, eine zweite Ebene für die Hängematten und das Oberdeck für die Bar. Auf der Hängemattenebene gab es vorne auch ein paar winzige Kabinen ohne Fenster und mit zu kurzen Doppelstockbetten. Und nun stellten sich ein paar Glücksfälle ein: Das Schiff war leer, es waren so wenig Passagiere, dass wir nach einer Stunde alle kannten und am Ende der Reise alle Freunde waren. Der Barman fehlte, und die Bar und damit auch die Lautsprecher waren eingeschlossen, das heisst: kein elender Forró, keine Besoffenen, dafür Stille und Sternenhimmel auf dem obersten Deck.

Der Rio Purus ist einer der ursprünglichsten und auf jeden Fall der gewundenste rechtsseitige Zufluss des Amazonas. Er fliesst durch mehrere Indianerreservate, und sowohl die Peruaner wie die Brasilianer haben an seinem Oberlauf ein grenzüberschreitendes Naturschutzgebiet eingerichtet, den „Parque Nacional del Alto Purus", was dazu führte, dass der Purus, an dem sowieso wenig Menschen leben, einer der saubersten Flüsse Amazoniens ist.

Das wiederum führte dazu, dass im Purus sehr viele Süsswasserdelfine leben. Es müssen Tausende sein, denn praktisch immer, wenn wir länger aufs Wasser schauten, sahen wir ihre silbrig oder rosarot schimmernden Rücken auf- und untertauchen. Im Unterschied zu ihren Salzwasserverwandten springen sie nicht, sondern buckeln nur kurz aus der Oberfläche und tauchen wieder unter; eher wie kleine Wale.

Wir kriegten für ganz wenig Geld eine der winzigen Kabinen, wo wir unsere Sachen auspacken und einschliessen konnten. Das Wetter war alle fünf Tage wolkenlos, bis auf ein paar weit entfernte Gewittertürme, grad so, dass einem nicht langweilig wurde und zauberte jeden Morgen und Abend dieses einmalige Dämmerlicht, das nur Amazonien so kann.

Der wichtigste Glücksfall aber war, dass die Crew, vom jungen Besitzer César über den Kapitän bis zur Putzfrau Ana Maria, so unglaublich nett war. Wir fühlten uns einfach wohl und in Manaus angelangt waren wir wie eine Familie, und das ist für ein Schiff der ultimative Glücksfall.

Der Rio Purus ist sehr schön und kommt der erträumten Vorstellung eines Amazonas-Flusses schon sehr nahe. Ich glaube, ich habe die Ligia auf der ganzen Reise nirgendwo so glücklich gesehen wie auf dem Purus.

Wir genossen den Fluss jede Minute der fünf Tage mit allen seinen Mäandern. Kurz vor seiner Einmündung in den Amazonas ist er wie ein riesiges Seengebiet mit vielen Inseln, man weiss gar nicht mehr, was Festland ist und was Inseln: eine grüne aquatische Welt. Der Fluss überschwemmt den Wald.

Die ältesten portugiesischen Karten verzeichneten im Innern Südamerikas einen riesigen See. Das ist, zumindest bei Hochwasser des Amazonas-Rio-Negro-Systems, gar nicht so falsch. Die Brasilianer nennen das Várzea.

Der beste aller Sätze zu Brasilien:

Brasilien ist das Land der Zukunft... – und wird es immer bleiben!
(Stefan Zweig zugeschrieben.)

Brasilianer sind die besseren Deutschen

Es ist schwierig mit Verallgemeinerungen, wenn man etwas gut kennt. Brasilien kenne ich eigentlich schon zu gut, um mit Sätzen wie: „Brasilianer sind..." leicht zu hantieren. Aber eigentlich ist das schade, denn ich liebe Verallgemeinerungen und Schubladisierungen,... wenn sie denn von mir stammen! Ansonsten tue ich gerne bestehende Klischees (die von anderen stammen!) zerstören.

Also auf geht's:

„Brasilianische Fussballspieler lernen das Kicken am Strand."

Falsch: Brasilianer sind Vereinsmeier, und der brasilianische Fussballverband ist einer der mitgliederstärksten, neben dem deutschen DFB. Überall sieht man am Abend ausgeleuchtete Fussballplätze, wo Kinder und Jugendliche unter Anleitung eines Trainers und in saubere Dressen gekleidet Fussball spielen. Da gibt es dann auch Schiedsrichter und Linienrichter, wie es sich gehört. Ronaldinho und Roberto Carlos, Pato und Neymar kommen aus der Mittelschicht. Kaká ist ein wohlerzogener Oberschichtjunge aus Brasília. Nix mit ballestern lernen in der Favela und am Strand!

„Brasilianer sind das Leben geniessende Stritzis."

Nirgendwo, ausser vielleicht im Bible-Belt im mittleren Westen der Vereinigten Staaten, ist der Anteil an wiedererweckten Christen so hoch wie in Brasilien. Kirchen überall: Adventisten, Zeugen Jehovas, Assembléia de Deus, Presbyterianer, Lutheraner, Zwinglianer, Calvinisten, Unitarier, Methodisten, Lorenzianer, Neuapostoliker, Neuchristen, Darbyer,

Evangelikale und Pfingstler wohin das Auge blickt. Man schaue nur mal den obgenannten Fussballern zu, wie sie jubeln, wenn sie ein Tor schiessen.

„Brasilianische Frauen sind freizügig."

Denkste: Nichts schockiert Brasilianer mehr, als wenn sie von FKK hören. In Brasilien ist das nicht üblich, da gibt es nicht einmal Oben ohne: Brasilianerinnen haben immer was an, es mag wenig sein, aber etwas ist immer da. Die Beziehungsanbahnung bewegt sich ebenfalls in sehr traditionellen und braven Bahnen. Man wohnt sehr lange noch zu Hause bei den Eltern. In der Regel passiert der erste Kuss im Auto und eher spät. Geschweige denn der erste Schuss: Ich schätze mal, dass in Brasilien mehr Mädchen jungfräulich in die Ehe gehen als in der Schweiz. Die vielen Christinnen noch gar nicht mitgezählt.

„Brasilien ist das Land, wohin sich Kriminelle flüchten."

Heute hätte der arme Posträuber Ronald Biggs keine Chance mehr. Kein Land, ausser vielleicht die USA, kontrolliert seine Bürger so wie Brasilien. Nirgendwo ist die Überwachung und die Zusammenarbeit zwischen Strafverfolgungsbehörden, Privatunternehmen und der Interpol so perfektioniert und funktioniert so reibungslos wie hierzulande.

Überall muss man seine CPF-Nr. (das ist der örtliche Personalausweis) angeben: kein Internet, kein Telefon, kein Billett für die Überlandbusse ohne Ausweis. Beim Einkauf im Supermarkt oder in der Drogerie wird man an der Kasse immer nach der CPF-Nr. gefragt. Wenn man sie nicht angibt, kriegt man die vielen Rabatte nicht.

Den Brasilianern ist das wurscht, sie sind das gewöhnt. Privatsphäre gibt es auch zu Hause nicht und sie sind ja eh auf Facebook. „Feissibuki" ist ein Muss für alle unter achtzig und hat wohl nirgends so viele Fans wie in Brasilien und Indonesien. Ah ja, vielleicht noch in den USA.

Bei jedem Einkauf ist man also mit seiner Nr. im Computer, und jeder kann, ob Privatmann oder nicht, wenn er die CPF-Nr. des andern weiss, dessen Steuerveranlagung und Schulden im Internet einsehen. Banken informieren sich gegenseitig und auch die Behörden und sogar Geschäfte und Firmen über den Schuldenstand ihrer Kunden.

Datenschutz existiert in Brasilien einfach nicht. Das Recht auf Schutz der Persönlichkeit ebenfalls nicht: Verhaftete werden noch am selben Abend, mit voller Namensnennung und Nahzoom aufs Gesicht, in den Fernseh-Nachrichten gezeigt, lange vor jedem Gerichtsverfahren.

Ich habe eine Nachrichtensendung gesehen, in der ein Verkehrsunfall gezeigt wurde. Da wurde der Schwerverletzte noch vor dem Eintreffen der Rettung interviewt: „Können

Sie unseren Zusehern kurz schildern, wie man sich so fühlt mit zerschmetterter Brust und abgetrenntem Bein?“ „Wie ist das denn für Sie jetzt so, wo Ihre Mutter tot hier unten liegt?“ Der erste Helikopter, der am Schauplatz eintrifft, ist im Normalfall nicht der Rettungshelikopter, sondern von „O Globo“.

In jedem Wohnblock sitzt unten, im 24-Stunden-Dienst, ein Pförtner, der die Leute reinlässt und kontrolliert. Deshalb haben die meisten Brasilianer auch gar keinen Hausschlüssel, nur Wohnungsschlüssel. Er sieht alles, weiss alles und gibt sein Wissen auch gern an alle weiter. Nichts also mit einer netten Nacht, wenn die Eltern mal ausser Haus oder auf Urlaub sind. In der Nazizeit gab es das in Deutschland auch: Man nannte das Blockwart.

„Brasilien ist ein Tropenland mit unhygienischen Zuständen.“

Brasilianer sind schockiert, wenn sie hören, dass es in Europa Menschen gibt, die sich nicht jeden Tag duschen. Der Durchschnittsbrasilianer duscht sich zweimal täglich. Die Strassen sind sauber, auf jeden Fall deutlich sauberer als in den USA. Der Boden der Geschäftslokale und der Gehsteig davor werden mindestens einmal täglich gewaschen. Es gibt Mülltrennung, und die Verkäufer in Lebensmittelgeschäften haben Haarnetze auf. Das Fleisch und der Käse, Obst und Gemüse werden einem in Plastikhandschuhen gereicht, und die wandern nach einmaligem Gebrauch in den Müll. Brasilianer haben ein erotisches Verhältnis zum Staubsauger.

„Alle Brasilianer können tanzen.“

Uff, was soll ich sagen? Der schlechteste Kubaner ist noch immer besser als...

Brasilianer sind die besseren Deutschen!

Wie die Deutschen stauen sie gerne auf Autobahnen. Es ist dies das Wochenendvergnügen beider Nationen. Und wie die Deutschen essen sie auch gerne in Raststätten.

Am Samstag wird das Auto geputzt und, ausser im „afrikanischen“ Nordosten, haben die Autos auch keinen Kratzer und sind blitzblank.

Wenn irgendwo eine Tafel steht, die besagt: „Aussichtspunkt“, dann gehen sie genau dort die Aussicht anschauen und nicht daneben, wo es genauso schön ist und genauso viel Aussicht gibt. Das ist eine Eigenschaft, die zum Beispiel die Deutschen unterscheidet von ihren Nachbarn, diesen revolutionären Individualitätsfetischisten im Süden. Brasilianer machen gerne alles im Rudel.

„Brasilianer sind gutgelaunt und höflich.“

Stimmt! Noch immer und trotz des Aufschwungs und des Geldes!

Ein Land verfettet

Hilfe! Eine ganze Nation verfettet! Es gibt keine schlanken Frauen mehr in Brasilien. Die Hintern der Durchschnittsbrasilianerinnen sind mindestens 60 bis 70 cm breit. Während in Kalifornien etwa jede Zweite übergewichtig ist, sind es in Brasilien vier von fünf! Achtzig Prozent!

Achtzig Prozent der Frauen hier haben Riesenärsche und fette Oberarme und Sumo-Gesichter! Wo sind alle die schönen Brasilianerinnen, die ich in meiner ersten Euphorie in der ersten Geschichte vom Rio Purus noch vermeinte zu sehen? Warum ist mir das im Norden und Nordosten, in Acre, Rondônia und Amazonas, in Pará und Maranhão nicht aufgefallen?

Mediziner, die reich werden wollen, ich meine, echt reich, sollten Schönheitschirurgen werden und in Brasilien eine Fettablassungsklinik aufmachen oder Kniespezialisten werden. Modehäuser für Übergewichtige gibt es schon, aber ist der Markt wirklich schon gesättigt für achtzig Prozent der Bevölkerung?

Vor zehn Jahren war das noch nicht so. Was ist passiert? Ich vermute Verschiedenes: Am Anfang jeder individuellen Fettwerdungsgeschichte steht normalerweise eine Diät. Danach merkt sich das der Körper und sammelt an für schlechte Zeiten: Es könnte ja sein, dass die labile Psyche des Körperbesitzers wieder mal auf so eine idiotische Idee kommt, da muss man Reserven anlegen.

Die Diäten müssen in Brasilien kollektiv vor ca. zehn Jahren passiert sein. Ich habe da vor allem Frauenmagazine und die unsäglich dummen Fernsehprogramme im Verdacht. Brasilianer sind extrem körperbewusst und körperbetont und eitel. Nirgends, ausser in den USA und prozentual noch in Kolumbien, boomt die Schönheitschirurgie so wie hier. Wo sonst noch lassen sich die Frauen eine Rippe herausoperieren, damit sie schlankere Taillen haben?

Der zweite Verdacht ist der: Das brasilianische Essen besteht, trotz des wunderbaren Rindfleisches, das es hierzulande gibt, hauptsächlich aus Kohlehydraten. Brasilianer essen also Zucker: Reis und Bohnen und Maniokmehl drauf und Teigwaren; alles auf einem Teller und das jeden Tag.

Die neueste Mode ist es, sich Take-Away-Pizzas nach Hause bringen zu lassen. Jetzt kann sich das die in den letzten Jahren schnell gewachsene Mittelschicht leisten. Und dazu trinken sie Coca Cola, picksüsses Guaraná oder Bier. Also nur Zucker. Und Zucker macht fett.

Dazwischen wird genascht: Chips, etc., oder Süssigkeiten. Wenn man die Fetten genau beobachtet, sieht man, dass sie eigentlich ständig was naschen. Und wenn man

Amazonas, Brasilien:
Der Rio Purus kommt der erträumten Vorstellung eines Amazonas-Flusses schon sehr nahe.

Amazonas: ... dieses einmalige Dämmerlicht, das nur Amazonien so kann.

Amazonas: Kurz vor seiner Einmündung in den Amazonas ist der Rio Purus wie ein riesiges Seengebiet. Man weiss gar nicht mehr, was Festland und was Insel ist.

Amazonas: Ein Kampagnen-Schiff für die nächsten Lokalwahlen auf einem Nebenfluss

Zwischen Manaus und Santarém, Brasilien:
Man schläft auf den Amazonas-Schiffen in selbst mitgebrachten Hängematten.

Amazonas: Eine unserer kleinen Freundinnen auf dem Amazonas-Schiff zwischen Manaus und Santarém

Pará, Brasilien: Die Dusche auf dem Amazonas-Schiff zwischen Santarém und Belém

Belém, Pará: Das Land der Zukunft und der Hoffnung

Belém: Ein Reiher aus der Froschperspektive

Belém:
Offensichtlich gibt es in Brasilien eher selten Erdbeben.

Belém: Die typischen Lokalgerichte von Nord-Brasilien, wie Tacacá, Vatapá oder Maniçoba, schmecken sogar vom Strassenstand in der Favela vorzüglich.

Paulino Neves, Maranhão, Brasilien: Der perfekte Schappschuss

Paulino Neves: Wir mussten um vier Uhr aufstehen, um den einzigen Bus des Tages zu erwischen. Es war noch dunkel.

São Luís, Maranhão: 22. August, Dia do Folclore

Salvador, Bahia, Brasilien: Schönheit am Markt in der Unterstadt, nahe beim Lacerda-Aufzug

Salvador: Oi Maria! Kannst du mir ein bisschen Salz ausborgen?

Chapada Diamantina, Bahia: Brasilien ist reich an spektakulären Landschaften.

Brasília, DF, Brasilien: Beim neuen Fernsehturm von Oscar Niemeyer: „Da zieht's einem die Schuh aus."

Brasília: Nicht ein Raumschiff, sondern Architektur der 50er Jahre: Das Museum von Oscar Niemeyer

São Paulo, Brasilien: Endlich sind wir angekommen: Am Ende unserer Weltreise.

130 Kilos hat, dann macht man natürlich auch weniger Sport und geht weniger zu Fuss und sitzt, wo immer es geht.

Was ich noch nicht sehe, sind die normalerweise mit dem Dickwerden einhergehenden Depressionen, aber die kommen so sicher wie das Amen in der Kirche. Es sind ja vor allem die Frauen, die übergewichtig sind, viel weniger die Männer. Übergewichtige Männer gibt es zwar auch, aber da ist es nur jeder Zweite. Und Frauen schauen ja in Frauenzeitschriften die Bilder von Models und Telenovela-Stars an und vergleichen... und kriegen Depressionen.

Oder hilft es vielleicht, dass die Leute heutzutage alle neue Flachbildschirm-Fernseher kaufen, aber unfähig sind, das Format richtig einzustellen, so dass die Telenovela-Stars und die Models im Fernsehen auch alle ausschauen wie Sumo-Ringer? Wenn das so ist, bin ich dafür, dass der Staat die Fernsehsender und -hersteller zum falschen Format zwingt und es gar kein richtiges Bildformat mehr gibt. Ich habe mich ja eh schon daran gewöhnt: Ich mag es, wenn die Fussballspieler von Barcelona ausschauen wie kleine, fette Sumo-Ringer, die mit einem Wahnsinnstempo über viel zu weite Fussballfelder rennen: Es schaut alles viel schneller aus!

Wo sind alle die schönen Brasilianerinnen, die ich noch vor 15 Jahren gesehen habe? Ein verfettetes Gesicht und Oberarme, die ausschauen wie der Oberschenkel von Andres Iniesta, sind nun mal einfach nicht schön!

Das Gedankenspiel geht folgendermassen: Du steigst in eine U-Bahn ein und stellst dir vor, du musst, um die Welt vor dem Untergang zu retten, mit einer der anwesenden Frauen in diesem U-Bahn-Abteil schlafen. Leider! Es geht nicht anders, du musst eine auswählen, noch vor der nächsten Haltestelle, und nein, es gibt keine andere Möglichkeit, die Welt zu retten. Welche suchst du dir aus?

Während ich früher in São Paulo unzählige Möglichkeiten fand, den Atomkrieg zu verhindern, die Welt vor einer Aidsepidemie ungeahnten Ausmasses und vor SARS und der Vogelgrippe zu retten, ja sogar unter Umständen eine Lösung für die globale Erwärmung, das Waldsterben und die Abholzung der tropischen Regenwälder fand, beschleicht mich heute in São Paulo ein leicht schlechtes Gewissen, weil ich mich bei dem Gedanken ertappe, dass es vielleicht gar nicht so schlecht ist für die Natur, wenn der Mensch ausstirbt.

Wo sind alle die schönen Frauen Brasiliens geblieben? Wahrscheinlich sind sie nach Europa ausgewandert: Frauen lieben Dekadenz!

Nur etwas ist in den letzten Jahren noch schneller gewachsen als das brasilianische Bruttosozialprodukt: Es ist der Körperumfang der Brasilianerinnen! Hat Lula das bedacht, als er seine Fome-Zero-(Kein-Hunger)-Kampagne vor zehn Jahren lancierte?

Fürchte dich nicht, Europa

Europa reitet Zeus, den Bullen, nicht mehr. Sie ist erwachsen geworden, sitzt zu Hause und denkt erschrocken nach, was jetzt wohl wird.

Wir sind nun seit über zwei Jahren ausserhalb von Europa, und ich höre im Fernsehen, vor allem auf amerikanischen Kanälen, immer wieder von der Europakrise. Dieser Ausdruck ist geeigneter als Eurokrise, denn er zeigt besser, worum es geht.

Ich habe auf dieser Weltreise herausgefunden, dass ich ein Europäer bin. Mein Satz, den ich vor einem Jahr aufgeschrieben habe, dass ich seit Üsküdar in keinem Land länger leben könnte, gilt immer noch. Warum? Ich glaube, es ist Zeit für mich, mal darüber nachzudenken, was Europa eigentlich ist. Nach zwei Jahren Aussensicht frage ich mich nun: Was macht Europa aus? Was unterscheidet Europa von anderen Kontinenten?

Jahrhundertelang hat Europa auf Kosten der sogenannten Dritten Welt gelebt und prosperiert. Heute noch fliessen um ein Vielfaches mehr Gelder aus den armen Regionen nach den entwickelten Ländern als umgekehrt. Da meine ich noch nicht mal die Gelder der Reichen und Mächtigen, die ihren Reichtum auf Schweizer Banken deponieren. Nein, sobald die Kinder in den armen Ländern sich etwas kaufen, fliesst das Geld zu uns. Und neuerdings eventuell nach China. Was können wir dagegen tun? Die Märkte abschotten? Dagegen haben unsere Mächtigen was, wenn nötig mit Militärgewalt. Der nordische weisse Mann ist schlicht und einfach das Aggressivste, was unser Planet bis jetzt erlebt hat.

Sollen wir den Armen der Welt erklären, sie dürfen die Fehler, die wir gemacht haben, nicht machen? Damit unser Planet nicht zugrunde geht? Um uns zu retten? „Europa hat die Ressourcen leider schon verbraucht, ihr dürft es jetzt nicht mehr! Macht nicht unsere Fehler nach!" Aber sie wollen es, sie wollen genau das. Das heisst aber nicht unbedingt, dass sich die Welt dann auch in Richtung Europa entwickeln wird. Ich halte Bangladesh für das plausiblere Zukunftsmodell als Schweden; aber alle wünschen sich lieber eine schwedische Zukunft.

Warum haben Länder wie Peru, Brasilien, Indonesien, Indien ein Wirtschaftswachstum und Europa nicht? Ganz einfach: Sie haben ein Bevölkerungswachstum und Europa nicht. In Peru oder Ecuador hat jede, aber auch jede Frau zwischen 15 und 45 ein Kleinkind auf dem Arm. Meistens eines an der Hand, eines auf dem Arm und eines im Bauch. Ich glaube nicht, dass das aus freiem Willen so ist, sie verhüten einfach nicht, aus welchen Gründen auch immer.

Es gab mal eine Zeit, da hatten europäische Frauen auch zehn Kinder. Es war die Zeit, als Europa Menschen in Gegenden exportierte, die nicht so ein Bevölkerungswachstum hatten, zum Beispiel in die USA, Argentinien, Australien. Es waren arme Europäer. Italiener aus dem armen Süden, halbverhungerte Iren, ja, und auch halbverhungerte Deutsche, die den Aufschwung der USA, Argentiniens und Australiens brachten.

Was können wir daraus lernen? Dass Einwanderung gut ist für die Wirtschaft!

Warum tut sich Europa dann so schwer damit? Weil wir immer noch an unseren nationalistischen Reflexen hängen. Der Nationalismus ist eine zutiefst europäische Erfindung. Ich nenne ihn immer den „dümmsten gemeinsamen Nenner". Das wissen natürlich auch die Politiker und die Medien (und das Olympische Komitee mit seinen ärgerlichen Medaillenstatistiken).

Es waren damals auch Analphabeten, irische, deutsche und italienische Analphabeten, die in die USA ausgewandert sind, also warum haben wir Angst vor türkischen und moldawischen Analphabeten und machen es ihnen so schwer? Wollen wir aus der Krise rauskommen oder wollen wir die Türen zusperren und an unserer Krankheit zugrunde gehen? Europa braucht keine Angst zu haben: Wir sind ja voraus. Der Abstand wird kleiner werden, aber die letzten zehn Prozent des Vorsprungs einzuholen wird sehr, sehr schwierig sein und lange dauern.

Wenn ich mir überlege, was Europa eigentlich ausmacht, was Europa unterscheidet von anderen Gegenden, ist es erst einmal landschaftliche und kulturelle Diversität. Dann aber auch, und vor allem, sind es Errungenschaften, die wir uns durch Jahrhunderte an Kämpfen, auch Klassenkämpfen, und Kriegen und Diskussionen und Streit und Ideen und politischer Willensbildung, nicht zuletzt durch freie Medien (so was gab es einmal!) erkämpft haben. Es ist ja nicht so, dass uns das unsere politische Kaste geschenkt hätte, wir mussten uns das erstreiten, und das hat gedauert. Und es wäre wohl nie zu diesen Errungenschaften gekommen ohne die wirtschaftliche Entwicklung, die nicht zuletzt durch Kolonialismus, Sklaverei, Ausbeutung und die Ausquetschung der Dritten Welt angetriggert wurde. Was haben wir uns alles gekauft mit dem Geld, das wir den armen Ländern entzogen haben? Was sind diese europäischen Errungenschaften? Es sind viele:

- Altersversorgung, Sozialsystem, Invalidenrente, Hinterbliebenenrente, Arbeitslosenversicherung, Krankenversicherung, etc.

Auf das alles kann und will ich eigentlich nicht verzichten. Es kann mir nur gut gehen, wenn es auch meinem Nachbarn und meinen Freunden, meinem sozialen Umfeld gut geht. Ich möchte nicht mein Leben als reicher Europäer hinter scherbengeschmückten Mauern und elektronischen Sicherheitssystemen und psychologischen Barrieren verbringen müssen.

• Strassen, Brücken, Autobahnen, Tunnels, Eisenbahnen, etc.

Kolumbien macht riesige Anstrengungen, Strassen über seine Berge zu bauen. Aber es sind die Strassen, die wir in den Fünfzigerjahren gebaut haben: Je eine Fahrbahn für jede Richtung, und es wird jede Kurve, jedes Tälchen ausgefahren. Da geht es jetzt erstmal um Asphaltierung und noch lange nicht um Brücken oder Tunnels (ich rede hier nicht von Nebenstrassen, sondern von den Verbindungen zwischen den grössten Städten des Landes). In ein paar Jahren werden sie dann anfangen, Autobahnen zu bauen, während in Europa schon geplante Autobahnen nicht mehr gebaut werden und man darüber nachdenkt, wie man den Verkehr von der Strasse weg kriegt. Schiene, als Transportmittel für Menschen, gibt es ausserhalb von Europa, Japan und Indien quasi nicht. In den USA sind die Strassen in einem erbärmlichen Zustand.

• Sauberes Trinkwasser und Kanalisationssystem.

Wenn es regnet, fliesst das Wasser in São Paulo oberirdisch ab oder gar nicht: Es gibt kaum eine unterirdische Regenwasserkanalisation. In Bogotá und Lima stinkt die ganze Stadt nach Kanalisation.

• Müllentsorgung.

In Manaus wird der Müll auf die Strasse geworfen, wo er sich zu riesigen Bergen türmt. Dort wird er aber abends wenigstens von Müllmännern mit blossen Händen auf einen Karton geschaufelt und abtransportiert (ich mag gar nicht wissen wohin!), während in Indonesien jeder selber dafür zuständig ist, den Müll vor seiner Hütte zu verbrennen: Indonesien riecht nach verbrennendem Plastik.

• Umweltschutz, Abgasnormen und Katalysatoren.

Von Afrika bis Samoa, von Mexiko bis Argentinien fährt man normalerweise in der Dieselwolke des vorausfahrenden Lasters; afrikanische Busfahrer scheinen das sogar zu mögen, sie verweilen möglichst nah und lange darin.

• Rechtssicherheit.

Leute mit eigenem Pkw gibt es in Peru oder Vietnam noch kaum. Wenn, dann sind sie reich und mächtig und müssen keine Verkehrsregeln beachten. Sie besitzen das Recht! Kein peruanischer oder ecuadorianischer Polizist würde sich trauen, den Fahrer einer dieser, wegen der starken Sonneneinstrahlung verdunkelten, Limousinen wegen so Kleinigkeiten wie Vorrangmissachtung, Alkohol am Steuer, Telefonieren oder Schnellfahren zu massregeln. Jemand müsste den Peruanern mal erklären, was diese seltsamen weissen Streifen auf der Strasse bedeuten, die ausschauen wie ein Zebra. Wahrscheinlich ist das nur ein Strassendesign, das sich in Städten so gehört, weil es schon auf dem Cover von Abbey Road war. Einem Fussgänger Vortritt lassen? Soweit kommt's noch: Fussgänger sind Indios und Arme und die besitzen kein Recht!

• Ein Schulsystem, das den Namen verdient.

Es ist schon erstaunlich, mit wie wenig Bildung die Menschen auskommen. Das ist allerdings bei uns auch nicht viel anders, aber das Angebot gibt es zumindest.

• Grundlagenforschung, Geisteswissenschaften, Kultur und Kunstförderung.

So einen Luxus leisten sich erst ganz zaghaft Brasilien und ein paar Schwellenländer. Ein Studium um der Wissenschaft willen, ohne direkten Zweck und Profit. Wozu? Damit sich die Welt weiterentwickelt? Die Länder der Dritten Welt wollen sich erst mal selber entwickeln!

Was haben wir uns sonst noch so gekauft mit dem Geld der Armen?

• Informationsauftrag von Medien (oder zumindest das Gerede davon), internationale Nachrichten, Minderheitenschutz, Gleichberechtigung, Quotenregelung, Religionsfreiheit und Trennung von Kirche und Staat, Sicherheit am Arbeitsplatz, Kläranlagen, feuerpolizeiliche Vorschriften, Arzt- und Postgeheimnis, Recht auf Privatsphäre(?), Recht auf Ruhe.

Die Bemos (Minibusse) Indonesiens haben Lautsprecher nach aussen, um möglichst laut und nervend Aufmerksamkeit zu erlangen und Leute zu keilen. Wenn jemand dadurch gestört wird: sein Problem! Das Gleiche gilt auch für die Busse in Melanesien und Polynesien. Geschäfte in Lateinamerika stellen Boxen an den Eingang zur Strasse und spielen möglichst laut die nervigste Musik. In Kolumbien bis Peru tun das nicht nur die Kleider-, Schuh- und Waschmaschinengeschäfte, sondern sogar Apotheken. In Brasilien fahren Lautsprecherwagen mit riesigen Boxentürmen und ohrenbetäubendem Lärm durch die Dörfer, um Werbung für die Kandidaten der nächsten Lokalwahlen zu machen. In den Bussen Lateinamerikas laufen Nicholas-Cage-Actionfilme und/oder die dümmstmögliche Musik. Sollte es mal zufällig wo Stille geben, wird Musik vom Handy gespielt. Ich glaube, der aussereuropäische Mensch würde sich bei Stille echt unwohl fühlen. Erstens, weil es die nie gab bei ihm zu Hause, wie denn auch, bei zehn Geschwistern in zwei Zimmern und einem permanent laufenden Fernseher.

Wird Europa seinen Vorsprung halten können?

Die Länder der Dritten Welt haben ihr hohes Wirtschaftswachstum nicht, weil sie Neues erfinden, sondern weil sie für viele Kinder viele Dinge oft billig nachproduzieren, weil viele noch nichts haben und weil diese Länder von weit unten kommen. Bei einem Bruttosozialprodukt pro Kopf, das zehn Prozent von dem Deutschlands beträgt, schaut ein Wachstum von zehn Prozent sehr gut aus, aber es führt zu einem BSP pro Kopf, das elf Prozent von dem Deutschlands beträgt.

Und die Bevölkerung dieser Länder besteht mehrheitlich aus Kindern: Über 50 Prozent der Bevölkerung Lateinamerikas und Südostasiens sind unter 20 Jahre alt!

Ich habe in Indonesien, auf den Togian-Inseln, in einem winzigen Dorf mit ganz wenigen Pfahlbau-Häusern auf einer winzigen Insel, die Leute gezählt, die am Landungssteg auf das wöchentliche Schiff warteten, auf dem auch wir an der Reling standen. Es muss die gesamte Dorfbevölkerung gewesen sein: Ich kam auf 250 Personen, davon 19 Erwachsene! Was machen alle diese Kinder, wenn sie selber erwachsen werden? Das Riff, von dem sie leben, ist jetzt schon fast leergefischt. Der Rest wird mit Cyanid gefischt, dann sterben auch die Korallen und dann gibt es auch in Zukunft keinen Fisch mehr. Dann gibt es nur mehr einen Weg: Ab in die Slums von Jakarta! Wo die Millionen Arbeitslosen dann in keiner Arbeitslosenstatistik aufscheinen werden, auch kein Geld vom Staat kriegen und so den Staat auch nichts kosten. Dann hat der Staat auch keine Schuldenkrise, und wenn dann einer von diesen Arbeitslosen doch einen kleinen Job findet und sich was kauft, führt das zu einem Wirtschaftswachstum.

Wenn auch wir weiterhin ein Wirtschaftswachstum anstreben wollen (was ich ja eigentlich falsch finde), wäre es mittelfristig hilfreich, Deutschland aus der EU auszuschliessen, den Euro aufzuweichen und die Türkei aufzunehmen. Langfristig hilft jedoch nur eines: Die Türen aufmachen und frischen Wind (und möglicherweise etwas Lärm) reinlassen!

Aber eigentlich finde ich ja ein Nullwachstum erstrebenswert. Ich weiss schon, ein Nullwachstum gibt es nicht: Dann halt ein Plus/Minus-Nullwachstum. Vielleicht könnte dann unsere Welt noch ein paar Stellen wilder Natur bewahren. Die gibt es gerade und ganz knapp noch, aber man muss viele, immer gleich aussehende Strassendörfer mit stinkenden oberirdischen Abwasserkloaken und verbrennendem Plastikmüll durchqueren, wenn man noch ein wenig unberührte Natur finden will. Und wenn, dann gibt es sie nur noch in der Dritten, der armen Welt. Bei uns gibt es schon lange keine echte wilde Natur mehr. Wehe, es kommt mal ein Bär nach Graubünden oder ein Wolf ins Wallis.

Ich hab mal vor Jahren Brasilianer, die in Europa zu Besuch waren, schockiert, indem ich ihnen von einem schönen Aussichtspunkt aus das schweizerische Voralpengebiet zeigte. Es war ein wunderschöner Herbsttag, leichte Nebelschwaden zogen sich über die farbigen Wälder und Seen, und ich deutete auf die Bäume und sagte: „Jeder Baum, den man hier sieht, von dem da vorne bis zu denen da hinten auf den Bergen, ist da, weil ihn jemand gepflanzt hat. Er ist registriert und es gibt einen Beruf, der sich nur darum kümmert.“ Ich erntete ziemlich überraschte Ausrufe.

In Europa ist der Wald mehrheitlich eine Plantage und die Natur eine gezähmte. Ungeplante, freie und unberührte Natur gibt es nur ausserhalb Europas und das vor allem in den armen Ländern: Tansania leistet es sich, über zehn Prozent seiner Fläche als Nationalparks und Schutzgebiete auszuweisen. Wieviel Prozent sind es bei uns?

Und wenn ich über all die Dinge schreibe, die in den armen Ländern im Argen liegen, warum machen die Menschen dort oft einen glücklicheren Eindruck als bei uns? Nicht alles ist ein Horror in den Tropen. Ich ärgere mich oft über die Berichterstattung in unseren Medien über Afrika oder Lateinamerika: Da ist nur von Mord und Totschlag, Krieg und Seuchen, bösen Diktatoren und korrupten Politikern die Rede. Und alles ist elend und schlecht. Warum lächeln und lachen die Menschen dann dort?

Ich will mit meinen Geschichten vor allem Klischees aufbrechen und hinterfragen. Aber, es ist eben auch nicht alles gut dort, das ist auch ein Klischee. Manchmal nervt die Dritte Welt gewaltig.

Und bei uns? Warum schauen die Leute bei uns in der Strassenbahn so traurig und frustriert aus der Wäsche? Weil wir alt sind? Donald Rumsfeld nannte Westeuropa das „alte Europa", die „alte Welt". Ja, wir sind alt. Aber:

Europa, entspanne dich! Die Kinder wachsen, das kommt in den besten Familien vor. Irgendwann werden sie dich einholen, das ist die Natur der Dinge. Dann werden sie, (oh Schreck!) vielleicht sogar mal gleichberechtigt sein und ihre eigene Meinung haben und sich anders entwickeln als du.

Werde eine glückliche Alte, Europa, lächle! Dass Erwachsene nicht mehr wachsen und Kinder schneller wachsen als sie, ist nur natürlich und kein Grund zur Panik – unser Planet braucht auch Erwachsene!

BASISINFORMATIONEN ZU UNSERER WELTREISE

Da uns viele Leute immer wieder dieselben Fragen stellen, hier ein paar Antworten:

- Wie macht ihr das finanziell?

Wir versuchen vor allem zu sparen. Wir nehmen Hostels statt Hotels, die haben genauso Doppelzimmer, nicht nur Dormitorys. Wenn wir Hotels nehmen, dann die billigsten, im Schnitt zahlen wir so zwischen 20 und 30 Euro für ein Doppelzimmer.

Das teuerste Hotel der ganzen Reise war in der ersten Nacht in Venedig. Aber wir wollten die Reise stilvoll anfangen und nahmen, im Bewusstsein dessen, was für Rattenlöcher noch kommen würden, ein Luxushotel mit Blick auf den Canal Grande. Honolulu war auch noch teuer, weil Weihnachten war: Wir buchten das einzige Mal während der Reise im Internet im Voraus und zahlten 96 US Dollar!

Sonst fuhren wir immer einfach ins Zentrum und suchten herum, schauten die Zimmer an und handelten um den Preis. Zweimal ging das fast daneben, weil die ganze Stadt ausgebucht war: Einmal in Taschkent, weil wir da sehr spät ankamen und weil irgendein Kongress war. Da half uns dann ein Student, der sich Geld als illegaler Taxifahrer verdiente. Er kurvte mit uns um ein Uhr nachts durch die nächtlich-leere Stadt auf der Suche nach dem letzten freien Zimmer. Das zweite Mal war es in Lambayeque (Peru), wo wir uns dadurch halfen, dass wir einfach eine halbe Stunde weiter, in die nächste Stadt, nach Chiclayo fuhren. Aber sonst funktionierte es zweieinhalb Jahre lang einwandfrei.

In Kauai sparten wir dadurch, dass wir eine Plastikplane kauften, die wir in der Natur aufspannten (gegen Tau und eventuellen Regen) und darunter schliefen. Auf den pazifischen Inseln ist es eh das Schönste, unter freiem Himmel zu schlafen. In Amazonien benützten wir Hängematten.

Hotels in Indonesien, Vietnam, Laos, Kambodscha, China (abseits der touristischen Orte), Iran, Nicaragua, Ecuador und Peru sind sehr billig, eher bei zehn als bei zwanzig Euro; in Indonesien (natürlich nicht auf Bali, Lombok und Flores) eher bei fünf als bei zehn Euro. Wir haben auch gratis gewohnt, durch Couchsurfing.org. In Australien ist das besonders empfehlenswert: Australien war das teuerste Land unserer ganzen Reise.

Essen ist in Südostasien billig und gut, am besten in Vietnam, wo wir uns praktisch von Meeresfrüchten ernährten; am billigsten in Indonesien mit ca. einem Euro pro Essen, da aber leider auch nicht gut.

In Australien ist das Essen am teuersten, ca. zwanzig AUD für einen Hamburger; da kauft man dann halt bei Woolworth ein und kocht im Hostel, die haben alle eine eingerichtete Küche aus diesem Grund. Wir haben so nette Bekanntschaften gemacht und oft mit anderen gemeinsam gekocht und gegessen.

In Brasilien ist die Ernährung am einfachsten: Es gibt überall reichhaltige Buffets. Die funktionieren so: Man nimmt sich einen Teller und schaufelt drauf, was man will: Shrimps, Rindfleisch, Moqueca, Salat, Reis, Bohnen, Wurst, Spaghetti Bolognaise, Farofa, oder alles zusammen oder nur eines davon, geht an die Kasse, dort wird es abgewogen und der Preis wird ausgedruckt. Er berechnet sich nach Kilos. Der für Europäer etwas überraschende Umstand, dass so Scampis und Reis und Rindfleisch den gleichen Preis haben, lässt Brasilianer kalt. Sie haben das jeden Tag und sind nicht mehr gierig, und für den Wirt ist es viel einfacher: Er braucht nur vorne beim Eingang den Kilopreis hinzuschreiben: Kein langes Rechnen und Erbsenzählen!

Natürlich wäre es viel billiger gewesen zu fliegen als mit Zug und Schiff und Bus um die Welt zu fahren, nur: Fliegen tue ich immer, und über Land sieht man mehr, aber billiger ist es nicht! Wir fuhren auch mit einer Ausnahme, von Trujillo nach Lima, nie mit Nachtbussen. So könnte man zwar eine Übernachtung sparen, aber wir wollten ja die Landschaft sehen.

Das war in zwei Ländern besonders schwierig: In Peru, wo Langstreckenbusse aus Prinzip in der Nacht unterwegs sind, und in Thailand, wo die Schnellzüge nur in der Nacht fahren. Also benützten wir halt Lokalbusse und Bummelzüge und stiegen am Abend aus und suchten uns ein Hotel. So brauchten wir zum Beispiel vier Tage von Bangkok an die malaysische Grenze.

Sonst machten wir viel Autostopp, das ist in der Türkei besonders lustig, geht aber auch anderswo. Sehr zu empfehlen ist es in Hawaii, sowohl in Oahu wie in Kauai, dort aber noch besser. In Peru hatten wir einen unserer schönsten Trips, als uns Luis mit seinem Landcruiser zwei Tage über viele Andenpässe mitnahm und uns begeistert zeigte, wie schön sein Land ist und wo er überall Handymasten montiert hat. Autostoppen geht aber sogar in China und in Indonesien. Die Nordküste von Sulawesi besitzt jetzt für mich den Soundtrack der amerikanischen Countryballaden, die der Typ spielte, der uns mitnahm. In vielen Ländern muss man dafür zahlen, man handelt dann mit dem Autofahrer den Preis vorher aus, das ist aber im Normalfall billiger als ein Bus.

Schiffe in Indonesien sind oft die einzige Möglichkeit und das Verkehrsmittel der Armen und deswegen billig. In Lateinamerika sind die Busse billig, mit Ausnahme Brasiliens, wo 200 km etwa zehn Euro kosten, was für Südamerika eher teuer ist.

Ganz wichtig: Ab Istanbul muss man handeln, sonst zahlt man z. B. in Vietnam einfach für alles den fünffachen Preis. Wir gewöhnten es uns an und zahlten in Hotels praktisch nie den ersten Preis. Preise verhandeln funktioniert sogar in Apotheken.

Alles in allem, schätze ich, haben wir zu zweit zusammen ca. 45 000 Euro ausgegeben in den zweieinhalb Jahren, inklusive aller Vorbereitungskosten, der Visa, der Impfungen, der Flüge und des Lagers für unsere Bücher, Platten und Möbel, das uns immerhin 109 Euro im Monat kostete. Das macht also pro Person nicht ganz 800 Euro im Monat.

• Woher kriegt man immer Geld?

Das ist im Vergleich zu früher echt leichter geworden. Während man früher noch mit Geldgürtel und Reiseschecks gereist ist, genügt heute eine Kreditkarte. Man lässt mit Hilfe des PINs bei jedem ATM lokale Währung heraus und braucht sich nicht um Wechselkurse und -stuben, etc. zu kümmern. Ich bin mit Visa eigentlich sehr zufrieden. Das geht nicht im Iran, wegen des Embargos, interessanterweise funktioniert es aber in Kuba.

Wo wir es aus eigenem Willen nicht gemacht haben, ist in den Ländern der ehemaligen Sowjetunion, angeblich passieren achtzig Prozent der Kreditkartenbetrügereien dort, also haben wir von der türkisch-iranischen Grenze an, durch Persien, Zentralasien, Sibirien bis und mit der Mongolei, wieder Geld gewechselt, wie einst im Mai.

Ebenfalls mühsam ist es in Brasilien, wo man nur bei der Banco do Brasil abheben kann, das hat mit dem notorischen Protektionismus des brasilianischen Bankensektors zu tun und das wiederum mit der leidvollen brasilianischen Inflationsgeschichte, die den Leuten dort noch immer in den Knochen sitzt.

• Wie viel Gepäck habt ihr mit?

Wir schleppen beide ca. 8 Kilos:

Medikamente, je 4 Garnituren Unterwäsche, Socken, T-Shirts, ein Hemd für besondere Anlässe, einen leichten Pulli, nur ein Paar Schuhe, ein Paar Flip-Flops, einen leichten Schlafsack, Moskitonetz, Badehose, Tauchbrille und Schnorchel (keine Flossen), Dokumente in Fotokopie, ein Notizbuch zum Schreiben, die jeweils örtliche Landkarte, einen kleinen Feldstecher zum Birdwatchen, Digitalkamera mit 10-Fach-Zoom und genügend Akkus und Kabel und Ladegerät, Weltstecker (Adapter), Sonnenschutzmittel, Insektenschutzmittel, kleinstmögliche Kontaktlinsenflüssigkeit (kann weltweit bei jeder Apotheke wieder mit billigem 0,9 % NaCl nachgefüllt werden).

Ich bin seit jeher überzeugt, dass es ganz wichtig ist, das Gepäck so leicht wie möglich zu halten. Jedes unnötige Kilo wiegt doppelt so schwer. Es sollte so leicht sein, dass man sich nicht überlegen muss, ob man jetzt zu Fuss zum Busbahnhof oder zur Ausfallstrasse zum Autostoppen geht.

Sehr empfehlenswert ist es auch, einen möglichst flachen Rucksack zu wählen, der im Bus innen ins Gepäckfach hineinpasst. So hat man die Kontrolle und muss nicht bei jedem Stopp aufpassen, ob er „aus Versehen" abgeladen wird. Das ist besonders in Lateinamerika nicht unwichtig.

Wenn man in kalte Gegenden oder Zeiten gerät: Lokale Kleidung billig kaufen und beim Übergang zu wärmeren Gegenden wieder verschenken. Das haben wir zweimal praktiziert: einmal von Sibirien bis Südchina und dann wieder von Kalifornien bis Puerto Maldonado in Peru.

Was man nicht mehr braucht, aber nicht weggeben will, kann man mit der Post nach Hause schicken. Das haben wir auch mehrmals gemacht.

Leichtes Gepäck ist wichtig, es macht den Unterschied!

• Was würdest du, mit heutigem Wissensstand, zusätzlich mitnehmen?

Einen iPod, um die idiotische Musik in den Bussen mit eigener Musik neutralisieren zu können.

Und einen kleinen, leichten Laptop, WLAN-fähig, damit man unabhängig von unzuverlässigen und teuren Internet-Cafés wird und skypen kann, wenn nötig. (Eigentlich wird dann sogar der obgenannte iPod überflüssig!)

• Verliert man nicht den Sinn des Reisens?

Oh ja, immer wieder, aber man findet ihn auch immer wieder, und: Was ist Leben?!

• Kommt man ganz um die Welt ohne zu fliegen?

Ja, ganz leicht, aber nur in der Gegenrichtung, d.h. nach Westen, wegen der Passatwinde in der Südsee. Nicht so wie wir, auf Marco Polos Spuren, Richtung Osten. So geht es nur bis Papua bzw. bis Ost-Timor, wie in unserem Fall, dort ist Schluss, denn TOLL, die einzige Reederei, die von Ost-Timor nach Australien fährt, hat aufgehört Personen zu transportieren.

Leicht geht es in der Gegenrichtung, nach Spanien, dann auf die Kanarischen Inseln, von dort in die Karibik, durch den Kanal und weiter auf dem sogenannten Milky Way: Galapagos – Marquesas – Tahiti – Rarotonga – Tonga – Fidschi – Neukaledonien – Australien – Bali – Thailand. Hunderte, vielleicht tausende Segler tun das jedes Jahr, und viele davon suchen Crew oder Begleitung für den Trip oder ein Teilstück davon. Man muss dann aber aufpassen, dass man nicht nur Marinas sieht, und dann braucht man viel, viel Zeit, wenn man nicht nur auf Segelbooten bleiben will. Die Website heisst: findacrew.net

• War die Reise gefährlich?

Wenn man durch Nordmexiko reist und es passiert einem nichts, ist man geneigt zu sagen: „Ich weiss nicht, was die alle haben, die übertreiben alle..." Aber man weiss nie, wie viel Glück man gehabt hat, wie gefährlich es wirklich war. Oder wie mein Professor, Paul Feyerabend, an einem Seminar an der ETH Zürich, an dem ich in den 1970er Jahren teilnahm, mal zum Thema Statistik sagte: „Wenn 999 schwarze Raben vorüberfliegen, heisst das noch lange nicht, dass der 1000ste nicht ein weisser ist."

Wach bleiben und auf den Rat der Einheimischen hören und Common Sense walten lassen. Wir machten auch nicht alles: Wir entschieden uns z. B. an der Karibikküste, den Darién-Gap zwischen Panama und Kolumbien zu überqueren und nicht an der Pazifikküste, wo die Narcotraficantes im Moment gerade arbeiten, um sie nicht in ihrer mühseligen Arbeit zu stören. Wir gingen auch nicht in nordmexikanischen Städten abends spazieren, ausser in Tijuana, da liess es sich nicht verhindern, weil wir da so spät ankamen. Aber ich gehe mal davon aus, dass das wirklich Gefährliche der Strassenverkehr ist und nicht die Kriminellen. Da war unser Common Sense, nicht Nachtbusse zu benützen.

• Welches waren die schönsten Länder?

Schön und interessant ist nicht unbedingt das Gleiche. China ist nicht schön, und Hawaii ist nicht interessant. Wir genossen besonders:

Die Türkei, Usbekistan, Sibirien, die Mongolei, China, Kambodscha, das australische Outback, Vanuatu, die Salomon-Inseln, Samoa, Mexiko, Kuba, Ecuador, Brasilien.

• Was lernt man auf so einer Reise? Was ist die Er-fahrung?

Ich habe Dinge schätzen gelernt, deren ich mir vorher gar nicht so bewusst gewesen war:

→ Einen Tisch zum Arbeiten, an dem man richtig sitzen kann und der gross genug ist.

→ Stille. (Ohne Kommentar!)

→ Musik, die man selber wählen kann und die einem nicht von anderen aufgezwungen wird.

→ Eine gute Matratze ist auch nicht zu verachten.

→ Eine Klimaanlage (wer hätte das gedacht, dass ich das einmal sagen würde), am besten eine, die man auch selber abschalten kann.

→ Salami, ein guter Käse, ein gutes Glas Rotwein.

→ Einen Nachrichtensender, der nicht dauernd nur Eigentrailer bringt, im Moment ist das Al Jazeera (die internationale Ausgabe!).

→ Gute Schuhe, die nicht drücken und in denen man nicht schwitzt.

→ Ein gutes Gespräch.

Ich habe auch viel über mich gelernt: Ich bin ein Choleriker und werde wütend, wenn ich glaube, dass die Leute dumm sind. Dabei bin ich selber dumm, wenn ich zum Beispiel nicht für möglich halte, dass die Brasilianer dazu fähig sind, dass man, wenn man mit einem TIM-Chip im Handy nach Österreich anrufen will, 0041 wählen muss, und dann 43 usw., und erkläre der Verkäuferin im Handy-Shop genervt:

„0041! Unmöglich! Das ist die Vorwahl von der Schweiz! Du hast Pech, gutes Mädel! Ich weiss das genau! Erzähl mir doch nichts! Das heisst sicher: 041! oder 41! für den Telefonanbieter, oder so was Ähnliches, und dann die Vorwahl für Österreich und die ist in Gottes Namen 0043! oder 43! Aber nicht 0041! Ihr könnt doch nicht so blöd sein und 0041 für den Anbieter als Vorwahl einrichten...!"

Aber sie können: Österreich, von Brasilien aus: 0041-43. So ist die Welt! Genau so! Und ich bin der Dumme, wenn ich das noch immer nicht wahrhaben will und genervt bin.

– Entspann dich!

• Wie ist denn jetzt so diese Welt?

Unrund, wie ein Fussball in der Favela.

Es gibt zu viele Menschen auf unserem Planeten. Und übrigens nicht nur in der Dritten Welt sind es zu viele, sondern auch und vor allem bei uns. Nicht ein bisschen zu viel, sondern viel zu viel, mindestens zehn mal zu viele, und es werden noch viel mehr werden.

Und sie werden mit dem Handy spielen und auf Facebook sein und dummen Reggaeton hören und noch dümmere Telenovelas und Nicholas-Cage-Filme anschauen und schlecht essen und sich auf Reisen von Lonely Planet führen lassen und banal reden und idiotisch lachen und lästig sein..., aber: – find dich ab damit!

Die Welt ist trotzdem schön! Unglaublich schön!

Auki, Salomon-Inseln:
Die Liebe zu den Dingen

Kauai, USA: Statt eines teuren Zimmers leisteten wir uns eine Plastikplane.

Paulino Neves, Brasilien:
Diese Suite mit Doppelbett kostete drei Euro pro Nacht, ohne Frühstück.

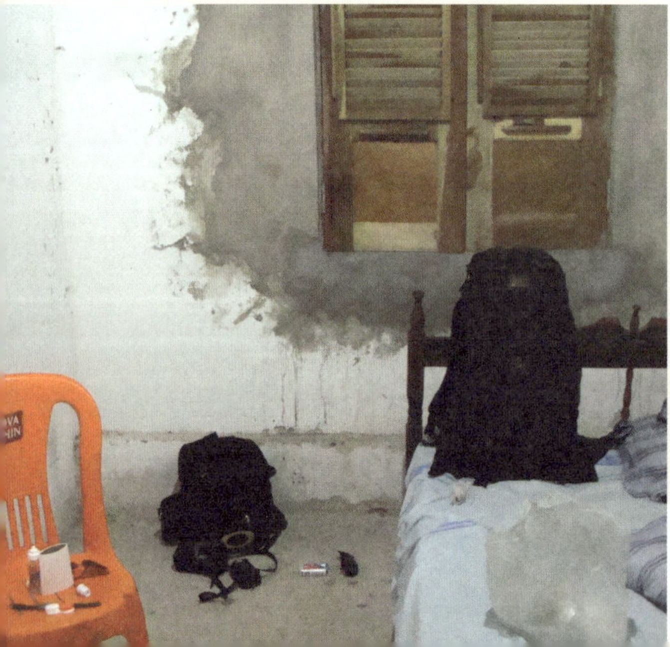

Tuy Hoa, Vietnam: Stellvertretend für viele, ein typisches Hotel der Preisklasse, die wir uns leisten konnten.

Ecuador:
Hier stehen wir neben der Whymper-Hütte auf über 5000 Metern Seehöhe vor dem Gipfel des höchsten Berges der Welt, des Chimborazo (6268 m.ü.M.).

Kampong Cham, Kambodscha:
Knusprige Spinnen, pikant

Yibin, China: Kulinarische Leckereien auf dem Markt

Samarkand, Usbekistan: An vier Abenden hintereinander wollten wir ein Restaurant fürs Abendessen suchen und schafften es immer nur bis zum nächsten Hochzeitsfest, wo wir ins Festzelt eingeladen wurden. Ligia machte sich schnell Freunde unter den örtlichen Fussballfans.

Bei Pangkalan Bun, Kalimantan: Wir waren viel mit Autostopp unterwegs; nicht immer ganz pannenfrei.

Bei Matagalpa, Nicaragua: Ich habe schon entspannter aus der Wäsche geschaut als bei diesem Ritt durch die Berge von Nicaragua

Indonesien: So schaut es auf Deck 7 in der Ekonomi-Class einer der riesigen staatlichen Fähren der Pelni-Linien aus. Wenn so ein Schiff untergeht, steht dann bei uns in der Zeitung eine kleine Notiz: „Schiffsunglück in Indonesien: 800 Tote“

Jayapura, Indonesien: Und so schaut ein Pelni-Schiff von aussen aus.

Assis Brasil, Brasilien: Ligia und der sehr menschliche brasilianische Zöllner an der Grenze zu Peru. Hier im tiefen Amazonas erzählte sie ihm, dass sie über 40 Grenzen gegangen sei, um jetzt endlich nach Hause zu kommen, und er erklärte, dass er aus Maranhão an der Atlantikküste stamme: Zwei Seelen, 4000 Lightyears from home!

Bangkok, Thailand: Ich und ein Schauspieler, dessen Name mir jetzt entfallen ist.

Honolulu, USA: Was für ein Luxus nach soviel Dreck und Anstrengung!

Welt, was brauchst du mehr?

Sorong – S. 87, 96
Jayapura – S. 85, 87, 96, 98
Marovo-Lagoon
S. 117, 119
Malaita – S. 121, 122
Darwin – S. 99, 101, 102, 110, 111
Kakadu N.P.
S. 102, 103, 109
Cairns
S. 100, 110, 111
Espiritu Santo
S. 106-108, 112
Pele-Island
S. 105, 114, 115
Yasawas-Inseln
S. 124
Suva
S. 125,
130, 137
Apia – S. 127,
128, 138, 141
Auckland – S. 136, 146